HE CASE OF PUBLIC MANAGEMENT
IN *ETHNIC AREAS*

民族地区公共管理案例

【第二辑】

乌　兰　李沃源　刘银喜◎编著

中国经济出版社
CHINA ECONOMIC PUBLISHING HOUSE
北　京

图书在版编目（CIP）数据

民族地区公共管理案例．第二辑／乌兰，李沃源，刘银喜编著．--北京：中国经济出版社，2021.6

ISBN 978-7-5136-6491-2

Ⅰ.①民… Ⅱ.①乌… ②李… ②刘… Ⅲ.①民族地区-公共管理-案例-中国 Ⅳ.①D633

中国版本图书馆 CIP 数据核字（2021）第 114640 号

责任编辑　杨元丽
责任印制　巢新强
封面设计　任燕飞

出版发行　中国经济出版社
印 刷 者　北京九州迅驰传媒文化有限公司
经 销 者　各地新华书店
开　　本　710mm×1000mm　1/16
印　　张　20
字　　数　266 千字
版　　次　2021 年 6 月第 1 版
印　　次　2021 年 6 月第 1 次
定　　价　78.00 元
广告经营许可证　京西工商广字第 8179 号

中国经济出版社 **网址** www.economyph.com **社址** 北京市东城区安定门外大街 58 号 **邮编** 100011
本版图书如存在印装质量问题，请与本社销售中心联系调换（联系电话：010-57512564）

前言 PREFACE

民族地区经济社会发展中，有许多公共管理实际问题值得研究探索。近年来，民族地区脱贫攻坚、民族地区乡村振兴、民族地区营商环境、民族地区新型城镇化、民族地区生态文明建设等诸多公共管理问题成为广大学者和实践工作者研究的重要课题。

《民族地区公共管理案例》（第二辑）紧紧围绕民族地区公共管理问题，经精心筛选后共编写了16个案例。案例选题上，突出了民族地区公共管理实践中的热点和焦点问题，具有较强的地域性、时效性、代表性和典型性；案例内容覆盖范围广泛，涵盖了公共政策、政府治理、公共经济、公共危机与应急管理、公共管理等多个领域。案例结构安排上，每篇案例由案例正文和案例评析两部分构成。案例评析从公共管理理论和专业知识视角对案例进行深刻剖析，指导学生理论联系实际，帮助学生提高发现问题、分析问题和解决问题的能力。另外，还设置了开放性的思考题，供课堂教学及师生互动讨论。

本书由乌兰设计策划并拟定写作大纲，主持编写和最终修改定稿。撰写具体分工如下：案例1由乌兰、李秋月撰写；案例2由刘银喜、赵丽撰写；案例3由李沃源、周紫升撰写；案例4由李沃源、刘亚梅撰写；案例5由乌兰、武育芝、孙嘉睿撰写；案例6由乌兰、赵丽撰写；案例7由李沃源、刘亚梅撰写；案例8由李沃源、刘亚梅撰写；案例9

由刘银喜、赵丽、孙嘉睿撰写；案例 10 由乌兰、赵丽撰写；案例 11 由李沃源、周紫升撰写；案例 12 由乌兰、武育芝撰写；案例 13 由李沃源、周紫升撰写；案例 14 由刘银喜、周紫升撰写；案例 15 由乌兰、武育芝撰写；案例 16 由乌兰、李秋月、孙嘉睿撰写。

编著者依托内蒙古大学公共管理案例教学与研发中心，通过不断收集积累、走访调研、探索研究形成了新的案例成果《民族地区公共管理案例》（第二辑）。书稿的完成得到了各方面的大力支持。内蒙古大学公共管理学院为本书的编写提供了良好的环境且给予了出版资助。案例汲取了许多专家学者的真知灼见，也广泛索引了网络和报刊的采访报道以及新闻线索，笔者对这些文献的作者表示真诚的谢意。公共管理专业研究生薛涵方和郭雅倩校对了全书文稿，为此投入了大量的时间和精力。中国经济出版社的责任编辑杨元丽女士为本书的出版付出了辛勤劳动，在此表示衷心的感谢。受编著者水平和时间限制，难免存在疏漏和不当之处，敬请各位专家、学者、读者批评指正！

乌　兰

2020 年 12 月

目录 CONTENTS

案例 1

开发 VS 保护：云南普洱茶的生态魔咒

摘要：普洱茶被誉为“茶中之王”，深受广大消费者青睐。云南省西双版纳傣族自治州是北回归线沙漠带上唯一的绿洲，也是普洱茶的生产区。近年来，普洱茶市场火爆，古树茶价值千金、供不应求，越来越多的人想要通过种茶致富。易武镇是普洱茶的发源地之一，随着易武镇古树茶价格的节节攀升，受利益驱使，易武州级自然保护区内毁林种茶、破坏生态的行为屡屡上演，而且大有愈演愈烈之势。本案例试图通过介绍易武镇自然保护区毁林种茶乱象的前因后果，引发人们对政府如何缓解或消除“公地悲剧”、协调资源开发与环境保护的关系、完善政府环保执法和监督的制度设计等问题的思考。

关键词：古树茶；毁林种茶；制度真空；“公地悲剧”；易武镇

[案例正文]

引言

茶是世界三大主要饮料之一，普洱茶更是以“茶中之王”而著称。普洱茶是一种大众饮料，具有清热、解毒、消食、去腻、益气等功效，其不仅为我国广大老百姓所喜爱，在国外也很有名。在日本，普洱茶被称为“不可思议的茶叶”，韩国也有“投资普洱茶收益远高于股票收益”的论断。俗话说“高山云雾出名茶”，云南省西双版纳傣族自治州勐腊县的易武镇是普洱茶的发源地之一，也是普洱茶的主产地之一。易武镇有着历史悠久而又独特的普洱茶文化，每年吸引着众多爱茶之人到此买茶、品茶，其中，古树茶是普洱茶中的佼佼者。

地球的北回归线是一条沙漠带，西双版纳是这条沙漠带上唯一的一片绿洲。为了保护这片绿洲里动植物的多样性，易武镇建立了自然保护区，来守护这片人类赖以生存的“绿肺”。易武州级自然保护区国有林的古树茶又被称为国有林里的“金叶子”，卖到了上万元的“天价”。当地茶农从中看到了商机，于是在国家划定的自然保护区内栽种茶苗。为了让茶苗更好地生长，茶农们甚至在自然保护区内砍伐林木、围剥树皮、随意搭棚，导致大片原始森林被破坏。茶农可不可以在自然保护区内种茶采茶？自然保护区内毁林种茶乱象为何屡禁不止？新时代，易武镇又该如何治理这一乱象，如何协调资源开发与环境保护的关系，实现当地经济的高质量发展？

1 从“崩盘”到“天价”的普洱茶市场

2007 年，普洱茶在被大肆炒作之后留下“后遗症”，普洱茶市场一夜“崩盘”。之后，随着科技的发展和普洱茶行业的规范，普洱茶市场逐渐回暖，其中，古树茶备受青睐，有些甚至卖出了“天价”。

1.1 国有林里的“金叶子”

云南省西双版纳傣族自治州是普洱茶的主产区，这里的古树茶价值千金、供不应求，被称为国有林里的“金叶子”。

西双版纳傣族自治州位于云南省南端，以美丽独特的自然景观和热情淳朴的民族风情闻名遐迩。西双版纳傣语意为“理想而神奇的乐土”，其动物和植物种类分别占全国总数的 1/4 和 1/6，是名副其实的“动物王国”和“植物王国”，被誉为“地球腰带上的绿宝石”。西双版纳拥有丰富的古茶树资源，这里的古茶树不仅树龄高，而且分布面积广，其中最著名的就是古六大茶山。古六大茶山位于澜沧江西北方向，是云南普洱茶行业的标志和品质的象征，易武古茶山就是其中之一。易武镇是古六大茶山茶叶的集散地，也是云南省普洱茶的主产区之一。茶叶是易武镇的主要经济来源，这里聚集着上百家茶店，吸引着成千上万的人来品茶、买茶，而这些店的金字招牌产品就是国有林古树茶叶。

国有林古茶树是自然保护区里自然生长的茶树，因口感好、数量少、原生态而被认为品质好、等级高，价格也更高。因此，国有林古茶树的茶叶被誉为“金叶子”。易武镇国有林古树茶主要生长在自然保护区内，其中，薄荷塘、百花箐、铜箐河、天门山、凤凰窝、湾弓等地的古树茶是典型代表。在易武镇茶叶店里，古树茶的价格每公斤在3000～4000元，而国有林古树茶的价格更高，每公斤能卖到5000～6000元。[①]

1.2 跌宕起伏的普洱茶市场

普洱茶因其独特的口感和丰富的营养而备受喜爱，但由于过度投机、炒作等行为，普洱茶市场从“崩盘”到逐渐回暖经历了跌宕起伏的发展历程。

2007年，由于茶山过度采摘、茶叶质量下降，普洱茶市场一夜之间“崩盘”，普洱茶的价格直线下跌。这次“崩盘”规模大、影响深，对普洱茶市场造成了不可估量的损失。

2008年，随着科技的发展和互联网技术的进步，普洱茶市场稍有回温，许多茶商搭上了互联网的快车，注册了一批普洱茶品牌和门户网站，普洱茶市场有所好转。

2009年，普洱茶品牌效应不断显现，古树茶和山头茶进入人们的视野，而且备受青睐，由此市场上涌现出大量的古树茶品牌，并逐渐占据了普洱茶市场的主流地位。古树茶的兴起促进了普洱茶市场的回暖和发展。

2011年，随着科技的发展和互联网技术的普及，许多普洱茶专卖企业

---

① 资料来源：http://tv.cntv.cn/video/C10329/f879fbb66b6748c3a281c37025b9afcd。

加入电商平台，由实体经营转为线上经营，开展了线上线下同步运营的模式。这其中不仅包括一些老字号的普洱茶品牌，还有许多小茶企。普洱茶市场蒸蒸日上，迎来了黄金期。

2014 年下半年，普洱茶市场由盛转衰，普洱茶价格迅速下跌，订单持续减少，销量大幅缩水。普洱茶市场中大量茶企销量锐减，很多茶企因资金难以运转而倒闭，普洱茶市场又陷入了被动的局面。

2016 年之后，大红柑、小青柑等新型饮品迅速崛起，普洱茶毛料的价格持续疯长，其中名山茶最为典型，有些名山茶甚至出现了“天价”。再加上受到国家严控国有林茶园的限制以及人工成本上涨等方面的影响，普洱茶价格不断提高，成为茶叶中的佼佼者，普洱茶市场又开始繁荣发展。

2　“生态魔咒”：成也生态，败也生态

易武镇古树茶一方面因原生态、高品质而吸引着众多消费者，另一方面因普洱茶追求山头、推崇生态、强调小产区，其发展的空间又受到限制。一些茶农为了追求更大的经济利益，在自然保护区内毁林种茶，易武镇陷入了成也生态、败也生态的“生态魔咒”。

2.1　因茶而生，因茶而兴

百年之前，易武镇是古六大茶山的集散地，是百年老茶的诞生地之一。此后，普洱茶不断发展，易武镇从一个贫穷的边陲小镇变为普洱茶的生产区，成为茶商的必争之地以及爱茶之人的“朝圣”之地。易武普洱茶是普洱茶的典型代表之一，可以说，易武镇先是因普洱茶而生，后又因普洱茶而兴。

易武镇不仅是普洱茶的发源地，也是滇南茶马古道的发源地。茶马古道建立于 1845 年，易武镇现在还存有茶马古道的遗址。回溯历史，清雍正年间，易武普洱茶兴起，茶资源得到充分开发和利用，年产茶达到了 7 万石。道光年间，易武普洱茶进入鼎盛时期，易武镇成为普洱茶交易和集散

中心。易武普洱茶不仅被送到了北京、香港、西藏等地，还销往泰国、马来西亚和越南等国，“易武正山七子饼”品牌名扬四海。清光绪年间，易武镇开办了很多茶庄，包括现在很出名的庆丰号、同庆号、同兴号等。[①]

新中国成立后，国营茶厂勐海茶区成立，不断推动着普洱茶种植与加工等技术的进步。1994 年，易武乡前乡长张毅接待了来自台湾地区的客人，他向客人推荐了一篇名为《易武乡茶业发展概况》的文章，这是他编写的《易武乡志》中的一个章节，里面整理了清代和民国时期的老茶庄和易武茶文化的历史资料。台湾客人听后受益匪浅，建议把此书印成单行小册子，以便宣传。此书在出版之后影响深远，许多中外专家、学者、商人源源不断地到易武考察、买茶，打开了古六大茶山通往各地的大门。

易武古树茶在市场上大量出现并得到消费者的一致赞誉，掀起了全国各地一波又一波茶商制茶、卖茶的热潮。春天是采茶、摘茶的热季，茶季到来时，易武镇上门庭若市、人来人往，仿佛再现了昔日易武“周八百里，入山作茶者十万人”的盛况。随着易武茶的热卖，易武镇人民的生活水平得到了极大的提升。易武镇百姓在种茶、制茶、售茶的过程中也创造出了丰富的茶文化，除古茶园景观、茶案碑和古驿道等文物古迹之外，还有饮茶、赠茶以及祭茶祖等风俗礼仪。这些独特的茶文化带动了易武镇旅游业的发展，茶产业和旅游业成了易武镇经济发展的支柱。

2.2　毁林种茶成为公开的秘密

易武镇的古茶树分布在不同的村子里，其中，曼撒村薄荷塘的古树茶最受欢迎，一开始，这里的古树茶价格每公斤只有几百元，近几年价格不断飙升，2019 年春茶采摘季，其价格已经超过了 1 万元。纵使是这样的“天价”，薄荷塘古树茶的销量仍然独占鳌头。于是，在自然保护区里点茶籽、栽茶苗就成了茶农们的日常工作，毁林种茶现象成了当地公开的秘密。

---

① 资料来源：http://www.360doc.com/content/18/0615/15/18225198_762646354.shtml。

易武州级自然保护区内薄荷塘古茶树的数量很少，为了赚更多钱，茶农便在自然保护区内种了很多小茶苗，分布在不同的位置。据央视财经《经济半小时》记者报道，2010年后近十年的时间内，一位茶农在自然保护区内陆陆续续种了8亩茶树。山坡上没有长大的小茶苗都是近几年才种的，自然保护区内茶农种植的茶园面积还在不断扩大。①

小茶苗要经过几年时间才能产茶，为了方便管理茶树、及时养护小茶苗，同时有休息落脚的地方，茶农们便在茶园边上搭建了简易的窝棚，以满足他们吃和住的基本需求。茶农们还随处乱扔垃圾，窝棚四周遍布着塑料瓶、塑料袋等白色垃圾，甚至还有杀虫剂、除草剂等有害垃圾。这一现象在曼撒村很普遍，村子里每家每户基本都在保护区里有自己私建的茶园，而且几乎每户都会在茶园附近盖一个小窝棚。

除乱搭乱建窝棚以外，茶农们还在自然保护区内乱砍滥伐。为了避免保护区内原有的树木争抢茶树苗的阳光，茶农们砍断了茶苗周围的竹子和树木。在茶农栽种小茶苗的一个山坡附近，大多数竹子已经被砍断，歪歪斜斜地散落在地上，随时有可能从山坡上滑下去。山坡上东倒西歪的树枝以及砍树留下的树墩随处可见。为了躲避森林公安对砍树行为的追查，有些茶农围剥树皮，甚至给树木下毒，让大树慢慢自然死亡。在这片自然保护区的茶园内，每隔几里就能看到不少被围剥致死的树木。

易武镇自然保护区内毁林种茶现象并不仅仅出现在薄荷塘，在其他村子的古茶山里也较为常见。易武镇麻黑村铜箐河寨子也存在类似的现象。近年来，麻黑村铜箐河古树茶的价格也在不断提高，于是村里人开始陆续在保护区里栽种茶苗。由于小茶苗成长的过程中需要更多的空间和阳光，茶农们就会砍掉周围阻碍茶苗长大的植被，随着时间的推移，自然保护区内的原始森林就逐渐成了茶园。铜箐河的茶园面积近30亩，茶园里到处都有枯死的树木，茶农们对在自然保护区毁林种茶似乎早已习以为常。

---

① 资料来源：http://tv.cntv.cn/video/C10329/f879fbb66 b6748c3a281c37025b9afcd。

3 毁林种茶乱象为何屡禁不止?

针对破坏自然保护区生态环境的问题，当地政府曾多次开展专项整治行动，但易武镇上的茶商还在明目张胆地兜售国有林茶叶，易武州级自然保护区内毁林种茶乱象仍愈演愈烈、屡禁不止。

3.1 茶农：有法不依，违法成本低

易武州级自然保护区是于2014年建立的，位于勐腊县东南部，是当地海拔最高、植被保存最为完好的地方，因此，在这里建立自然保护区是西双版纳人民政府贯彻“生态立州”战略的一项重要举措。易武州级自然保护区边界上有界碑，当地茶农明明知道新开辟的茶园是在保护区的范围内，却还是有法不依，随意在里面种茶采茶、围剥树皮，严重破坏了原始森林的生态环境。

《中华人民共和国自然保护区条例》第二十六条规定：禁止在自然保护区内进行砍伐、放牧、狩猎、捕捞、采药、开垦、烧荒、开矿、采石、挖沙等活动。然而，易武州级自然保护区内通过各种方式毁林种茶的现象屡禁不止，铤而走险采茶、开荒的茶农不在少数。《中华人民共和国自然保护区条例》第三十二条规定：在自然保护区的核心区和缓冲区内，不得建设任何生产设施。可是当地茶农却还在自然保护区内搭设窝棚，随处乱扔垃圾。

易武镇茶农不遵守法律法规的一个重要原因就是他们的违法成本较低。党的十八大以来，国家提出了“绿色”新发展理念，更加重视保护生态环境，严惩破坏环境的行为。西双版纳自然环境较好，森林资源丰富，因而非法侵占林地、非法砍伐林木等问题时有发生。针对这些问题，西双版纳州森林公安机关曾多次开展专项行动集中打击整治破坏森林资源的行为。截至2018年底，西双版纳州森林公安机关共查处违法面积6623亩，立案667起，结案破案588起，移送起送338起。①

① 资料来源：http://tv.cntv.cn/video/C10329/f879fbb66 b6748c3a281c37025b9afcd。

西双版纳州森林公安查处了许多违法犯罪行为。虽然易武镇有茶农因毁林种茶而被依法起诉，判决书中最高的一笔罚金是30000元，但是2018—2019年没有一例判决书被判处实行过，全部都是执行缓刑。在判决书中，有些地方毁林种茶的面积甚至达到了500亩，但判决结果还是缓刑。西双版纳州森林公安工作人员在接受《经济半小时》记者的采访时表示，在西双版纳州法院，易武镇因毁林种茶而被起诉的判决书没有判过一起实刑，2018年逮捕好几百人，但都出于各种原因没有处罚，导致毁林种茶行为在大家眼中合法化。可见，由于茶农在自然保护区毁林种茶的违法成本极低，法律和制度没有起到打击违法行为的效果。

3.2 政府：执法不严，制度真空

茶农无视法律规定，明目张胆地在易武州级自然保护区里毁林、种茶、采茶，而且这种情况愈演愈烈，几乎每年都呈现出扩大的趋势。当地的主管部门对此事并不是一无所知，而是睁一只眼闭一只眼，默许这种乱象的存在。易武镇兜售国有林茶叶、在自然保护区内毁林种茶乱象反映出相关部门执法不严，监督不力。

易武州级自然保护区由保护区管护所、当地的林草局以及西双版纳州森林公安局等部门共同管理。《中华人民共和国自然保护区条例》第三十五条规定："违反本条例规定，在自然保护区进行砍伐、放牧、狩猎、捕捞、采药、开垦、烧荒、开矿、采石、挖沙等活动的单位和个人，除可以依照有关法律、行政法规规定给予处罚的以外，由县级以上人民政府有关自然保护区行政主管部门或者其授权的自然保护区管理机构没收违法所得，责令停止违法行为，限期恢复原状或者采取其他补救措施；对自然保护区造成破坏的，可以处以300元以上1万元以下的罚款。"

易武镇许多茶店都在销售国有林的茶叶，包装上都写了"国有林"。从产权上来讲，根据《中华人民共和国自然保护区条例》规定，国有林在自然保护区内，因此属于国有财产，国有林里的茶树也归国家所有，个人

私自采茶、种茶是违法的。对此，易武镇林业服务中心工作人员表示，按照法律规定，国有林里禁止采摘茶叶，店里销售国有林茶叶也是不被允许的。针对茶农们在自然保护区点种茶籽、采摘茶树、不断围剥树木这件事，当地自然保护区管护站的工作人员也表示，自然保护区内绝对不能种树，即使有村民申请在保护区种树也不会有部门批准。

但现实是易武镇自然保护区内毁林种茶乱象仍时有发生，当地一位护林员通过微信告诉了《经济半小时》的记者其中的秘密。这位护林员在微信中写道："对媒体的话，保护区里的东西都算保密""如果上去的话，被曝光，有可能茶叶都不给采了，全部封山都有可能，问题严重多了"。

这就说明在易武州级自然保护区毁林其实是一个公开秘密，当地政府相关部门也都知道这件事情，但是为了保持当地经济的发展，政府睁一只眼闭一只眼，没有认真执行相关法律法规，并且存在监督严重缺位的现象，最终导致管理制度被架空。

4 横纵联合，破解"魔咒"

易武州级自然保护区毁林种茶乱象引起了各方的高度重视，这一事件被央视媒体曝光后，云南省、西双版纳州以及勐腊县相关部门都积极行动了起来，联合破解"魔咒"。

2019年11月26日，在《哭泣的"绿肺"》节目播出后不久，云南省林草局党组召开紧急会议，连夜组织相关部门人员，制定专项整治工作方案，研究部署解决措施，开展整治工作。

2019年11月27日，勐腊县委、县政府成立了专项整治领导小组，下设专项整治、综合协调、摸底排查、舆论引导等8个小组，对这一事件进行调查与整改。截至当晚22:30，勐腊县市场监督局、公安局等部门对全县茶厂、茶叶零售店进行摸底排查，下架无标签以及带有"国有林"标识的茶饼12个，没收封存5公斤标有"国有林"字样的茶叶。

2019年12月1日上午，西双版纳国家级自然保护区管护局、易武镇人民政府以及易武州级自然保护区管护所等相关单位组成联合执法组，在前期现场调查的基础上，对6名违法栽种茶树、砍伐林木以及围剥树皮的犯罪嫌疑人进行刑事拘留，将违法栽种的茶树全部铲除。此外，西双版纳检察院和法院将认真复核每一起相关的公诉案件，重新判决，严肃追究违法者的法律责任，从而确保各项措施行之有效，整治落实到位。接下来，勐腊县政府将在全县范围内持续开展集中整治行动，从而维护森林资源安全、保护自然生态环境。

5 结语

普洱茶是云南省流光溢彩的名片，在经济社会中发挥着不可替代的作用。消费者追求原生态、推崇古树茶，易武镇普洱茶也因此陷入了成也生态、败也生态的“生态魔咒”。当地茶农有法不依、违法成本低，政府相关部门执法不严、监督不力等导致毁林种茶乱象屡禁不止，自然保护区内原始森林慢慢变成了茶园。

为了让普洱茶走出“生态魔咒”，云南省出台了严格的法律法规，禁止采摘古树茶。除了制度的约束之外，茶文化的导向作用也举足轻重，科学理性的茶文化能够使普洱茶行业健康有序发展。对此，云南省政府在国家政策支持下制订了“千亿云茶”产业发展计划，该计划从普洱茶出发，将茶产业、旅游、康养和商贸等多个功能板块融为一体，推动养生、度假等产业的全面发展，让普洱茶资源发挥更大的经济价值和生态价值。

[案例思考题]

（1）云南省普洱茶的“生态魔咒”是什么？

（2）易武州级自然保护区毁林种茶乱象为何屡禁不止？

（3）结合“两山”理论，谈谈政府应该如何协调经济发展与环境保护的关系。

[案例评析]

2020年3月30日，习近平总书记在浙江省安吉县余村考察时表示："生态本身就是一种经济，保护生态，生态就会回馈你。"这句话生动地诠释了经济发展与生态环境保护之间的关系，与"两山"理论一脉相承。

"绿水青山就是金山银山"的"两山"理论是习近平新时代中国特色社会主义生态文明思想的重要内涵，回答了什么是生态文明、怎样建设生态文明等一系列重大理论和实践问题。"两山"理论包含"既要绿水青山，也要金山银山""绿水青山和金山银山绝不是对立的"和"绿水青山就是金山银山"三个层次的内容，从不同视角论述了经济发展与环境保护之间的辩证统一关系。发展经济与保护环境之间不是对立的，而是统一的，要在严格保护和高效开发利用绿水青山的基础上将绿水青山转化为生产要素和生态要素，推动经济高质量发展。

"两山"理论科学阐述了如何正确处理经济发展和生态环境保护的关系，为生态环境保护和改善提供了有力的理论支撑，对于破解云南易武镇普洱茶的"生态魔咒"具有指导意义。

云南易武镇普洱茶出现成也生态、败也生态的"生态魔咒"，一方面是因为戴着"原生态"帽子的国有林古树茶较为畅销，茶农受经济利益驱使有法不依、知法犯法；另一方面是因为政府相关部门对于毁林种茶乱象睁一只眼闭一只眼，在做出处罚决定之后也不执行，执法不严、违法不究，最终导致易武州级自然保护区生态环境被破坏。但是归根结底，出现这种乱象的根本原因是没有协调好经济发展和生态环境保护之间的关系，割裂了二者之间的联系，没有将二者有机结合起来。

从公共经济学的角度讲，自然保护区内毁林种茶乱象其实是一种"公地悲剧"。"公地"是指公共资源型公共产品，具有受益的非排他性和消费的竞争性。"公地悲剧"是指公地作为一种公共资源，每一个使用者都有对该资源的使用权，但没有权力阻止其他人使用，于是每一个人都倾向于过度使用该资源，从而造成资源的枯竭和浪费。过度砍伐的森林、过度捕捞的渔业资源及污染严重的河流和空气，都是“公地悲剧”的典型例子。在“公地悲剧”中，每个人在使用公共资源时需要付出的成本较低，即使大家都知道资源将由于过度使用而枯竭，但他们对阻止事态的继续恶化都感到无能为力。本案例中，易武州级自然保护区是一种公共资源型公共产品，茶农们在使用这种公共产品时不需要付出任何成本，他们也无法阻止其他人在保护区里栽种茶苗，因此茶农们都抱着“及时捞一把”的心态，过度使用保护区里的自然资源，最终导致“公地悲剧”。

“公地悲剧”的发生，一方面是因为公共产品的产权难以界定，因此公共产品被过度使用或侵占难以避免；另一方面是因为缺乏严格有效的监管。因此，要想避免“公地悲剧”的发生，一是要明晰公共资源的产权，明确其所有权、使用权、收益权和处置权；二是要加强制度建设，制定相应的法规政策，明确各方的责任和义务；三是要建立激励和约束机制，在充分发挥市场调节作用的同时加强政府监督管理，将市场机制和政府规制有机结合，从而实现公共资源价值的最大化。

结合“两山”理论和“公地悲剧”理论，易武镇可以从以下几方面着手破解“生态魔咒”：

（1）保护优先，坚持人与自然和谐共生的发展理念。易武镇拥有发展普洱茶产业的自然资源优势，保持自然资源优势就能够助力当地经济发展。因此，要树立人与自然和谐共生的发展理念，把可持续发展作为重要原则，坚持以保护优先、自然恢复为主，把保持绿水青山放在前面，绝不能以牺牲环境为代价来发展经济。对于已遭破坏的易武州级自然保护区进行综合治理，应按照生态系统内在规律对其进行整体修复、系统修复。

（2）建立生态保护红线，实行最严格的生态环境保护制度。易武州级自然保护区生态被破坏的一个重要原因就是政府相关部门执法不严、监督不力。因此，要通过建立生态保护红线，严惩违法违规行为，依靠制度和法治做好自然保护区保护工作。同时，需要完善生态保护成效与资金分配挂钩的激励约束机制，激励政府和百姓共同保护生态环境。

（3）因地制宜，探索高质量发展的新路径。把保护生态环境与乡村振兴战略相结合，让“绿色产业”“生态产业”成为易武镇经济的增长点，形成经济生态化、生态经济化的良性循环，让生态产品实现自己的经济价值，推动经济和社会的可持续发展。具体来讲，易武镇可以结合自己的普洱茶资源优势，夯实生态农业、生态旅游、绿色服务以及绿色制造的基础，促进普洱茶产业与当地农业、旅游业协调发展，形成集茶叶采摘、农家乐、民宿于一体的产业集合，满足游客品茶、买茶、休闲娱乐的体验需求和养生需求。与此同时，要加强普洱茶文化建设，加大文化宣传力度，打造普洱茶品牌，吸引更多游客前来旅游参观。

［参考文献］

［1］张月梅．当代“两山”理论与生态经济发展关系研究［J］．西部林业科学，2020(2)：165－168.

［2］胡咏君，吴剑，胡瑞山．生态文明建设“两山”理论的内在逻辑与发展路径［J］．中国工程科学，2019(5)：151－158.

［3］齐骥．“两山”理论在乡村振兴中的价值实现及文化启示［J］．山东大学学报（哲学社会科学版），2019(5)：145－155.

［4］阳晓伟，杨春学．“公地悲剧”与“反公地悲剧”的比较研究［J］．浙江社会科学，2019(3)：4－13，38，155.

［5］付大学．个人信息之半公地悲剧与政府监管［J］．首都师范大学学报（社会科学版），2019(1)：53－62.

［6］梁荔，王承吉．普洱区域品牌打造成效明显［N］．普洱日报，2019－03－07(1).

［7］死贵的国有林普洱茶，其实是赃物［EB/OL］．(2019－11－27)［2020－12－01］. http://yn. people. com. cn/n2/2019/1127/c372441－33582818. html.

［8］普洱茶又“疯狂”？30 元的茶竟卖到 1300 元！［EB/OL］(2018－05－

17)[2020－12－01]. http://sannong. cctv. com.

[9]云南省林草局赶赴西双版纳州核实督办毁林种茶相关情况[EB/OL](2019－11－27)[2020－12－01]. http://yn. people. com. cn/n2/2019/1127/c378439－33582821. html.

[附录]

中华人民共和国自然保护区条例（节选）

第三章　自然保护区的管理

第二十一条　国家级自然保护区，由其所在地的省、自治区、直辖市人民政府有关自然保护区行政主管部门或者国务院有关自然保护区行政主管部门管理。地方级自然保护区，由其所在地的县级以上地方人民政府有关自然保护区行政主管部门管理。

有关自然保护区行政主管部门应当在自然保护区内设立专门的管理机构，配备专业技术人员，负责自然保护区的具体管理工作。

第二十二条　自然保护区管理机构的主要职责是：

（一）贯彻执行国家有关自然保护的法律、法规和方针、政策；

（二）制定自然保护区的各项管理制度，统一管理自然保护区；

（三）调查自然资源并建立档案，组织环境监测，保护自然保护区内的自然环境和自然资源；

（四）组织或者协助有关部门开展自然保护区的科学研究工作；

（五）进行自然保护的宣传教育；

（六）在不影响保护自然保护区的自然环境和自然资源的前提下，组织开展参观、旅游等活动。

第二十五条　在自然保护区内的单位、居民和经批准进入自然保护区的人员，必须遵守自然保护区的各项管理制度，接受自然保护区管理机构的管理。

第二十六条　禁止在自然保护区内进行砍伐、放牧、狩猎、捕捞、采药、开垦、烧荒、开矿、采石、挖沙等活动；但是，法律、行政法规另有规定的除外。

第二十八条　禁止在自然保护区的缓冲区开展旅游和生产经营活动。因教学科研的目的，需要进入自然保护区的缓冲区从事非破坏性的科学研究、教学实习和标本采集活动的，应当事先向自然保护区管理机构提交申请和活动计划，经自然保护区管理机构批准。

从事前款活动的单位和个人，应当将其活动成果的副本提交自然保护区管理机构。

第三十二条　在自然保护区的核心区和缓冲区内，不得建设任何生产设施。在自然保护区的实验区内，不得建设污染环境、破坏资源或者景观的生产设施；建设其他项目，其污染物排放不得超过国家和地方规定的污染物排放标准。在自然保护区的实验区内已经建成的设施，其污染物排放超过国家和地方规定的排放标准的，应当限期治理；造成损害的，必须采取补救措施。

在自然保护区的外围保护地带建设的项目，不得损害自然保护区内的环境质量；已造成损害的，应当限期治理。

限期治理决定由法律、法规规定的机关作出，被限期治理的企业事业单位必须按期完成治理任务。

第三十三条　因发生事故或者其他突然性事件，造成或者可能造成自然保护区污染或者破坏的单位和个人，必须立即采取措施处理，及时通报可能受到危害的单位和居民，并向自然保护区管理机构、当地环境保护行政主管部门和自然保护区行政主管部门报告，接受调查处理。

第四章　法律责任

第三十五条　违反本条例规定，在自然保护区进行砍伐、放牧、狩猎、捕捞、采药、开垦、烧荒、开矿、采石、挖沙等活动的单位和个人，除可以依照有关法律、行政法规规定给予处罚的以外，由县级以上人民政府有关自然保护区行政主管部门或者其授权的自然保护区管理机构没收违法所得，责令停止违法行为，限期恢复原状或者采取其他补救措施；对自然保护区造成破坏的，可以处以300元以上1万元以下的罚款。

第三十八条　违反本条例规定，给自然保护区造成损失的，由县级以上人民政府有关自然保护区行政主管部门责令赔偿损失。

第三十九条　妨碍自然保护区管理人员执行公务的，由公安机关依照《中华人民共和国治安管理处罚法》的规定给予处罚；情节严重，构成犯罪的，依法追究刑事责任。

第四十条　违反本条例规定，造成自然保护区重大污染或者破坏事故，导致公私财产重大损失或者人身伤亡的严重后果，构成犯罪的，对直接负责的主管人员和其他直接责任人员依法追究刑事责任。

第四十一条　自然保护区管理人员滥用职权、玩忽职守、徇私舞弊，构成犯罪的，依法追究刑事责任；情节轻微，尚不构成犯罪的，由其所在单位或者上级机关给予行政处分。

案例 2

拉萨破解“垃圾围城”，守护高原净土

摘要：“垃圾围城”一直以来是困扰我国城市管理的大难题。西藏被称为“人类最后一片净土”，是我国内地及东南亚地区的重要江河源和生态源，被视为国家重要的生态安全屏障。2017 年，拉萨市被列入我国首批垃圾分类试点城市之一。在实施国家垃圾分类政策背景下，拉萨市勇于探索，积极实践，形成了以政府主导、企业支持、社区组织、群众参与的垃圾分类多元共治格局。拉萨市先行先试，通过采取 PPP 模式与企业合作，成立生活垃圾处置中心，建立垃圾分类示范点和积分兑换超市，普及垃圾分类知识，动员市民参与垃圾分类等一系列措施，创造了美丽家园，初步实现了垃圾分类共建共治共赢的良好局面。

关键词：“垃圾围城”；垃圾分类；生活垃圾；拉萨市

[案例正文]

拉萨市位于西藏自治区东南部，总面积 29518 平方公里，截至 2018 年末户籍人口为 55.44 万人。拉萨市有“日光城”的美称，全年日照时数 3000 小时以上。近年来，随着拉萨市经济社会的发展，城市规模不断扩大，旅游业迅速发展，生活垃圾数量与日俱增，“垃圾围城”现象突出。党的十九大报告将加强固体废物和垃圾处置单独列为今后着力解决的突出环境问题之一，并为此进行了顶层设计和部署。在全国实施垃圾分类政策

的背景下，2017 年拉萨市被列入我国首批 46 个垃圾分类试点城市之一，积极展开垃圾分类行动。

1 垃圾分类刻不容缓

1.1 全面启动生活垃圾分类

经济发展和环境保护如何实现平衡一直是全社会重点关注的问题。伴随着经济的快速增长，拉萨市生活垃圾也在不断增多，堆积成山的垃圾正逐渐吞噬着日益稀缺的城市土地资源。据统计，目前全国 600 多座大中城市中，有 70% 被垃圾包围，形成“垃圾包围城市”的局面。[①] 早在 2004 年，中国就超过美国，成为世界最大垃圾生产国。“垃圾围城”问题受到国家高度重视，在借鉴国外垃圾分类经验的基础上，结合本国实际，我国出台垃圾分类制度，实施垃圾分类措施。

2000 年，生活垃圾分类试点工作展开，确定将北京、上海、广州、深圳、杭州、南京、厦门、桂林 8 个城市作为生活垃圾分类收集试点城市。

2010 年，住房和城乡建设部等三部委发布了《生活垃圾处理技术指南》，要求应尽可能从源头避免和减少生活垃圾产生，对产生的生活垃圾应尽可能分类回收，实现源头减量。

2015 年 4 月，住房和城乡建设部等五部委发文确定了将北京市东城区、上海市静安区、广东省广州市、浙江省杭州市等 26 个城市（区）作为第一批生活垃圾分类示范城市（区）。

2016 年，垃圾分类被国家领导提升到了“人民群众普遍关心的突出问题”的高度。中央财经领导小组第十四次会议明确要求“推行垃圾分类制度”。

2017 年 3 月 15 日，国家发展改革委、住房和城乡建设部颁布了《生活垃圾分类制度实施方案》，该方案明确了生活垃圾分类制度实施的目标、垃

① 舟丹．我国垃圾围城现状堪忧[J]．中外能源，2013，18(9)：62.

圾分类的类别、激励机制等内容，全国46个城市将先行实施生活垃圾分类。

2019年，134家中央单位、27家驻京部队和各省直属机关已全面推行垃圾分类；23个省、自治区已制定垃圾分类实施方案；46个重点城市均已公布垃圾分类实施方案。2019年7月1日，上海市正式颁发《上海市生活垃圾管理条例》。上海垃圾分类的立法，使垃圾进入强制分类时代。

1.2 拉萨先行先试

城市经济的快速发展使得生活垃圾产量与日俱增，2013—2019年，短短的7年时间，拉萨市的生活垃圾日产量已从550吨增长到850吨，拉萨市生活垃圾的年增长率也已经达到了10%，这一急剧增长的数字背后，带来的是生活垃圾围城的困境，实施生活垃圾分类势在必行。① 随着拉萨市被认定为全国首批46个生活垃圾分类重点城市之一，生活垃圾分类工作拉开序幕。为深入落实习近平总书记关于“普遍推行垃圾分类制度”的重要指示精神，2018年7月，拉萨市出台《拉萨市全面推进生活垃圾分类工作实施方案》，按照因地制宜的原则，积极开展生活垃圾分类试点工作。

拉萨市在生活垃圾分类循序渐进开展之时，也高度重视厨余垃圾的处置，先后颁布了《拉萨市城市餐厨垃圾管理办法》《拉萨市生活垃圾分类管理办法》等政策文件。因为厨余垃圾产量大，与其他生活垃圾混合处理成本高，所以拉萨市计划实施厨余垃圾单独收集、运输，然后集中处置，尽量把厨余垃圾对环境造成的污染降到最小，同时也降低了厨余垃圾处理的成本。

2 垃圾之“患”

生活垃圾给人们带来的困扰就在于垃圾种类多样、产量大、成分复杂。大部分可回收垃圾通过专业化的方式处理可以被再利用，少数有害垃圾一定要经过特殊的方式处理，才能把对环境的危害降到最低。长期以

① 资料来源：http://xz.people.com.cn/n2/2019/0510/c138901-32925059.html。

来，生活垃圾的处理多以填埋和焚烧为主，这不但污染了环境，同时也影响到人们的生命健康。

2.1 种类多

每个人每天都会产生一定数量的生活垃圾，日积月累，这个数量将是巨大的。生活垃圾种类繁多，有可回收垃圾、厨余垃圾、有害垃圾和其他垃圾，这些生活垃圾混合在一起处理，不仅会增加垃圾处理的成本，而且会污染环境。如可回收垃圾，回收以后，经过一定程序的处理还可以循环使用；有害垃圾要经过特殊的方法处理，才会最大限度降低对环境甚至是人们健康的影响。

厨余垃圾在生活垃圾的产量中占比过半，所以对厨余垃圾的处理也显得尤为重要。厨余垃圾含水量大，成分复杂，如果不能及时处理，难闻的气味会污染空气，给人们的生活带来不便。厨余垃圾多数情况下是和生活垃圾一起混合处理，但是这种处理方法可能会对环境造成二次污染。关于厨余垃圾的处理还存在这样一种现象：学校食堂、酒店餐饮部门、政府机关等产生的厨余废弃物并不会被当作垃圾分类处理，而是以免费或收取少量的费用的形式提供给城郊养殖户，这样既解决了这些单位对以厨余垃圾的处理困扰，避免了资源的浪费，也在一定程度上减少了城郊养殖户的喂养成本，本可“一举两得”，但是这种做法不符合生活垃圾分类中对厨余垃圾的专门处理，而且用成分复杂的厨余垃圾喂养牲畜也存在一定的安全隐患。

2.2 产量大

拉萨市生活垃圾的产量剧增主要是在两个时间段：第一个时间段就是元旦和春节时期。这一时期是阖家团圆的时候，也是亲朋好友互相拜访的时期。人们在串门、走访时免不了要送一些礼物，大部分的礼物都会有精美的包装，而大部分包装都是无法重复利用的，由此产生了大量的生活垃圾。第二个时间段是每年 5—10 月。天气回暖，到了旅游的高峰期，游客的大量增加导致生活垃圾的产量急剧上升。

根据拉萨市环境卫生管理局及各县（区）相关部门提供的数据，2016—2018 年，拉萨市生活垃圾的产量呈不断上升的趋势（见表 2－1），尤其是 2016—2017 年，生活垃圾的产量增长较快，增加了 7.062 万吨；2017—2018 年，生活垃圾的无害化处置率有所下降。垃圾年产量的不断增长给人们的生活带来了很大困扰，虽然生活水平在不断提高，但是生活环境的质量却在逐渐下降。城市发展面临的“垃圾围城”困境，迫切需要得到解决。

表 2－1 拉萨市生活垃圾产量

年份	生活垃圾产生量/万吨	生活垃圾清运量/万吨	清运率/%	生活垃圾填埋量/万吨	生活垃圾焚烧量/万吨	回收利用量/万吨	回收利用率/%	无害化处置率/%
2016	27.99	27.99	100	27.69	—	0.3	1	99
2017	35.052	35.052	100	32.366	2.686	0.558	1.592	100
2018	36.171	35.052	100	32.366	2.686	0.558	1.592	92.2

资料来源：拉萨市人民政府。

2.3 处理难

生活垃圾的安放处置一直是城市治理的难题。垃圾产量大、种类多，对垃圾处置的技术提出了较高的要求。大部分生活垃圾产生后难以在短期内分解，例如，烟头和羊毛织物分解的年限为 1～5 年、橘子皮分解的年限为 2 年、经油漆漆过的木板分解的年限为 13 年、尼龙织物分解的年限为 30～40 年、皮革分解的年限为 50 年、易拉罐分解的年限为 80～100 年、塑料分解的年限为 100～200 年、玻璃分解的年限为 1000 年。因为每种垃圾分解的年限不同，所以混合在一起填埋、焚烧，势必增加垃圾处理的难度。

在实行生活垃圾分类前，生活垃圾的处理方式以填埋和焚烧为主，极少数可以再利用的废品会被回收。由于人们对垃圾的种类认识不清晰，废品回收只占很少的一部分，大部分的可回收垃圾和有害垃圾一起被焚烧和填埋。垃圾焚烧和填埋因占地面积大，要远离市区和居民的生活范围，以免影响到人们的正常生活，且被占用的土地在长时间内不会恢复，所以对选地要求很高。生活垃圾在集中填埋和焚烧前，还要经过收集和安放的阶段，现多以随意露天安放为主，因为不能及时分类处置，经常会对周围的环境造成二次污染。

2.4 危害大

生活垃圾产量大、种类多，一旦处置不当，无论是对环境的可持续发展，还是对人们的健康都将会造成严重的危害。大部分生活垃圾在分类处置前，要经过分类运输和露天堆放等阶段，如果不及时处置，大部分易腐垃圾会产生难闻的气味，散发在空气中，还会招来苍蝇、蚊子等，带来卫生问题，进而引发疾病。生活垃圾中一部分有害垃圾经过雨水的冲刷会流入河流或者农田中，还有一部分会渗入地下水中，周围居民在食用这种含有害成分的地下水后，身体健康会受到损害。此外，流入农田中的有害物会直接污染土壤，进而导致农作物减产，甚至是死亡。

3 多措并举、刚柔相济

垃圾分类是一项系统工程，已经成为社会共识，需要政府、企业、社区、市民齐心协力，共同努力才能成功实施。

3.1 政府牵头做表率

3.1.1 政策先行

拉萨市出台了《拉萨市生活垃圾分类收集和处理试点工作实施方案》《拉萨市城市环境综合服务垃圾分类典型试点项目方案》《拉萨市全面推进生活垃圾分类工作实施方案》等政策文件，对生活垃圾分类工作进行了全面的部署。生活垃圾分类工作的开展分为三个阶段，分别是源头分类减量、中端分类运输和末端科学处理。政府通过政策引导居民积极参与生活垃圾的分类处理，一是在社区等公共场所宣传、讲解，营造对生活垃圾进行分类的氛围；二是重视培训社区讲解生活垃圾分类的工作人员，提升工作人员的专业化水平；三是在进行宣传讲解之后，通过现场指导等方式加深居民对生活垃圾分类方法的印象；四是加快推进制定和实施生活垃圾分类的激励机制，激发居民参与生活垃圾分类的积极性。

3.1.2 树立理念

生活垃圾分类意识的培养要从学生抓起，尤其要以幼儿园到初中阶段的学生为重点。拉萨市教育局积极组织开展生活垃圾分类教育行动。一是为幼儿园、中小学编制生活垃圾分类知识教材；二是教育部门开展各种课外活动、社会实践，引导学生通过动手实践，参与生活垃圾分类活动来学习生活垃圾分类的相关知识，最终使他们能够从小认识到保护生态环境的重要性，认识到实施生活垃圾分类是保护环境的有效举措，从而真正实现“教育一个孩子，影响一个家庭”的目标。

3.1.3 完善设施

拉萨市实施生活垃圾分类以来，市财政局安排专项经费支持社区、单位、学校等区域内的垃圾分类设施的完善和投放。以拉萨市城关区为例，截至2019年底，环卫局与拉萨城投洁达环卫保洁有限公司积极与部分企事业单位、学校及社区等47个组织对接，分别投放了四分类垃圾箱120套、240升垃圾桶658个、有害垃圾消纳袋116个、脚踏两分类垃圾桶321个。已建成并投入使用的积分兑换超市3家、垃圾分类投放亭4座、垃圾分类可回收物临时存放点13个、有害垃圾临时存放点2个；采购2辆可回收物运输车辆、1辆有害垃圾运输车辆、2辆餐厨垃圾运输车辆和1台大件垃圾运输车辆。①

3.2 企业行动紧配合

3.2.1 前端分类垃圾箱投放

生活垃圾分类政策实施以来，拉萨市政府一直把生活垃圾源头减量、分

① 资料来源：http://www.xzcgq.gov.cn/mskb/202003/t20200305_2947561.html。

类作为首要任务。生活垃圾源头分类可以有效减少对环境的污染。在实施生活垃圾分类以前，一些可回收再利用的生活垃圾交由废品回收公司处理，但这些垃圾也只占生活垃圾的一小部分，并不能实现从源头上做好分类、减量。随着生活垃圾分类工作的有序开展，城市的主要街道和试点社区都放置了四分类垃圾箱，分别放置可回收垃圾、厨余垃圾、有害垃圾和其他垃圾（见图2-1）。在投放分类垃圾箱初期，城投洁达保洁有限公司组织工作人员到社区现场指导居民投放垃圾。同时，为了提高居民参与的积极性，工作人员会在居民闲暇时间入户讲解、宣传，分发专门定制的不同颜色的垃圾袋和垃圾分类宣传册，并进行了登记①。宣传册的内容简单明了，藏汉双语，便于记忆。

图2-1　四分类垃圾箱

资料来源：http：//www. tibet. cn/cn/news/yc/201907/t20190715_ 6637249. html。

3.2.2　中端分类储运体系建立

从中端储运体系来看，以往传统的生活垃圾处置多是混装混运，这在一定程度上降低了居民生活垃圾分类的积极性，大部分居民会认为，即使自己在源头做好了垃圾分类，混装混运也会使自己的行为变得毫无意义。因此，生活垃圾分类装载和运输就显得尤为重要。其中，有害垃圾和厨余垃圾的运输难度较大，对装载设备的技术要求较高，需要使用密闭、环保的车辆运输，这样才会减少有害垃圾和厨余垃圾在运输过程中对环境造成的二次污染。拉萨市政府通过购买服务的方式，引进企业负责中端储运。

① 资料来源：http：//news. cntgol. com/dlsy/20190710/227343. html。

在储运过程中，城投洁达保洁有限公司根据不同种类的生活垃圾配备了不同功能的垃圾清运车，还详细制定具体的运输时间和运输路线，与前端源头分类做好无缝对接工作，为后端的处置提供了便利，大大提高了生活垃圾分类处置效率（见图2－2）。

图2－2　功能不同的垃圾清运车

资料来源：http：//www. qtpep. com/bencandy. php？ fid＝84&id＝6672。

3.2.3　末端分类垃圾处理设施建设

从垃圾末端处理来看，拉萨市政府通过采用多种模式与企业合作，完善生活垃圾处理设施，做到了末端垃圾的精细化处理。一是可回收垃圾进入资源分选中心。二是厨余垃圾进入餐厨废弃物再利用处理厂。餐厨垃圾处理厂项目于2015年5月以PPP模式公开招标，启迪桑德环境资源股份有限公司为中标单位，2016年7月签订特许经营协议，明确启迪桑德公司负责投资、设计、建设、运营，特许经营期限为20年。三是有害垃圾进入危险废物处置中心焚烧发电厂进行无害化处理。处理单位为西藏自治区危险废物处置中心，已于2014年5月点火运行，目前承担全区工业危险废弃物和拉萨市医疗废弃物的收集处置任务。四是其他垃圾进入资源化利用程序。其他垃圾处理单位为拉萨市生活垃圾焚烧发电厂，采用BOT特许经营模式建设，期限为30年，已于2018年6月正式运行（见表2－2）。

表 2－2　生活垃圾分类处理过程

分类	举例	负责部门	具体过程
可回收垃圾	塑料、纸类、包装物、金属、废弃织物等	居民 环卫部门	投放到可回收物垃圾桶或直接送到服务中心定期回收，再送到再生资源回收企业，实现资源化利用
厨余垃圾	剩菜、剩饭、菜叶等	环卫部门	负责收运，日产日清，送往再生企业——启迪桑德环境资源股份有限公司，实现资源化利用
有害垃圾	电池、灯管、过期药品等	环卫部门	定期收集，集中储存，送往西藏自治区危险废物处置中心处理
其他垃圾	烟头、果皮、瓦片、尘土等	环卫部门	负责收运，日产日清，进入拉萨市生活垃圾焚烧发电厂

资料来源：http://tibet.cn/cn/index/ecology/201907/t20190708_6632196.html。

3.3　社区携手志愿者

社区是生活垃圾产生的主要地方。政府引导社区积极参与生活垃圾分类工作，在社区开展试点工作，例如，统建社区共设置 4 座垃圾分类亭，安装 1 套四分类垃圾箱、10 套四分类垃圾桶，建立 1 个垃圾分类积分兑换超市。积分超市的商品种类丰富，不但满足了社区居民的日常生活需求，也提高了居民参与垃圾分类的积极性。社区携手青年志愿者开展了“垃圾科学分类，文明你我同行”的志愿活动，志愿者的主要工作是向居民讲解生活垃圾的分类投放，现场指导居民投放垃圾。青年志愿者在生活垃圾分类工作中发挥着重要的作用，实施生活垃圾分类政策取得的阶段性成果离不开青年志愿者的努力。

3.4　人人都是参与者

“刚实施生活垃圾分类时，我感到很苦恼，明明随手就扔了的事情，却还要认真分类再扔。后来看到其他邻居都在认真学习，并且从积分兑换超市换回来不少‘好东西’，我也慢慢开始加入其中。现在，实实在在地体验到垃圾分类带来的便利和好处了。”居民扎西平措说道。随着生活垃圾分类工作的有序开展，居民的参与率也在慢慢提升，可回收垃圾的分出率是最高的，大家参与的积极性和成效有目共睹。年纪大的老人们更是乐在其中，一位名叫罗追达瓦的老人高兴地说：“自从实施垃圾分类以来，经常有专门的工作人员上门为我们耐心讲解生活垃圾如何分类，还为我们发放垃圾分类袋，时间久了，觉得生活垃圾分类也没有那么难了，反而对我们的生活更方便了。”

4 垃圾分类亮点层出

4.1 积分超市

生活垃圾积分兑换超市是拉萨市生活垃圾分类的亮点之一（见图2-3）。城关区嘎玛贡桑街道办事处统建社区是生活垃圾分类的试点社区。把正常超市购物积分兑换商品应用到生活垃圾分类治理上的方式对于大多数社区居民来说很新奇。在生活垃圾积分兑换超市投入使用后，广大社区居民积极参与，都想感受一下用“垃圾”兑换生活用品的成就感。积分兑换超市内的生活用品种类丰富，可以满足大部分居民的生活需要，有毛巾、牙膏、洗衣液、一次性垃圾袋等。在体验到生活垃圾分类带来的便利的同时，社区居民参与的积极性也在不断提高，一大早，生活垃圾积分兑换超市的门口就挤满了前来兑换生活用品的居民，工作人员忙着给可回收垃圾称重、记积分，居民可以根据自己积攒的积分进行商品兑换。例如，1公斤塑料品可积13分，1公斤纸箱可积5分，积累的分数和生活用品的价值是成正比的，一袋盐是20分、一支牙膏70分、一瓶酱油100分、一桶菜籽油则需要370分。有的居民在记完积分后马上兑换了一些小件物品，有的居民则把积分攒在一起，一次性兑换一个大件的生活用品。[①] 一位兑换了一桶菜籽油的大娘开心地说：“家里小孩子用过的书多的是，也没有地方放置，自从开了这个生活垃圾分类兑换超市，给自己的生活带来了很大

① 资料来源：http://tibet.cn/cn/index/ecology/201907/t20190708_6632196.html。

的方便，真的很便利。”

图2－3 生活垃圾分类积分兑换超市

资料来源：http：//www.chinatibetnews.com/xw/201906/t20190613_ 2654736.html。

4.2 科技助力

科学技术的发展对于生活垃圾分类来说无疑是锦上添花，凭借科技手段，城市生活垃圾分类更加便捷、高效。人们所熟知的支付宝也新增了生活垃圾分类的功能，打开支付宝，搜索城市服务，就会根据地理位置定位到居民当前生活的城市，其中就有生活垃圾分类回收功能区，输入垃圾名称就会自动识别、区分垃圾类型。住在纳金城祥苑的李阿姨介绍道：“现在的智能分类功能真是太强大了，像我们这些年纪大的，如果把那么多生活垃圾的分类背下来，可是有点困难了，有了支付宝的搜索功能，再也不用担心会把垃圾放错了。”在李阿姨的带动下，一些年纪大的居民也开始使用手机学习垃圾分类，这样既解决了记忆的难题，也多了一些体验新鲜事物的乐趣，大家积极性很高，并乐在其中。

随着生活垃圾分类的有序推进，科技助力生活垃圾分类又增添了新的内容，即推广使用垃圾分类AR环保购物袋，首批5000个垃圾分类AR环保购物袋已投入使用，扫描环保购物袋上的二维码，就会出现生活垃圾分类的科普教育内容，这种方便的操作吸引了大量的居民加入其中。

4.3 绿色包装

生活垃圾的分类意识培养是一个长期的过程，尤其体现在生活垃圾分类源头减量上。源头分类控制生活垃圾的产量是拉萨市开展生活垃圾分类工作的重要举措。如今，随着居民生活水平的提高，网络购物蔚然成风，大量的快递一方面方便了市民的日常生活，使市民足不出户就能购买到心仪的商品；另一方面网络购物的订单数量惊人，也带来了垃圾产量的大幅增加。为此，针对商品过度包装产生的生活垃圾，拉萨市鼓励发展绿色包装，从生产、流通到使用环节限制商品包装的过度使用，从源头上减少生活垃圾的产量，积极探索快递包装物回收循环利用体系①。

提倡绿色消费也是减少生活垃圾产量的重要一环，推广使用可循环利用物品，也是从源头减少生活垃圾产量的主要做法。拉萨市限制酒店、餐饮行业使用一次性用品，大力推行无纸化办公，积极推行净菜和洁净农副产品进城，减少餐厨垃圾产生量。

5 破解“垃圾围城”，长路漫漫

5.1 政府部门难协调

实施生活垃圾分类不是一朝一夕就能完成的，未来还有很长的路要走。一些政府职能部门的主体责任感不强，措施不力，垃圾分类落实不理想。政府出台政策的速度滞后于生活垃圾分类工作的实际行动，影响公众参与生活垃圾分类的积极性，阻碍垃圾分类的可持续推行。生活垃圾政策的实施不是一蹴而就的，而是一项需要长期坚持的任务。生活垃圾分类工作涉及环保、城管、卫生等多个部门，需要不同职能部门之间相互协调，协同共治，承担好各自职责，然而，各部门职能不同，目标不同，在垃圾分类中互相配合的难度较大。此外，随着生活垃圾分类的推进，政府部门

---

① 资料来源：http://xz.people.com.cn/n2/2019/0802/c138901-33207914.html。

的经济成本和社会成本都在相应增加，导致政府的财政压力加大。

5.2 企业技术难支撑

尽管拉萨市生活垃圾分类工作正在有序推进，但是许多社区还是使用传统的集中运输垃圾处理方式，集中处理垃圾。生活垃圾种类日益多样化、复杂化，对分类处置技术要求较高。企业作为一个营利主体，必然会衡量其成本和收益，所以很难做到以技术创新支撑生活垃圾分类处置。有害垃圾的成分复杂、危害较大、处理较为困难，一些企业对其处理过程缺乏相应的技术支持，可能达不到国家对有害垃圾处理的标准。同时，企业在缺少监督的情况下，出于自身利益的考虑，很难做到垃圾末端无害化处理。

5.3 个人意识难持久

生活垃圾分类政策要想得到有效的实施，光靠政府的引导是不够的，还需要市民的积极参与。如何使生活垃圾分类成为市民自愿、自觉的行动，是生活垃圾分类工作推行的难点。尽管在生活垃圾分类前期，拉萨市政府和社区在宣传和引导上做了大量的工作，但是市民并没有形成生活垃圾分类的良好习惯，导致市民参与生活垃圾分类的行动不持续。在积分超市刚刚建立的时候，很多市民怀着好奇心收集一些可回收垃圾去积分超市兑换生活用品，但是久而久之，随着新鲜感的退去，仍遵循以往的生活习惯，存在把垃圾分类忘得“一干二净”的现象。生活垃圾分类是一个长期的过程，垃圾分类意识和习惯的培养任重道远。

6 结语

2017年，国务院办公厅转发国家发展改革委、住房和城乡建设部的《生活垃圾分类制度实施方案》中，明确46个城市将先行实施生活垃圾强制分类，并要求到2020年底，生活垃圾回收利用率达35%以上。党的十九大报告中明确提出，加快生态文明体制改革，着力解决环境突出问题，加强固体废物和垃圾处置。生活垃圾分类是实行垃圾“减量化、资源化、无害化”的重要举措，是共建共享美丽家园的重要内容，也是改善城市环境、发展城市经济社会的重要途径。拉萨市作为青藏高原的净城、历史文化的名城、改革开放的新城，做好垃圾分类是必行之举。拉萨市实施生活垃圾分类工作由易到难、由粗到细、由点到面，统筹兼顾，取得了显著成效。生活垃圾分类事关生态环境保护，事关社会文明程度，并非一朝一夕之事，需要多部门协同共治和全体市民的共同努力。

[案例思考题]

（1）结合案例分析推行垃圾分类的重要性和必要性。

（2）结合公共管理相关理论，分析在开展垃圾分类工作中各参与主体扮演着什么角色，发挥着什么作用。

（3）根据拉萨市垃圾分类实践，你认为做好垃圾分类工作的重点和难点是什么？

[案例评析]

中国目前有2/3的城市面临“垃圾围城”的窘境，而垃圾分类可使人均生活垃圾产生量减少2/3，实施生活垃圾分类迫在眉睫。随着城市化的推进，拉萨市城市人口不断增加，生活垃圾与日俱增，也正在遭遇“垃圾围城”带来的环境污染问题。“垃圾围城”事实上是政府和市场双失灵的结果。

（1）政府失灵。城市生活垃圾分类具有明显的公共产品属性。一方面，生活垃圾分类过程中，很难采用技术手段将不予支付成本的居民进行有效区分，环境改善的收益获取具有非排他性。另一方面，生活垃圾分类的公共产品属性会较大程度消解城市居民的支付意愿与动力，导致寻求个人利益却难以实现共同或者集体利益的集体行动，滋生“搭便车”的投机现象与行为。市场不愿意提供生活垃圾分类服务，因此需要政府承担大部分责任，但是在现实中，就生活垃圾分类而言，政府存在着明显的职能缺失现象，由此带来“垃圾围城”的问题。政府失灵具体表现在生活垃圾分类的制度体系不完善和供给效率低下等。

（2）市场失灵。垃圾分类实施之前，大量的生活垃圾没有得到科学化的分类投放、分类收集、分类运输和分类处理，造成环境的大规模污染，进而使公共环境资源被过度利用和严重破坏，最终导致“公地悲剧”。“公地悲剧”产生的原因是外部性。公共环境资源的竞争性和非排他性不可避免地会产生外部性的问题，而且会造成市场失灵。“垃圾围城”具有典型的负外部性。正如古希腊哲学家亚里士多德指出的公共资源的问题：“许多人公有的东西总是被关心得最少，因为所有人对自己东西的关心都大于对与其他人共同拥有的东西的关心。”

针对“垃圾围城”的政府失灵和市场失灵，可以通过多元主体的协同共治来解决。根据协同治理理论，公共事务的治理主体呈现多元化特征，即强调政府、企业、社会组织以及公民等利益相关者以协作共治的方式参与到公共事务治理的全过程。协同治理强调的是公共事务由一方主导、多主体共同参与，在一致性治理目标下，多方主体坚持共商、共建、共享原则，展开平等互惠的治理，促进公共利益的提升。生活垃圾分类是一个系统工程，涉及政府、企业、社区、市民等多方利益主体，涉及经济、生态、民生等众多领域。拉萨市在生活垃圾分类中采取协同治理的方式，调动各利益主体的积极性，实现了多元主体共同参与、共同治理、协同工作，形成了协同共治的机制，明显提升了垃圾分类治理的效能（见图2－4）。

第一，坚持政府主导。实施生活垃圾分类，践行绿色发展理念。政府要有意识地对广大居民的生活垃圾分类行为进行引导和干预，制定相关制度与行业规范，对垃圾分类回收市场进行宏观调控。生活垃圾分类既要统筹全局、设计总方案，又要具体问题具体分析，制定相应的阶段性政策。同时，政府应给予相应的财政补贴，加大资金投入力度，保证生活垃圾分类技术的研发。政府部门还要做好监督和管理，必要时可以采取行政手段来保证垃圾分类政策的有序推行。

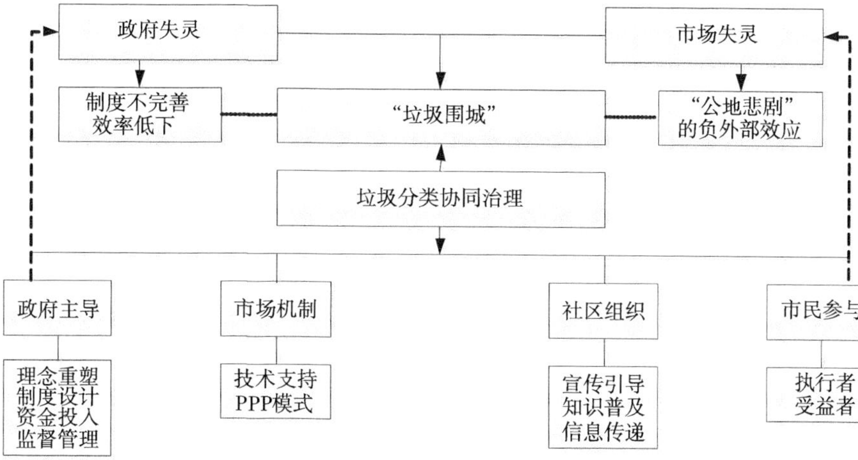

图 2－4　拉萨市垃圾分类协同治理的路径

第二，引进市场机制。城市生活垃圾是消费废弃物，其成分的复杂性和种类的多样性不逊色于消费产品，因此生活垃圾分类处理对技术手段提出了更高的要求。生活垃圾分类的实施离不开企业主体的参与和支持，企业对市场信息更为敏感，会根据市场需求状况及时对生产进行调整，也通过不断的技术创新提高生活垃圾分类的效率，促使资源配置达到最有效的状态。生活垃圾分类若仅依靠政府一己之力，会给财政带来压力。政府通过构建生活垃圾分类激励机制，采取 PPP 模式，引进市场力量，借助企业资金投入弥补政府资金的不足。

第三，发挥社区作用。社区在参与生活垃圾分类的过程中起到了不可忽视的作用。社区要定期进行垃圾分类知识普及或举办垃圾分类相关环保活动等，让更多的市民了解和支持垃圾分类回收，增强他们的环保意识，培养垃圾分类习惯。

第四，鼓励市民参与。城市生活垃圾分类最广泛的参与主体是市民。市民既是生活垃圾分类的前端执行者，也是受益者。市民在生活垃圾源头分类处理中发挥着重要的作用，如果市民在源头减量、科学分类垃圾，会大大降低生活垃圾带来的环境污染，提高生活垃圾处置的效率，为末端分类处置提供便利，减少成本。因此培养市民将垃圾分类变为自觉的行动尤为重要。

人类社会的生存和发展离不开良好的生态环境。生活垃圾分类处理是一项促进可持续发展的举措，实施生活垃圾分类政策对城市经济发展、生态文明建设和民生改善都具有重大意义。

[参考文献]

[1]孟晋川,马婧,王念伟,等. 城市居民参与生活垃圾分类行为研究[J]. 中国市场,2020(8):116－117.

[2]朱青,张维,罗志红. 生产者责任视阈下的城市生活垃圾分类多元主体序贯决策分析[J]. 企业经济,2020(2):24－30.

[3]贾文龙. 城市生活垃圾分类治理的居民支付意愿与影响因素研究——基于江苏省的实证分析[J]. 干旱区资源与环境,2020,34(4):8－14.

[4]娄敏. 城市垃圾源头分类影响因素研究——以天津市市内区为例[J]. 干旱区资源与环境,2020,34(4):15－21.

[5]杨雪锋,王淼峰,胡群. 垃圾分类:行动困境、治理逻辑与政策路径[J]. 治理研究,2019,35(6):108－114.

[6]穷达卓玛,周鹏,周文武,等. 西藏拉萨市区生活垃圾分类现状及建议[J]. 再生资源与循环经济,2018,11(11):25－28.

[7]衣力努尔·艾则孜. 浅谈我国城市生活垃圾分类现状及对策[J]. 法制与社会,2020(7):153,156.

[8]陈健,林伟彬,李育峻. 影响垃圾分类的意愿与行为的实证研究——以广州市为例[J]. 城市观察,2020(1):133－143.

[附录]

国务院办公厅关于转发国家发展改革委住房城乡建设部生活垃圾分类制度实施方案的通知

国办发〔2017〕26号

各省、自治区、直辖市人民政府，国务院各部委、各直属机构：

国家发展改革委、住房城乡建设部《生活垃圾分类制度实施方案》已经国务院同意，现转发给你们，请认真贯彻执行。

国务院办公厅

2017年3月18日

（此件公开发布）

生活垃圾分类制度实施方案

国家发展改革委　住房城乡建设部

随着经济社会发展和物质消费水平大幅提高，我国生活垃圾产生量迅速增长，环境隐患日益突出，已经成为新型城镇化发展的制约因素。遵循减量化、资源化、无害化的原则，实施生活垃圾分类，可以有效改善城乡环境，促进资源回收利用，加快“两型社会”建设，提高新型城镇化质量和生态文明建设水平。为切实推动生活垃圾分类，根据党中央、国务院有关工作部署，特制定以下方案。

一、总体要求

（一）指导思想。全面贯彻党的十八大和十八届三中、四中、五中、六中全会精神，深入贯彻习近平总书记系列重要讲话精神和治国理政新理念新思想新战略，统筹推进“五位一体”总体布局和协调推进“四个全面”战略布局，牢固树立和贯彻落实创新、协调、绿色、开放、共享的发展理念，加快建立分类投放、分类收集、分类运输、分类处理的垃圾处理系统，形成以法治为基础、政府推动、全民参与、城乡统筹、因地制宜的垃圾分类制度，努力提高垃圾分类制度覆盖范围，将生活垃圾分类作为推进绿色发展的重要举措，不断完善城市管理和服务，创造优良的人居环境。

（二）基本原则。政府推动，全民参与。落实城市人民政府主体责任，强化公共机构和企业示范带头作用，引导居民逐步养成主动分类的习惯，形成全社会共同参与垃圾分类的良好氛围。

因地制宜，循序渐进。综合考虑各地气候特征、发展水平、生活习惯、垃圾成分等方面实际情况，合理确定实施路径，有序推进生活垃圾分类。

完善机制，创新发展。充分发挥市场作用，形成有效的激励约束机制。完善相关法律法规标准，加强技术创新，利用信息化手段提高垃圾分类效率。

协同推进，有效衔接。加强垃圾分类收集、运输、资源化利用和终端处置等环节的衔接，形成统一完整、能力适应、协同高效的全过程运行系统。

（三）主要目标。到 2020 年底，基本建立垃圾分类相关法律法规和标准体系，形成可复制、可推广的生活垃圾分类模式，在实施生活垃圾强制分类的城市，生活垃圾回收利用率达到 35% 以上。

二、部分范围内先行实施生活垃圾强制分类

（一）实施区域。2020 年底前，在以下重点城市的城区范围内先行实施生活垃圾强制分类。

1. 直辖市、省会城市和计划单列市。

2. 住房城乡建设部等部门确定的第一批生活垃圾分类示范城市，包括：河北省邯郸市、江苏省苏州市、安徽省铜陵市、江西省宜春市、山东省泰安市、湖北省宜昌市、四川省广元市、四川省德阳市、西藏自治区日喀则市、陕西省咸阳市。

3. 鼓励各省（区）结合实际，选择本地区具备条件的城市实施生活垃圾强制分类，国家生态文明试验区、各地新城新区应率先实施生活垃圾强制分类。

（二）主体范围。上述区域内的以下主体，负责对其产生的生活垃圾进行分类。

1. 公共机构。包括党政机关，学校、科研、文化、出版、广播电视等事业单位，协会、学会、联合会等社团组织，车站、机场、码头、体育场馆、演出场馆等公共场所管理单位。

2. 相关企业。包括宾馆、饭店、购物中心、超市、专业市场、农贸市场、农产品批发市场、商铺、商用写字楼等。

（三）强制分类要求。实施生活垃圾强制分类的城市要结合本地实际，于2017年底前制定出台办法，细化垃圾分类类别、品种、投放、收运、处置等方面要求；其中，必须将有害垃圾作为强制分类的类别之一，同时参照生活垃圾分类及其评价标准，再选择确定易腐垃圾、可回收物等强制分类的类别。未纳入分类的垃圾按现行办法处理。

1. 有害垃圾。

（1）主要品种。包括废电池（镉镍电池、氧化汞电池、铅蓄电池等），废荧光灯管（日光灯管、节能灯等），废温度计，废血压计，废药品及其包装物，废油漆、溶剂及其包装物，废杀虫剂、消毒剂及其包装物，废胶片及废相纸等。

（2）投放暂存。按照便利、快捷、安全原则，设立专门场所或容器，对不同品种的有害垃圾进行分类投放、收集、暂存，并在醒目位置设置有害垃圾标志。对列入《国家危险废物名录》（环境保护部令第39号）的品种，应按要求设置临时贮存场所。

（3）收运处置。根据有害垃圾的品种和产生数量，合理确定或约定收运频率。危险废物运输、处置应符合国家有关规定。鼓励骨干环保企业全过程统筹实施垃圾分类、收集、运输和处置；尚无终端处置设施的城市，应尽快建设完善。

2. 易腐垃圾。

（1）主要品种。包括相关单位食堂、宾馆、饭店等产生的餐厨垃圾，农贸市场、农产品批发市场产生的蔬菜瓜果垃圾、腐肉、肉碎骨、蛋壳、畜禽产品内脏等。

（2）投放暂存。设置专门容器单独投放，除农贸市场、农产品批发市场可设置敞开式容器外，其他场所原则上应采用密闭容器存放。餐厨垃圾可由专人清理，避免混入废餐具、塑料、饮料瓶罐、废纸等不利于后续处理的杂质，并做到“日产日清”。按规定建立台账制度（农贸市场、农产品批发市场除外），记录易腐垃圾的种类、数量、去向等。

（3）收运处置。易腐垃圾应采用密闭专用车辆运送至专业单位处理，运输过程中应加强对泄露、遗撒和臭气的控制。相关部门要加强对餐厨垃圾运输、处理的监控。

3. 可回收物。

（1）主要品种。包括废纸，废塑料，废金属，废包装物，废旧纺织物，废弃电器电子产品，废玻璃，废纸塑铝复合包装等。

（2）投放暂存。根据可回收物的产生数量，设置容器或临时存储空间，实现单独分类、定点投放，必要时可设专人分拣打包。

（3）收运处置。可回收物产生主体可自行运送，也可联系再生资源回收利用企业上门收集，进行资源化处理。

三、引导居民自觉开展生活垃圾分类

城市人民政府可结合实际制定居民生活垃圾分类指南，引导居民自觉、科学地开展生活垃圾分类。前述对有关单位和企业实施生活垃圾强制分类的城市，应选择不同类型的社区开展居民生活垃圾强制分类示范试点，并根据试点情况完善地方性法规，逐步扩大生活垃圾强制分类的实施范围。本方案发布前已制定地方性法规、对居民生活垃圾分类提出强制要求的，从其规定。

（一）单独投放有害垃圾。居民社区应通过设立宣传栏、垃圾分类督导员等方式，引导居民单独投放有害垃圾。针对家庭源有害垃圾数量少、投放频次低等特点，可在社区设立固定回收点或设置专门容器分类收集、独立储存有害垃圾，由居民自行定时投放，社区居委会、物业公司等负责管理，并委托专业单位定时集中收运。

（二）分类投放其他生活垃圾。根据本地实际情况，采取灵活多样、简便易行的分类方法。引导居民将“湿垃圾”（滤出水分后的厨余垃圾）与“干垃圾”分类收集、分类投放。有条件的地方可在居民社区设置专门设施对“湿垃圾”就地处理，或由环卫部门、专业企业采用专用车辆运至餐厨垃圾处理场所，做到“日产日清”。鼓励居民和社区对“干垃圾”深入分类，将可回收物交由再生资源回收利用企业收运和处置。有条件的地区可探索采取定时定点分类收运方式，引导居民将分类后的垃圾直接投入收运车辆，逐步减少固定垃圾桶。

四、加强生活垃圾分类配套体系建设

（一）建立与分类品种相配套的收运体系。完善垃圾分类相关标志，配备标志清晰的分类收集容器。改造城区内的垃圾房、转运站、压缩站等，适应和满足生活垃圾分类要求。更新老旧垃圾运输车辆，配备满足垃圾分类清运需求、密封性好、标志明显、节能环保的专用收运车辆。鼓励采用“车载桶装”等收运方式，避免垃圾分类投放后重新混合收运。建立符合环保要求、与分类需求相匹配的有害垃圾收运系统。

（二）建立与再生资源利用相协调的回收体系。健全再生资源回收利用网络，合理布局布点，提高建设标准，清理取缔违法占道、私搭乱建、不符合环境卫生要求的违规站点。推进垃圾收运系统与再生资源回收利用系统的衔接，建设兼具垃圾分类与再生资源回收功能的交投点和中转站。鼓励在公共机构、社区、企业等场所设置专门的分类回收设施。建立再生资源回收利用信息化平台，提供回收种类、交易价格、回收方式等信息。

（三）完善与垃圾分类相衔接的终端处理设施。加快危险废物处理设施建设，建立健全非工业源有害垃圾收运处理系统，确保分类后的有害垃圾得到安全处置。鼓励利用易腐垃圾生产工业油脂、生物柴油、饲料添加剂、土壤调理剂、沼气等，或与秸秆、粪便、污泥等联合处置。已开展餐厨垃圾处理试点的城市，要在稳定运营的基础上推动区域全覆盖。尚未建成餐厨（厨余）垃圾处理设施的城市，可暂不要求居民对厨余“湿垃圾”单独分类。严厉打击和防范“地沟油”生产流通。严禁将城镇生活垃圾直接用作肥料。加快培育大型龙头企业，推动再生资源规范化、专业化、清洁化处理和高值化利用。鼓励回收利用企业将再生资源送钢铁、有色、造纸、塑料加工等企业实现安全、环保利用。

（四）探索建立垃圾协同处置利用基地。统筹规划建设生活垃圾终端处理利用设施，积极探索建立集垃圾焚烧、餐厨垃圾资源化利用、再生资源回收利用、垃圾填埋、有害垃圾处置于一体的生活垃圾协同处置利用基地，安全化、清洁化、集约化、高效化配置相关设施，促进基地内各类基础设施共建共享，实现垃圾分类处理、资源利用、废物处置的无缝高效衔接，提高土地资源节约集约利用水平，缓解生态环境压力，降低“邻避”效应和社会稳定风险。

五、强化组织领导和工作保障

（一）加强组织领导。省级人民政府、国务院有关部门要加强对生活垃圾分类工作的指导，在生态文明先行示范区、卫生城市、环境保护模范城市、园林城市和全域旅游示范区等创建活动中，逐步将垃圾分类实施情况列为考核指标；因地制宜探索农村生活垃圾分类模式。实施生活垃圾强制分类的城市人民政府要切实承担主体责任，建立协调机制，研究解决重大问题，分工负责推进相关工作；要加强对生活垃圾强制分类实施情况的监督检查和工作考核，向社会公布考核结果，对不按要求进行分类的依法予以处罚。

（二）健全法律法规。加快完善生活垃圾分类方面的法律制度，推动相关城市出台地方性法规、规章，明确生活垃圾强制分类要求，依法推进生活垃圾强制分类。发布生活垃圾分类指导目录。完善生活垃圾分类及站点建设相关标准。

（三）完善支持政策。按照“污染者付费”原则，完善垃圾处理收费制度。发挥中央基建投资引导带动作用，采取投资补助、贷款贴息等方式，支持相关城市建设生活垃圾分类收运处理设施。严格落实国家对资源综合利用的税收优惠政策。地方财政应对垃圾分类收运处理系统的建设运行予以支持。

（四）创新体制机制。鼓励社会资本参与生活垃圾分类收集、运输和处理。积极探索特许经营、承包经营、租赁经营等方式，通过公开招标引入专业化服务公司。加快城市智慧环卫系统研发和建设，通过“互联网＋”等模式促进垃圾分类回收系统线上平台与线下物流实体相结合。逐步将生活垃圾强制分类主体纳入环境信用体系。推动建设一批以企业为主导的生活垃圾资源化产业技术创新战略联盟及技术研发基地，提升分类回收和处理水平。通过建立居民“绿色账户”“环保档案”等方式，对正确分类投放垃圾的居民给予可兑换积分奖励。探索“社工＋志愿者”等模式，推动企业和社会组织开展垃圾分类服务。

（五）动员社会参与。树立垃圾分类、人人有责的环保理念，积极开展多种形式的宣传教育，普及垃圾分类知识，引导公众从身边做起、从点滴做起。强化国民教育，着力提高全体学生的垃圾分类和资源环境意识。加快生活垃圾分类示范教育基地建设，开展垃圾分类收集专业知识和技能培训。建立垃圾分类督导员及志愿者队伍，引导公众分类投放。充分发挥新闻媒体的作用，报道垃圾分类工作实施情况和典型经验，形成良好社会舆论氛围。

案例 3

呼和浩特市青城驿站："小厕所"关系"大民生"

摘要：小小厕所，方寸之间，牵系民生。近年来，习近平总书记高度关注"厕所革命"这一基础民生工作，并多次作出重要指示。呼和浩特市践行以人民为中心的发展思想，深入贯彻指示精神，积极推进"厕所革命"工作。一座座外观别致美丽、内部干净整洁、设施配备齐全、智能现代化的青城驿站已经成为呼和浩特市的一道道亮丽风景线。每座青城驿站不仅"内外兼修"，而且各具特色内涵，通过与文体娱乐、餐饮等"联姻"形成的"青城驿站 +"模式是呼和浩特市"厕所革命"的重大创新，在青城驿站的建设和运营中，政企合作及青城驿站管理中心的协同配合为市民提供了高质量的公共服务，同时提升了传统公共厕所的功能，成为首府"厕所革命"的新亮点。

关键词："厕所革命"；青城驿站；公共服务；民生工程；呼和浩特

[案例正文]

呼和浩特市是一座具有悠久历史和灿烂文化的塞外古城，如今，这座"青色的城"在发展过程中不仅焕发出迷人的新姿，更为这里的百姓赋予了幸福生活的新内涵。近年来，"厕所革命"成为重要的基础民生工作，习近平总书记高度关注并多次就此作出重要批示。呼和浩特市政府深入贯彻指示精神，积极推动开展了有史以来投入最大、范围最广、要素最全的城市环境综合整治专项行动，开启"厕所革命"的新帷幕。呼和浩特市所有的青城驿站均按照"布局合理、功能完善、一厕一景、服务民生"的理念来打造，通过"青城驿站+"的创新模式为公共厕所赋予了新的内涵。一座座"内外兼修"的青城驿站让市民感受到了更方便的公共服务、更整洁的城市环境以及更文明和谐的社会风尚，成为呼和浩特市的一道道亮丽风景线。

1 "厕所革命"拉开帷幕

1.1 2003年前：无人问津

公共厕所是一个城市必备的基础公共设施，发挥着基础服务的作用。但在2003年前，呼和浩特市大街小巷公共厕所较少，人们出门找厕所是一大难题。呼和浩特市政府没有重视公共厕所的修建，市民们对公共厕所问题也避而不谈。以前大街上仅存的公共厕所中有的标识不明显、有的卫生状况不堪，更有一些低素质的市民随地大小便，导致呼和浩特市整体环境"脏乱差"、异味突出等现象频发。甚至在呼和浩特市周围的一些近郊处，人们使用的还是传统的旱厕，这不仅严重影响了呼和浩特市公共环境卫生的整洁度和居民生活的品质，也有损城市文明形象。

1.2 2003年：引起重视

呼和浩特市的"厕所革命"起源于2003年，时任呼和浩特市长牛玉儒非常关心民生问题，当他了解到当时的卫生状况时，立刻组织相关部门制订方案解决人们的如厕问题。公共厕所问题成为老百姓关注的问题，也成为历届领导关心的民生话题。自此，呼和浩特市的大街小巷出现了一个个临时移动厕所，解了老百姓"燃眉之急"。随着呼和浩特市在各方面的快速发展，老百姓越来越注重生活品质，人们对公共厕所的需求水平也不断上升。呼和浩特市政府凭借创建全国文明城市的机会，投入大量资金升级改造厕所、增加厕所数量、提升厕所品质，由此拉开了“厕所革命”的帷幕。

1.3 2015年：探索“厕所革命”

2015年4月，习近平总书记就“厕所革命”作出重要指示。2016年底，呼和浩特市委、市政府积极响应中央号召，开展了首府环境卫生的综合整治行动，决心从呼和浩特市环境卫生的突出问题和薄弱环节入手来解决问题。2017年，呼和浩特市掀起了一场轰轰烈烈的“厕所革命”，结合首府实际情况探索出一条环境卫生治理之路，其中，青城驿站更是以其品质和特色成为响彻全国的名片。“呼和浩特”在蒙语中意为“青城”，“驿站”一词是指中国古代传递官府文书和军事情报的人或来往官员途中食宿、换马的场所，所以将新建的公共厕所取名为“青城驿站”。如今的青城驿站不同于中国古代的驿站，它是一种小型的集多种功能于一体的便民市政设施。

1.4 2019年：成为首府亮点

截至2019年，青城驿站这项温暖人心的民生工程基本建设完成。过去人们走好几条街都找不到厕所，而今这种现象已不复存在，几乎每条街巷都有青城驿站或公共厕所。据了解，主城区青城驿站、公共厕所、小区驿站达到4213座，新建、改建青城驿站和小区驿站共1146座。每一个街道的十字路口处都建有青城驿站或环保公共厕所，市内所有的公园、绿地、广场周边都建设有至少3座青城驿站或公共厕所，能充分满足公众的使用需求。据悉，未来呼和浩特市将继续巩固“厕所革命”的成效，为广大市民提供温馨、便捷、舒适、干净的公共卫生服务环境。

2 独树一帜的青城驿站

2.1 形象新，助力生态颜值

从2017年5月开始，造型独特并带有异域风情的青城驿站如雨后春笋般拔地而起，根据“一站一景”的设计理念，每一座青城驿站在设计建设时，都因地制宜地融合了周边街道的景观，其建筑风格大体上可分为砖混结构综合体和木屋综合体两种类型。漫步在呼和浩特市街头，随处可见形态各异、功能多样的青城驿站，每一座都有其独特的魅力，这些多姿多彩的青城驿站为呼和浩特市的生态颜值增添了不少色彩。另外，在2017年底，呼和浩特市对所有青城驿站的外观都进行了亮化和美化，要求用灯光点亮“青城驿站”四个字，用明亮的灯饰装扮青城驿站的外围，这样让夜里寻找青城驿站的市民能够非常容易找到，这些夜间亮化的青城驿站为呼和浩特市增添了几分温暖。[①]

外观漂亮的青城驿站既具有实用价值，又具有景观价值。例如，位于呼和浩特市佳地苗圃公园西南角处的中式建筑风格驿站，它是用一些纯木头搭建而成的小木屋，与周围公园里的绿地树木融为一体。再如，位于呼和浩特市蒙中医院对面的青城驿站，是一座俄罗斯风格的欧式驿站（见图3－1）。还有位于中蒙博览会旧址萨仁湖东侧的青城驿站，采用的是砖混结构半地下式建筑，房顶为绿色草坪，与周边草原形成整体景观。此外，在呼和浩特市玉泉区石羊桥南路与南二环交会处东北角能看到一座假山造型的青城驿站，在该驿站周边配备有流水、凉亭等，从假山前面的小门走进去便是驿站。根据管理员金枝枝介绍，这座假山体青城驿站每日的“到访率”都在百人以上，很多路人经过时都会进来感受一下（见图3－2）。现如今的青城驿站不仅能体现这座城市的整体品位，还能方便市民如厕，更是市民休闲娱乐的场所，可谓“一举多得”。

① 资料来源：https://www.sohu.com/a/239462634_99941896。

图3-1 佳地苗圃驿站(左)、欧式驿站(右)

资料来源:https://www.sohu.com/a/297804310_120066313。

图3-2 萨仁湖驿站(左)、假山驿站(右)

资料来源:http://nm.people.com.cn/n2/2018/0803/c347185-31894561.html。

2.2 功能全,彰显人文关怀

青城驿站除了“外表”颜值高,“内里”也不简单。青城驿站的建设初衷始于“方便”却不止于“方便”,它极大满足了广大市民如厕需求,也是多功能的便民场所。除了基本的如厕功能外,还设计了储物间、母婴专区、残疾人专区、环卫工人休息室等,同时也为市民提供了休闲区、茶吧、超市、手机充电站、书报亭、便利店、ATM、便民缴费服务点、垃圾收集点、免费 Wi-Fi 等一站式服务。另外，还有新风除臭系统、空气质量监测系统、化妆镜、衣帽钩、生物识别自动供纸机、绿色植物等设备设施。集多种功能于一体的青城驿站不仅提供了满足市民生理需求的服务，还提供了生活需求上的服务，尽显青城驿站的人文关怀。

随着青城驿站的建设和周边配套设施的完善，青城驿站的功能进一步增强，其便民性也进一步凸显。为解决市民如厕停车问题，呼和浩特市城管部门联合交警部门对全市范围现有青城驿站周边进行实地勘察，通过科学规划、合理布局，在不影响交通的情况下设置了如厕临时免费停车泊位 150 多处，并在周围设置临时停车指示牌。据出租车司机小朱说："以前跑出租时很难找到厕所，几乎就那几个地方有公共厕所。更可气的是，有的时候上个厕所的工夫出来出租车就被贴上罚单了。不过现在青城驿站的建设真的是方便了尤其是我们在外开车的人。"

2.3 智能化，创新管理方式

由城环公司负责建设并维护运营的 63 座青城驿站，不仅外观拥有现代建筑的美感，内在更是蕴含了多种高科技。其中，实时视频监控、自动跟踪移动人物、新风除臭系统、空气质量监测系统、生物识别自动供纸机、通过人流量统计功能来分配保洁工作等智能技术的应用方便了相关部门进行监管，使他们实时了解青城驿站的运营情况，做到第一时间掌握问题，第一时间处理问题，提高了管理效率，也为后续的建设和管理提供了强有力的数据支持、先进的管理模式和规范的管理体系，提升了青城驿站的管理水平。

随着智慧城市在全国范围内的推广，智慧公厕应运而生，通过一些先进的技术手段提高了公共厕所服务的效率和质量。值得一提的是，在"智慧物联助力环卫和节能产业泰尔论坛，智能环卫高峰论坛 2018 联合峰会"上"呼和浩特市智慧公厕项目"获得了"2018 年度中国智慧环卫创新案例奖”。[1] 该奖项的获得证明了呼和浩特市的青城驿站项目走在全国所有城市公厕建设管理项目的前列。

此外，呼和浩特市还开发了“厕所地图”，人们通过下载“掌上青城”App，在手机上就能搜到自己附近的公共厕所的地理位置，并且 App 还有导航功能，帮助市民准确高效地找到公共厕所。大到青城驿站，小到环保便携式公厕，甚至沿街开放厕所的单位都可以通过 App 查到。从城环公司了解到，下一步青城驿站还将与百度地图、高德地图等公司合作，把呼和浩特市的青城驿站和公共厕所的位置信息全部上传网络，进一步方便市民利用手机寻找到附近的公共厕所。[2]

3 “青城驿站 +”模式的初探

免费的公共厕所要提供优质的公共服务，往往需要投入大量的运营资金及管理人员。如何保持青城驿站提供高质量服务，实现可持续发展，是青城驿站运营管理过程中的重大难题。呼和浩特市在“厕所革命”中不断探索，青城驿站在商业运营上，以共享经济理念为核心，提供与多种多类商业端的对接口，形成“青城驿站 +”模式，逐步探索出一条“以商养厕”的可持续发展模式。这使得公共厕所突破了传统的单一服务模式，成为人们休闲娱乐的“宝地”，同时具备了文化、商业等多功能内涵。

通过调查了解，一些企业或个体工商户愿意选择与青城驿站“联姻”，加入“以商养厕”这一创新模式中。青城驿站吸引企业或个体工商户的优势在于，一是青城驿站的租金低廉，可以减少经营者的成本，降低企业运营过程中的资金风险；二是青城驿站周边的客流量较大，来来往往的市民中蕴含着潜在的商机，如果企业能抓住顾客的消费心理和消费偏好便可以为企业带来收益。可见“青城驿站 +”模式带动多主体共同参与，实现了

---

① 资料来源：https://www.sohu.com/a/283638125_99941896。

② 资料来源：https://www.sohu.com/a/302279641_120036093。

共建共享，既保障了青城驿站日常运营的资金，又提高了企业或个体工商户的经济效益。

3.1 "青城驿站+餐饮"模式

位于内蒙古附属医院对面的青城驿站引进德克士快餐，通过合作将租金收入用于驿站的日常管理。呼和浩特市城环环卫集团工作人员宋翊华说道："青城驿站能够吸引大型餐饮品牌的入驻，也表明驿站的卫生条件和管理水平已经很高了。驿站厕所采用双重空气治理系统，分别为自强排结合空气置换系统及杀菌系统，每一个厕位内设置有强排风口，将室内的异味空气进行抽排，夜间开启臭氧杀菌系统可以起到杀菌消毒的作用，这两个系统有效地解决了公共厕所最大的臭味问题，保证了公共厕所的洁净无味。此外公厕内还设置有自动喷香系统，可以散发出芬芳怡人的味道。"① 同样是位于呼和浩特市回民区万达对面的慧谷兰亭青城驿站也采用了"青城驿站+餐饮"的模式，驿站内设"听涛小轩"简餐区，为市民提供海鲜加工销售，饮料、面包等零食销售服务。

在呼和浩特市赛罕区市民服务中心东侧哈达街上有一处青城驿站，这里既是青城驿站也是源本茶舍。走进驿站，一楼是便利店、甜品站与阅览室，顺着楼梯上二楼便看到茶舍，其内一件件木质工艺品悬挂在墙上，还摆放着一个长方形的鱼缸，几条锦鲤畅游其中，让这个驿站别有一番韵味。位于呼和浩特市回民区水磨街与通道路交叉口北侧的一座青城驿站内的二楼里面设有吧台、高脚凳、酒柜等。酒吧与青城驿站的结合也给附近的市民增添了休闲小憩的好去处。

3.2 "青城驿站+文体娱乐"模式

位于呼和浩特市哈达街与包头大街交叉口北侧的青城驿站相比其他驿站无论是外观造型还是内在设计都更具有民族特色和艺术气息。这里不仅

---

① 资料来源：http://www.ctnews.com.cn/art/2018/10/31/art_553_27745.html。

是一座青城驿站，更是一座民族传统乐器展示馆。走进馆内，左首是一个展示大厅，十多种传统民族乐器陈列在展柜上或摆放在地面上的一个半圆形舞台上。在展示区北侧的商品区内出售马头琴、蒙古族服饰、蒙古族手工艺品等。从展示大厅出来，两边各有一间小屋，南侧的是公共厕所，北侧的小屋便是展示馆的经营者满都拉和他的团队工作的地方，此外这里也是艺术培训的地方。① 位于呼伦北路佳地苗圃公园内的青城驿站内设有书画室，并配有笔墨纸砚，以及专门的案几供人们书画，这些青城驿站的设计让艺术更加接地气。

青城驿站还与呼和浩特市图书馆展开合作，如位于呼和浩特市顺意街二中西处的青城驿站鸿雁书屋。呼和浩特市图书馆将青城驿站内设的鸿雁书屋纳入图书馆管理范围，定期会有图书馆工作人员前来管理书籍，还会有图书馆的流动图书车前来更换书目。这样做一方面方便了市民阅读图书，为市民们提供了便利的公共文化服务；另一方面也提升了青城驿站的环境档次和文化氛围。如今青城驿站正规划建设24小时的城市书房、自助售书机等，为市民提供便民服务。与其他的青城驿站不同的是，一座位于呼和浩特市吧街处的青城驿站中的二楼是一个足球俱乐部的活动场所，称为足球爱好者之家。其内的陈设也非常简单，有一组沙发、一个茶几及几只茶碗，全部都干净整洁地摆放着。一般在晚上和周末来这里踢足球的人比较多，人们在驿站旁边的笼式足球场踢完球后就能来到驿站内休息。

3.3 “青城驿站+城市服务”模式

在一些十字路口，青城驿站还与交警岗亭巧妙结合形成了交警驿站，使得青城驿站的功能得到了更大的提升。这既给交警提供了一个休息的场所，也为周边的市民提供了如厕的地方。赛罕区部分交警驿站还安装了监控设备，并且进行了联网管理，执勤交警在驿站内就可以通过监控设备清楚地看到辖区小街巷的实时路况。刘警官介绍道：“这不仅方便了我们对

---

① 资料来源：https://bt.zhuangyi.com/HTML/2017/11/20171122115446l240409.html。

区内小街巷的日常管理，而且在处理案件方面，这些监控也起到很关键的作用。"据了解，这些监控视频是可以保存一个月的。如果小街巷出现事故，可以通过视频回放的方式来查看当时的实际情况。一些青城驿站还与居委会合作，为市民提供更加方便的服务，如位于呼和浩特市赛罕区的滨河社区居委会、阿拉坦社区居委会、乌尼尔社区居委会的办公场所都与青城驿站结合在了一起，为市民们提供"一站式服务"。

4 共建、共治、共享

4.1 共建：政企合作

政府作为这项惠民工程的"领头羊"，由原来持有不管不问态度的回避者，转变为这项惠民工程快速落地的推动者。在此过程中，政府也是困难重重，比如说，对于改造老旧厕所存在技术升级、资金筹集困难等问题，同时在青城驿站建立后的运营、维护中也面临挑战。政府在不断摸索中找到了适合呼和浩特市公共厕所发展的道路，对全市青城驿站（公共厕所）进行长效化、精细化管理。政府制定了切实可行的管理制度、培养了高效有力的管理队伍、规范了青城驿站的管理，先后出台了《呼和浩特市青城驿站（公共卫生间）管理办法》《呼和浩特市青城驿站功能配置标准》《呼和浩特市青城驿站（公共卫生间）运营考评管理办法（试行）》等文件。[①]

在青城驿站的建设运营中，企业也发挥着不可替代的作用，许多企业积极参与到青城驿站的运营中，助力青城驿站的可持续发展。如今，政府采用"以商养厕"的模式，通过在青城驿站中招商引资来建立一些适合的、便利的商铺，使得青城驿站承载了多种商业功能，变成了"可盈利的公共设施"，不仅弥补了管理成本，还承担了驿站的各种开销，保证了公厕常态化、高标准运行。青城驿站还为更多怀揣梦想的创业者提供机会，为企业带来一定的经济效益，为人民带来更多的福利。

① 资料来源：https://www.sohu.com/a/298261643_120025960。

4.2　共治：多方协作

呼和浩特市政府在治理青城驿站过程中，多次召开会议对此项工作进行部署，确保工作落到实处，责任具体到个人。政府还加大对青城驿站的监管力度，定期对青城驿站的使用情况进行督查，做到及时发现问题、及时督促整改。此外，对各区环卫部门实施绩效考评，每月一次按综合评分情况进行排名并通报，再根据排名情况按月进行绩效奖惩，以提升各区对青城驿站运营管理工作的积极性和主动性。政府成立了青城驿站管理中心，通过建立第三方平台对青城驿站进行全程的监督与管理。青城驿站管理中心作为桥梁，既要关注上情，加强对政府相关政策的执行，同时要摸清下情，了解各青城驿站真实的运营情况，发挥着至关重要的作用。

青城驿站管理中心明确规定，呼和浩特市二环内的每座青城驿站 24 小时全时段开放，并配备专门的管理人员，且管理人员实行 3 人 3 班倒制度。此外，还在各个区设有专门的科室负责日常管理，根据驿站人流量和所处位置相应地分配驿站保洁人员。管理中心也负责青城驿站的日常监督检查，主要是以不打招呼、不定路线、不定对象的突击检查方式对青城驿站的开放时间、人员在岗、消毒消杀等情况开展考核，及时发现存在的问题并加强整改，力求做到管理精细化和长效化。管理中心还开展青城驿站的后续维修工作，使辖区内的青城驿站得到有效的管理维护，努力把“厕所革命”这一项惠民工程办好。

广大人民群众作为这项民生工程的受益者，也积极参与到青城驿站的维护和管理中来。目前，大多数市民素质比较高，爱护公共设施，共同参与到公共设施的维护中来。

4.3　共享：全民满意

一座座青城驿站在呼和浩特市的建成，从根本上解决了多年以来群众反映强烈的“找厕所难”问题，也让人们享受到青城驿站带来的便利。青城驿站的建立不仅仅是简单地增加厕所数量、改善和美化如厕环境，也更好地借助这一举措使市民享受到便利的生活服务。例如，一些建立在公交站牌附近的青城驿站提供了许多椅子，方便市民在等公交时歇歇脚，同时，内设的大屏幕上清楚地显示着公交车的实时运行情况，帮助市民准确了解公交车的到站时间。有的青城驿站还是一处环卫工人之家，站内准备了微波炉、纯净水、桌椅，还设置了棋牌室、阅览室、休息室，让附近的环卫工人在寒冬里也有一个吃饭、取暖、休息的地方。[①] 青城驿站开放以来，位于学校附近的青城驿站成为学生们经常光顾的地方，他们总是在放学后三五成群地结伴来这里写作业、看书；路过青城驿站的市民会进来喝杯奶茶、吃些甜点休息一会儿；而住在青城驿站周边的老年人还会进到站内享受测量血压和基本的医疗服务。从这些点点滴滴看出，广大人民群众是这项民生工程的最大受益者，青城驿站的建立赢得了人们的拥护和赞扬。

5 青城驿站美中不足之处

总体来看，呼和浩特市青城驿站的建设管理水平较高，能为市民提供干净整洁舒适的如厕环境，但同时也存在不少问题，尤其是在精细化管理和运营维护方面。

5.1 规划设计考虑不周

目前，呼和浩特市的青城驿站在规划设置上本着"就高不就低、能大不建小、功能要齐全"的原则，并结合周边的人口密度情况，按照在每300米至500米处建一座公厕的要求建设的。但以当前的青城驿站的分布情况来看，布局还有待完善，存在着商业街、市中心地带、人口稠密区及一些景区的青城驿站明显供不应求，而一些人流稀疏的地方却没有青城驿站的现象，资源分布很不合理，无法满足人们的需求。马阿姨回忆道："我家住在大召附近，到了夏天我总喜欢去大召广场上跳跳广场舞。夏天对于呼和浩特市来说正值旅游旺季，而大召是游客们必打卡的一个景点。

---

① 资料来源：http://nm.people.com.cn/n2/2019/0107/c347185-32499135.html。

这造成大召路段人流量较大，公共厕所数量与需求明显不匹配。市民常常排着长队等候如厕，甚至有时要排15分钟的队。”

青城驿站进行内部设计时没有考虑到公共厕所的双重属性，没有妥善处理好公共厕所的公共性与私密性二者的关系。有的青城驿站没有体现以人为本的设计理念，厕所的门锁不上、没有明确的男女厕所标识，没能为市民提供一个安全、舒适、隐蔽的空间环境。还有的青城驿站没有体现人人平等的设计理念，在设计青城驿站时没有兼顾同样是服务对象的老年人、孕妇、儿童、残疾人等群体。这一点张大爷感受很深，对他来说外出遛弯儿买菜是日常，他对青城驿站是“又爱又恨”，爱的是公园附近就有青城驿站，不用像以前遛弯儿后还要回家上厕所，恨的是青城驿站内几乎都是蹲式厕所，这对于年迈的张大爷来说很是不方便。他抱怨道：“没有设置坐便器也就算了，连个扶手也没有，这设计得也太不人性化了。”

5.2 驿站清洁、维护难度大

青城驿站在规划建址时考虑不周全，导致一些人流密集处的厕所供不应求，使用频繁但打扫不及时，最终造成卫生环境不尽如人意。自从二环内的青城驿站全部实现24小时开放后，一些紧邻商业街和医院等地的青城驿站每天如厕的人数不断增加。为了保证青城驿站正常开放，充分满足人们的如厕需求，青城驿站中的管理人员和保洁人员付出了辛苦的劳动。尤其是遇到下雨或下雪的天气时，路面很多地方有积水或积雪，为了保证驿站内的地面干净整洁，使人们不致摔倒，清洁人员需要反复清理打扫。即使这样，在清洁的过程中也会产生保洁工作不到位的问题，如卫生清洁不干净、杂物乱堆放、广告张贴无人管理等，造成驿站内异味重、地面湿滑、整体环境“脏乱差”。

前期建设一批青城驿站容易，但后期运营维护却很难。政府在青城驿站建设的前期尽心、尽力、尽责，并且投入了很大的人力、物力、财力，但后期的运营维护却“难上加难”，主要问题表现在前来如厕的市民素质不一，有的市民对于青城驿站内的公共用品，如卫生纸、洗手液等肆意使用，造成浪费，还有的市民破坏其内的公共设施，甚至出现偷拿公共用品的情况。由于青城驿站内不可能安装监控摄像头，只能通过现场的工作人员及时进行管理和制止不文明行为，但工作人员既要清洁卫生，又要监管驿站的运营，这无形中给他们增加了一定的工作压力和工作强度。

5.3 "以商养厕"运营模式效果甚微

呼和浩特市的青城驿站采取"以商养厕"的模式，用商铺租金及广告位招商等收益来弥补驿站的建设成本及后续运营成本。然而事实上，青城驿站的"以商养厕"模式收效甚微，部分驿站内的超市无人经营，休闲茶吧等场所消费者较少，"以商养厕"模式没有发挥预期的作用。据调查，呼和浩特市回民区共有公共厕所和青城驿站400多座，其中附有其他业态运营的青城驿站就有50多座。而在这50多座驿站中，只有5家带业态的青城驿站对外营业过，但经营了一段时间后，只剩下一家仍在运营。它是位于回民区慧谷兰亭青城驿站内的一家火锅店，火锅店的侯老板分析该现象的背后原因，一方面是老百姓对卫生状况很担忧，从心里还不太能接受上厕所的地方和吃饭的地方挨着；另一方面是来往的市民多数都是急匆匆地来上厕所的，很少有市民进来采购。不光火锅店如此，在驿站内经营超市亦如此，有的超市三个月仅能卖掉一包纸巾和几瓶矿泉水。由此可见，"以商养厕"这一模式的运行并不乐观，如何激发其活力，发挥出其应有的效果还有待进一步研究。

"以商养厕"模式在给市民带来便利的同时，也存在着一些争议性的问题。不少学者认为，青城驿站应以厕所使用为主，商用设施为辅，不能喧宾夺主，否则不仅会背离青城驿站提供公共服务的初衷，还会影响到青城驿站提供公共服务的效果和市民对此项民生工程的满意度。有相同看法的市民小张叙述了他的一次经历："在我家附近的一处青城驿站，采用的是'青城驿站+彩票站'的模式，每天路过这里，我总能看见里面挤满了前来打彩票的人，甚至有的人在这一坐就是一下午。这使得来往的行人误以为这里已经转租成为彩票站，并未设有公共厕所。”可见，在商家与青城驿站的下一步合作中，如何化解提供公共服务的公共性与追求商家自身效益的盈利性两者间的冲突尤为重要。

6 结语

2017 年，呼和浩特市拉开了“厕所革命”的序幕，一座座新建的公共厕所——青城驿站拔地而起。青城驿站因其外观独特新颖，成为呼和浩特市街边一道道亮丽的风景线。此外，青城驿站是一种集多种功能于一体的便民基础设施，内部设计功能齐全，充分考虑人们多样化的需求。青城驿站在发展中不断创新，一方面引入先进的智能技术优化服务，另一方面创新运营模式，通过“青城驿站 +”的模式“以商养厕”，实现了多方共赢。

[案例思考题]

（1）结合案例分析，呼和浩特市青城驿站的主要做法中有哪些值得借鉴和推广的?

（2）“以商养厕”模式如何助力“厕所革命”实现可持续运营发展?

（3）青城驿站在运营过程中还存在哪些问题? 可以从哪些方面进行探索和优化?

[案例评析]

在建设服务型政府的过程中，政府作为公共产品及公共服务的供给者，在加大财政资金投入的同时，更要不断提升公共服务水平，以满足人民群众日益增长的美好生活需要。公共厕所作为城市基本公共服务设施，不仅满足人们的基本生活需要，关系着人们的生活品质，也是反映城市文明形象、城市治理水平的重要窗口。“小厕所，大民生”，“厕所革命”具有重要的意义，体现了以人民为中心的发展思想、建设美丽中国的强国目标，以及加强城市精细化管理的战略思想。

呼和浩特市自开展"厕所革命"以来，按照"一厕一景"要求，因地制宜地建设青城驿站。在前期建设过程中，不仅重"颜值"，更重"内涵"。在外观方面，将青城驿站周边的主体环境融入青城驿站的建筑风格中，成为首府一道道亮丽的风景线；在内涵方面，打造"智慧厕所"，借助多种高科技手段提升青城驿站管理水平。在后期运营维护过程中，积极探索"青城驿站＋"的创新发展新模式，鼓励多主体共同参与，形成了共建、共治和共享的局面。"内外兼修"的青城驿站成为首府呼和浩特推进"厕所革命"进程中的重要成果，其成功建设经验主要表现在以下几个方面：

（1）政府主导，多元参与。政府把"厕所革命"作为一项迫切的民生工程，积极发挥主导作用，做好顶层设计，出台相关制度和管理办法，加大政策资金扶持力度。但民生工程的落实仅依靠政府是无法达到全民共享的状态的，需要构建多主体参与的合作型关系。一方面，各级政府及相关单位要形成合力，大力支持"厕所革命"，确保工作落到实处。另一方面，也要积极发挥社会组织、民间团体、企业机构等社会力量，共同参与到青城驿站的建设中来，形成政府主导、部门联动、社会参与、齐抓共管的局面。

（2）模式创新，运营长久。青城驿站创新出"以商养厕"的运营模式，即在青城驿站的运营过程中引入商业等营利性业态，通过广告、出租等商业形式获得收入，再将收入用于青城驿站的日常运营维护，以形成可持续化、良性循环的运营模式。推行"青城驿站＋"模式不仅改变了人们对公共厕所的传统观念，还带来一定的经济效益，与此同时，也使呼和浩特市的整体形象有所提升。

（3）注重细节，奖惩并施。青城驿站在设计时体现了人文关怀，如考虑到妇女、儿童、老年人和残疾人的如厕需求，修建了无障碍厕所、母婴室、婴幼儿如厕设备等。同时驿站内还贴心地配置了卫生纸、手机充电器、Wi-Fi 等设施。为确保每个青城驿站的顺利运行，对做得好的青城驿站予以奖励，对做得不好的青城驿站通报批评。

（4）技术保障，便捷智能。如今，每个青城驿站内都安装了智能新风除臭系统，实时监测驿站内的空气指标，如果显示不合格就会自动进入空气置换状态。同时，青城驿站内还配有智能管理系统，采用互联网进行远程监控，利用大数据统计人流量等，进而提升管理的智能化水平。除了可以通过设置标识和导向牌来方便人们认出和找到青城驿站外，还可以通过手机地图搜索到附近的青城驿站。

正因为“厕所革命”是一项系统工程，很难一蹴而就、一步到位，所以呼和浩特市的青城驿站在许多方面仍然存在着短板和不足，如存在供给不充分、分布不均衡等问题，下一步需要不断提升青城驿站的建设档次和服务水平。

（1）建立长效机制。通过制度建设助力青城驿站的长效管理，推行青城驿站站长制、公共厕所所长制，并在公共厕所内标明负责人姓名及电话，将青城驿站的监管责任落实到个人。同时健全日常检查机制，成立专门的青城驿站管理督导小组，对青城驿站的日常管理进行严格的考评和督导。

（2）创新运营模式。要积极借鉴其他城市在“厕所革命”中的成功经验，大力推广“以商养厕”模式。一方面，需要结合目前的运营情况创新机制，提高青城驿站的商业利用价值，让参与“以商养厕”模式的企业主体有更大的积极性。另一方面，政府在这一新模式的运营中，既要给予政策和资金方面的扶持，又要加强在运营中的监管，不断助力这一模式做出特色、做出成果。

（3）倡导文明如厕。人们在使用公共厕所时要树立文明如厕的意识，自觉抵制不良如厕行为，避免“公地悲剧”的发生。学校要加强对文明如厕的教育，培养学生文明如厕的好习惯。同时，各级文明办、新闻媒体等要加强对文明如厕的宣传，通过公益广告、宣传口号等多种方式倡导文明如厕，在全社会形成良好的厕所文化。

[参考文献]

[1]沈仲亮．用钉钉子精神扎实推进"厕所革命" 不断满足人民群众美好生活需要[N]．中国旅游报,2017－11－20(1).

[2]陶建群,陈阳波,肖鹏,等．株洲:多元共治深化"厕所革命"[J]．人民论坛,2020(4):126－129.

[3]穆明祥．小厕所体现大民生[N]．兰州日报,2019－12－10(7).

[4]李运龙,李仲宇．"厕所革命"——"1＋N驿站式"公共设施设计探究与反思[J]．美与时代(城市版),2020(2):68－69.

[5]刘军．"厕所革命"贵在"抓小抓实"[N]．呼和浩特日报(汉),2019－02－27(5).

[6]徐晓兵．文明不文明 厕所算一桩[N]．兰州日报,2019－12－06(3).

[7]丁新科．从公厕建设看城市管理提升[N]．河南日报,2017－02－20(4).

[8]潘铎印．以大数据助力"厕所革命"[N]．中国旅游报,2019－09－06(3).

[9]王德刚．推进厕所革命再上新台阶[N]．中国旅游报,2017－04－03(1).

案例 4

洱海客栈随令沉浮，还能春暖花开吗?

摘要:“洱海月映苍山雪，下关风吹上关花”是美丽大理的真实写照。洱海位于云南省大理市，拥有“风花雪月”的美景，令许多经历城市喧嚣的人心驰神往。2011 年，大理市政府大力发展旅游经济，通过招商引资建起了大批民宿客栈。部分民宿客栈在洱海边上建立，坐拥“面朝大海，春暖花开”的独特区位优势，吸引了众多游客慕名前往。然而随着民宿客栈数量的大幅增长，洱海环境逐渐受到威胁。2017 年 5 月，大理市政府出台“史上最严”壮士断腕式整治措施，划定环境保护“三线”，对民宿客栈乱象进行彻底整治，洱海客栈该何去何从？本案例通过描述洱海民宿客栈的兴建、拆迁等沉浮历程，折射出政府的反复与变化，也反映出地方政府治理能力的不足和相关政策规划的缺失。

关键词: 洱海污染；民宿客栈；腾退拆迁；云南省

[案例正文]

洱海是云南省的第二大淡水湖，中国第七大淡水湖，北起洱源，长约 42. 58 公里，东西最大宽度 9. 0 公里，湖面面积 256. 5 平方公里，平均湖深 10 米，最深处达 20 米。洱海是一个风光明媚的高原湖泊，素以“高原明珠”著称，被当地白族同胞称为“金月亮”和“母亲湖”。大理市为推动旅游经济的发展，通过招商引资吸引了许多投资者前往洱海沿海投资民宿客栈，带动旅游产业，促进了当地经济的发展。然而，与经济增长相伴的是环境的日益恶化。为此，大理市政府先后出台了各项整治措施，但是政策的反复与变化，让投资者无所适从，最终以 1900 家客栈全部关停收尾。从鼓励兴建、被动停业到腾退拆迁，洱海客栈究竟经历了什么？应该何去何从？洱海客栈的沉浮历程中，留给客栈投资者和当地政府哪些值得反思的问题？

1 民宿客栈为何而建？

1.1 从“个别修建”到“政府鼓励”

苍山洱海坐拥“风花雪月”之美景，是无数人向往的心灵栖息之地。2011 年，大理市政府将旅游业作为地方支柱产业，随着大理旅游业的发展，民宿客栈作为人们深入体验旅游地风俗文化的重要载体，也迎来了“黄金时代”。

2011 年，大理市政府在《大理旅游综合改革全面启动　二次创业生机无限》的公告中明确表示大力提倡并鼓励特色旅游客栈的建立。正是在政府政策的激励和招商引资措施的驱动下，很多人辞去大城市的工作，来到洱海经营客栈。在公告发布之后，客栈如雨后春笋般出现在洱海边，一批批高端酒店、民宿客栈拔地而起。

一位自 2010 年起就在大理市双廊镇经营客栈的老板在一次采访中提到，他属于双廊镇第一批开客栈的人，最初经营客栈的理由是在这里生活很惬意、舒适，同时也能获得可观的收入。那时整个双廊镇的客栈只有十几家，经营客栈的投资者大多来自北上广等大城市，他们卖掉大城市里自己的房产，或者举债来到这里开客栈，目的是既能踏踏实实赚钱，又能追求一种诗与远方的情怀。洱海客栈投资经营的主要模式为投资者寻找出租自家宅基地的本地人，一次性付给其 20 年的租金，然后将原有的老房子拆掉重建，待到租赁期满以后，客栈无偿交还给房东。

1.2 “井喷式”增长，带动旅游业发展

自2011年大理市政府大力招商引资，鼓励特色旅游客栈建立后，双廊镇的客栈数量与游客数量持续增长。特别是电影《心花路放》取景于洱海客栈，随着电影的播放，更多的人了解这里，旅游观光的人也越来越多。随着民宿客栈的增多，大理市接待游客的数量也大幅增长。2016年，大理市民宿客栈综合收入达10亿多元，从业人员超过1.5万人。数据显示，2017年，大理市全年旅游业总收入647.75亿元，占全市生产总值的60.7%，在2012年时该占比仅为29.1%。如今，旅游业已成为大理市国民经济支柱产业。①

2011年，大理市政府明确提出大力支持民宿客栈的建设，在2012年《云南日报》的一篇报道中提到，将大理市民宿客栈看作大理市旅游经济发展的重要支撑；2017年，政府发布数据，明确列出旅游经济在国民生产总值中所占比重，旅游业已经发展成为大理市支柱产业，带动当地经济发展。在这里，许多慕名而来的人远离外界压力与喧嚣，享受几日宁静时光（见图4-1）。据当地居民说：“现在旅游的人多了，家家户户都可以赚到钱，有院子的可以开展停车服务，没有院子的就在街上摆摊位卖东西，每天都有一些收入。”

图4-1 洱海边的日落

资料来源：http：//news.163.com/18/0603/11/DJCF2LT1000187VE.html。

① 资料来源：http://finance.sina.com.cn/roll/2018-10-25/doc-ifxeuwws7808031.shtml。

2 民宿客栈因何而停？

2.1 洱海环境遭举报

2016年8月16日，大理白族自治州人民政府接到中央环境保护督察组交办的环境举报，举报围绕双廊镇居民及相关客栈餐饮业产生的生活垃圾严重污染了洱海环境的问题。具体内容为：近年来，居民及餐饮客栈的生活垃圾对洱海环境产生严重污染，导致洱海蓝藻暴发，水污染预计降到Ⅴ类水质。该地区排污管径过小，污水处理能力不够，因此希望政府查实问题，采取措施加大污水排放的处理力度。接到举报后，大理州依据相关规定将举报问题交付给大理市人民政府办理，大理市人民政府立即要求双廊镇政府进行核实。

2.2 开展环保整治行动

随着双廊镇旅游业的高速发展，双廊镇洱海流域的餐饮客栈迅速增加，但随之而来的是一系列的环境污染问题。遭到举报后相关部门进行审核查实，经过查证后发现，举报情况属实。各级政府高度重视洱海流域环保问题，积极开展了整治活动。

加强客栈经营审批管理。对洱海周围客栈开展入户调查，针对其污染物排放以及相应的环保设施进行排查，对一些非法排污、设施不齐全的经营户进行查处并限期整改，严重的给予行政处罚，整改后的客栈经过现场检查合格后继续营业。政府下发《关于进一步规范洱海流域餐饮住宿娱乐等行业管理工作的通知》（大市政办发〔2015〕95号），明确指出要对洱海流域内新建餐饮、客栈数量实行总量控制，且任何人经营餐饮客栈业都要满足《大理市旅游基础设施布局专项规划》的要求，不满足要求的一律不给予审批。

完善“两污”治理设施建设。首先，完善污水处理设施，提高污水处理量。双廊镇拥有城镇级别污水处理厂1座以及兼氧膜处理设施7座，日污水处理能力为3400立方米，因此要继续完善污水处理设施，提高污水处理量。其次，进一步提高污水处理能力。通过新建污水处理厂，使污水处理能力达到5000立方米到10000立方米，并配套相应污水管网。[①] 此外，还加强了垃圾收集清运管理，使部分地区实现垃圾“日产日清”常态化，并委托相关公司实现垃圾处理的市场化。

严厉打击违法建设行为。按照“尊重历史、尊重现实、依法审批”的原则，铁腕执法，强力推进违法违章建筑整治。依法依规对长育村、大建旁村、双廊村、复线路沿线等片区节点160户违法建筑进行强制拆除，共清理违法占地面积36.7亩；依法强制拆除大建旁村占滩经营的“63号别院”客栈，拆除建筑面积221.4平方米，退回滩地73.8平方米，严厉打击抢占洱海滩地等违法违规建设行为。[②]

2.3 “回头看”问题仍存

为贯彻落实习近平总书记提出的“一定要把洱海保护好”的重要指示，中央第六环境保护督查组重新视察洱海环境。督察组肯定了云南省将督察整改作为一项重要政治任务来抓，取得积极进展和成效。但也在“回头看”的反馈中认为，云南省仍然存在思想认识不到位、整改责任不落实等问题，一些地方和部门甚至敷衍整改、表面整改、假装整改。例如，大理州在“十二五”规划及“十三五”规划中提出的与洱海流域产业发展有关的规划，是在没有依法开展环境影响评级下提出的，且存在违规审批规划的问题。早在2016年的督察中已经指出，苍山洱海国家级自然保护区的旅游发展规划以及在保护区内开展旅游活动没有进行依法报批，直到“回头看”时仍未进行整改。大理市等地区开展的多项旅游发展规划忽视了洱海环境承载力问题，甚至部分项目与保护洱海的宗旨相悖。洱海旅游业处于一种混乱、无序的状态。

---

① 资料来源:http://news.qcc.com/postnews_827494bd4810945669a85b257a6c8f30.html。

② 资料来源:http://news.qcc.com/postnews_827494bd4810945669a85b257a6c8f30.html。

督察组表示，2013—2016年，大理州、市及相应的市场监管部门对洱海流域餐饮客栈出现“井喷”现象不够重视，对违法建设监管、执法力度不够。截至2017年，洱海流域排查出违规建筑1084户、餐饮客栈2498户，其中，有1947户存在证件不齐的问题。违规建筑以及餐饮客栈，给洱海生态环境带来了巨大的危害，严重破坏了洱海湖滨地带。① 另外，大理市政府允许居住在洱海保护区域内的居民对其居住的农村个人住房进行私自改建，这已经严重违反了《洱海海西保护条例》和《洱海保护管理条例》的规定。资料显示，2015—2016年两年的时间，大理市政府审核批准洱海流域内改建、修建个人住房高达4713户，在无形之中助长了餐饮客栈的无序发展，致使大量生活污水直排污染环境。

针对以上问题，督察组要求严格贯彻执行《洱海保护管理条例》，加强洱海流域餐饮客栈以及农村建房的整治活动，积极引导洱海流域的旅游产业健康有序发展。为响应中央环境保护督察组反馈的问题，大理市政府于2017年4月开展洱海抢救行动，对洱海领域内的违规建筑进行整治，并对洱海核心区域的餐饮客栈经营活动进行停业整顿，加速环湖截污工程的建设。

2.4　“史上最严”整治措施出台

1996年洱海第一次全湖性暴发蓝藻，水质急剧下降。这是长期以来人们直接排放生产生活用水、网箱养鱼所导致的结果。从此洱海就开始了污染与治污的斗争。2003年与2013年，洱海暴发了两次蓝藻，2017年初，洱海再一次大面积暴发蓝藻，大理市政府开始采取紧急措施，洱海抢救行动自此正式打响。

针对2017年初洱海暴发大面积蓝藻，大理市政府下达了“七大行动”措施来保护洱海，主要包括违规建筑整治以及污水处理整治。近年来，洱海客栈发展迅猛，流域“两违”整治主要针对迅速崛起的民宿客栈。该项

① 资料来源：http://www.xinhuanet.com/fortune/2018-10/23/c_129977281.htm。

政策实施后，大理市政府对洱海近2000家客栈进行停业改造，使得洱海客栈的发展进入了低谷期。不能开门营业就意味着没有收入，何时整治完成也是一个未知数，整个行业面临着前所未有的挑战。

2018年5月，大理州人民政府针对大理市洱海生态环境保护“三线”划定工作情况召开新闻发布会，并对相关工作情况进行通报。会上明确提出要在“三线”划定的范围内开展生态修复工作，建设湖滨缓冲带及实施湿地建设工程；建设项目所用土地要依法进行征收，土地上的建筑要实行有序撤退，并依据相关政策对一些建筑物进行赔偿。2018年6月，大理市政府出台《大理市乡村民宿管理办法》，规定在划定的蓝线与绿线内不得建设客栈民宿。据了解，绿线是指洱海湖滨带的保护界线，蓝线则是洱海的湖接线，红线则是洱海生态保护区的核心界线。

3 民宿客栈命运如何?

“史上最严”整治措施出台后，客栈经营者们面临着前所未有的危机。以往只要按照相关要求做出整改仍可复业，而如今“三线方案”的出台意味着所有的“诗与远方”将会化为废墟，客栈经营者面临的也将是永久的停业。一位民宿客栈经营者曾经说过这样一句话：“眼见他高楼起，眼见他宴宾客，眼见他楼塌了。这便是环洱海民宿客栈的‘一生’!”

3.1 “自行停业”还是“被动停业”

据悉，自2017年4月开始，洱海边的民宿客栈就贴上了“保护洱海，自行停业”的封条，也就是从那时起，民宿客栈开始了长达一到两年的停业。那么“保护洱海，自行停业”的封条真的是客栈经营者自主贴上的吗?在封条的背后又有什么样的故事呢?

事实上，该封条并非客栈经营者自行贴上去的。大理市洱海管理局副局长石磊解释道，停业是为了切实减轻洱海入湖污染负荷，促进洱海水质稳定。如果是政府行为则属于关停，关停意味着要使用法律手段，但是出于人性化的考虑，还是请他们自己解决这个问题，而不需要走法律的途径。

以大理镇的 MTB 客栈为例，该客栈的经营者是曾经在昆明国有企业工作的贺双全，他在大城市打拼过、奋斗过，想找个地方歇歇脚，于是选择了这里。法律专业出身的他，决定在这里投资建客栈之前翻阅了大量法律条文以及大理市出台的洱海保护条例及海西保护条例等法律法规，确保经营的合法性。他提到，相关规定中明确提到在距离“1966”界桩 100 米以内是不允许建造任何建筑物的。因此，为了规避经营风险，他将客栈建在了距离界桩 200 米远的地方。但是事实证明，这些预防措施并没有起到预想的作用。“史上最严”整治 3 号文件下发之后，所有洱海边上的客栈须自行停业，进行相关检查，复业时间须看具体情况而定。虽然他的客栈在距洱海边 200 多米处，但是划定的红线横穿他客栈的所在地，根据规定，红线穿过的地方，其领域内的餐饮客栈均须停业。他的客栈最终没有逃脱停业的命运。

3.2 政府政策的反复与变化

据其他客栈的老板反映，短短几年的时间，针对污水的处理问题，政府先后下达不同的政策文件。以蝶海月客栈为例，客栈老板是北京来的一对夫妇，有着可观的收入。洱海独特的风情深深地吸引了他们，于是 2012 年他们辞掉了北京的工作，卖掉了房子，举家来到这个充满诗意的地方。他们夫妇与其他投资人共计投资了 3000 多万元，将客栈选址在喜洲镇。经营模式与其他客栈相同，从当地居民手中租下一座房子，并对房子进行重修。他们将客栈设计成船的形状，名字为“蝶海月”。

在客栈建立以前，客栈老板孙明敏就向当地政府了解有关污水的处理问题，政府的要求是建立一个五级的化粪池，污水必须经过化粪池的处理才可以排入湖中。到 2014 年，政府开始在近海村里修建村落一体化污水处理设施，村子附近的客栈也将污水排入该污水处理设施。蝶海月客栈由于地势低，没有办法将污水直接排入该污水处理设施中，政府给出的解决办法是将污水直接通过化粪池处理后排入洱海，但是客栈老板觉得不太妥当，更重要的是内心不安。因此，老板自掏腰包修建提升管，使自家的污水可以通过提升管排入村里的污水管网。2016 年底，大理市政府又对洱海边的客栈排污提出了新的要求，客栈的污水管必须移出村里的管网，官方给出的解释是村里管网不完善且容量小，过多的污水量使村里的污水处理系统经常发生故障。所以为了减负，要先保证村民污水的处理，客栈的污水自行解决，同时要求每个客栈要建立自己的污水处理系统。

面对突如其来的新规定，很多客栈经营者不知所措。但是客栈经营者仍然出于保护洱海的目的，服从政府的决定，各家自掏腰包修建污水处理系统。但是好景不长，仅仅三个月后数千家客栈全部停业整顿。

“归心”客栈的设计师兼负责人祝强说：“经过污水处理系统处理过的污水可以达到 A 标，但是由于 A 标属于劣Ⅴ类，不得排入洱海，所以就选择雇车将污水拉到处理厂，一天需要拉两次，平均每天 5 吨左右。政府还要求有台账，从出客栈到进污水处理厂都需要有记录。”祝强通过这种污水处理方法正常经营了一个月。一个月后，“史上最严”整治 3 号文件下发。在一系列的政策变动后，这些民宿客栈的命运将何去何从呢？

3.3 客栈停业、复业两徘徊

2017 年 3 月，政府发布《大理市人民政府关于开展洱海流域水生态保护区核心区餐饮客栈服务业专项整治的通告》。该通告被当地人称为“史上最严”整治。通告中明确提出，自通告发布起 10 日之内，所有在整治范围内的餐饮、客栈须自行停业，并接受核查。没有服从规定的餐饮、客栈经营户们，相关部门采取措施进行强制停业。该通告发布后，整治范围内所有的餐饮、客栈都被贴上了“保护洱海，自行停业”的封条。此次共计 2498 家餐饮、客栈停业，其中民宿客栈就有 1900 多家①。

① 资料来源：https://www.sohu.com/a/242644610_391599。

何时复业，什么样的条件可以复业？3 号文件是这样规定的：第一，首先，必须具备相应的证件和执照（证照齐全），在房屋建设上相关手续需合法。其次，相关客栈、餐饮经营者们必须自己修建污水排放装置，且经过处理的污水须达到规定标准，并将处理完毕的污水运送到指定的污水处理厂。最后，经过相关部门审查合格后方可继续经营。第二，相关手续不全、证照不齐的餐饮、客栈，需等到大理市环湖截污工程实施完工且投入使用后，再由相关部门按照一定的标准进行重新审查。审查合格，在补齐相关证照后可以继续经营。第三，对房屋建设手续没问题的并且处于排污管网覆盖区域内的餐饮、客栈，在经过核查后，污水达到相关排放标准并且接进市政排污管网的，在所有相关证照齐全后可以继续营业。第四，对于所有符合经营条件的并开始进行经营的餐饮、客栈，在经营期间，如果发现偷排污水或其他违规行为，立即予以关停。

据了解，在停业的 1900 多家客栈中，只有 111 家恢复了营业。而在所有复业的客栈中，只有“归心”一家证照齐全（准建证、土地规划证、营业执照、卫生许可证、排污证、消防证等）。客栈经营者祝强在提到他补齐证照的过程时说，他特意安排一名同事专门负责给相关部门打电话咨询情况。即便如此，仍错过了几次窗口期，早上打电话的时候说可以办理，上午备齐相关材料，吃过午饭赶过去的时候就被告知不能办理了，或者去了以后让明天再来。不断的“明天再过来”使得很多人放弃了办理手续，而他们通过多次打电话询问，在坚持了六七个月后将所需要的证件补全。证件补不齐的原因有很多，有的是时间的问题，允许办理的时间有限，导致许多经营者错过了；有的是部门之间协调的问题，如工商部门与税务部门之间对于营业执照与税务登记证谁先谁后的问题说法不一；有的是消防证的办证权下放到镇派出所之后，工作人员不知道该怎么办理。种种原因导致客栈经营者们在办理各种证件的过程中困难重重，最终只好放弃。“归心”客栈看似是这些客栈中的“幸运儿”，却不知前方还有更大的麻烦。

图4-2　太阳宫酒店带有“自行停业”字样的封条

资料来源：http://news.163.com/18/0603/11/DJCF2LT1000187VE.html。

3.4　大量客栈遭拆迁腾退

自“三线”划定方案发布以后，三线内的餐饮、民宿客栈的命运发生了巨大的改变，洱海周边建起的民宿客栈多已倒下，其中不乏一些耳熟能详的民宿客栈。民宿客栈的拆迁对当地旅游经济的发展以及人们的生活水平都产生了极大的影响。大理古城区旅行社工作人员表示，游客多是慕名前来，洱海边的民宿客栈是吸睛利器，很多人就是为体验住在洱海边向窗外望去“满目皆是海”的感觉而来。但是随着大量客栈被拆迁，游客数量也随之大大减少。此外，民宿客栈的拆迁也对客栈相关从业人员产生了较大的影响。一位专门为客栈接送游客的司机师傅说，他工作的客栈在2018年12月就被拆迁了，他也失去了稳定的收入。

王燕是其中的一名客栈经营主。她的客栈处于洱海边上，打开窗户就会看到洱海与天边融为一体的壮丽风景，变化多端的云彩、宁静的洱海满足她对生活的一切向往。然而好景不长，为了配合各类整治措施，她需要承受巨额损失。但是为了坚守自己的理想，她觉得一切都会过去的，慢慢会变好的，直到2017年3月《大理市人民政府关于开展洱海流域水生态保护区核心区餐饮客栈服务业专项整治的通告》发布。该通告的发布到最终的腾退拆迁，如当头棒喝，王燕懵了。这家客栈也被打上猩红的“拆”

字。最终，多年经营给王燕带来的是300多万元的债务，带着债务、带着伤心，她回到了老家。

大理市民宿业的发展一度被看作中国民宿业的样板，是很多地方学习的榜样，不仅为当地旅游业发展注入了新的活力，而且打造出了独属于大理市民宿行业的知名度。从最初的十几家发展到最终的几千家，不仅带动了当地旅游经济的发展，也带动了当地居民收入以及就业的增加。然而，自2017年洱海污染整治工作开始，民宿业似乎成了破坏洱海环境的罪魁祸首，最终的命运可想而知。一年多的整治活动最终以餐饮、客栈的腾退拆迁而告终。以前所有的荣光就在倒塌的那一刻仿佛成了历史，而大理市旅游经济也元气大伤。

4 谁是谁非难论断

这场风波最终以民宿客栈的腾退拆迁结束。整个事件中存在矛盾的地方就是各方主体的利益诉求不同，还洱海一片碧海蓝天是大家的共同心愿，但在整个过程中各经营主体的利益受到不同程度的影响，如何协调各方主体的利益成为难题。

4.1 地方政府的成本付出

大理市政府采取一系列措施的终极目标就是改善洱海的环境。由最初的整改措施到最后的一锤定音，腾退拆迁，政府的相关举措看似果断，实则也是无奈之举。民宿客栈是拉动大理市旅游经济的重要动力，它的拆迁对大理市的旅游经济发展是很大的打击。另外，节省拆迁成本也是政府这次整治活动的关键。1806家民宿客栈拆迁，其中，拆迁费用、补偿费用以及其他各种人力、物力、财力上的花费对大理市政府来说也是很大的挑战。因此，政府在保证达到环保目标的同时，还要最大限度地节省一定的拆迁成本。

4.2 客栈经营者利益诉求

客栈经营者看到自己精心设计的客栈被拆迁心痛不已，其无疑是这场整治运动中最大的“受害者”。他们一直以来配合政府出台的各项环保措施，积极做出整改，然而最终还是难逃客栈拆迁的命运。在这些拆迁的客栈中，有的是经营了很多年，有的是刚刚营业起来的，还有的是正在建设尚未完工的。而如今属于大理洱海的诗与远方全部化为泡影，拆迁带来的后果是许多民宿客栈经营者的负债累累以及各种矛盾纠纷的产生。客栈经营者的利益诉求是获得相应的补偿，然而他们仅仅收到了一封拆违通知书，补偿款却不能到位。

4.3 当地居民的利益诉求

大部分洱海客栈的经营者都是租用当地居民的房子进行装修后从事经营的。对于当地的居民来说，拆掉的很多客栈民宿是他们生活在这里的根。这次的拆迁对当地居民来说也是一个打击，补偿款是唯一的慰藉，而失去的家园是无法弥补的。不仅如此，绝大部分的客栈经营者是外来人员，他们租用当地居民的房屋进行改造，拆迁也打破了客栈经营者与房东之间的平衡，激发了彼此间的矛盾。房屋拆迁使得客栈经营者和房东之间的关系变得更加复杂。

5 结语

从开始被当作贵宾招商引资而来，到如今的强制拆迁而去，从开始满怀热情来这里寻找诗与远方，到现在的心灰意冷、负债累累，那些客栈经营者无论如何也不会想到最终会落得如此结果。在这件事情背后，我们无法评价孰是孰非，保护洱海没有错，一些客栈经营者同样无辜，但是值得探讨的是这件事情所反映出来的政府政策的不稳定性、不连续性所带来的一系列弊端。从整治洱海的“七大行动”到《大理市洱海生态环境保护“三线”划定方案》的颁布，从开始允诺客栈建设污水处理设备，污水处理达标且证件齐全便可复业，到环湖截污工程建成后进行复业，再到最后的腾退拆迁，经历了曲折多变的治理过程。客栈经营者紧密配合，但最终政府给予的承诺也没有兑现，满怀希望等待的结果就是亲眼看着自家客栈变成废墟。洱海环境虽然得到了改善，但是洱海客栈沉浮历程中遗留的一系列问题值得大家深思，如何实现经济和生态的协调发展？如何通过绿水青山实现金山银山？

[案例思考题]

（1）从政策制定角度分析，大理市政府在制定一系列环境政策的过程中存在哪些问题？

（2）在保护洱海这场行动中，企业及政府各自应履行的职责是什么？

（3）在地方经济发展中，如何坚持“两山”理论，实现经济效益与生态效益共赢？

[案例评析]

2015年1月19日至21日，习近平总书记在云南考察工作时指出：“要把生态环境保护放在更加突出位置，像保护眼睛一样保护生态环境，像对待生命一样对待生态环境，在生态环境保护上一定要算大账、算长远账、算整体账、算综合账，不能因小失大、顾此失彼、寅吃卯粮、急功近利。”

环境是我们赖以生存和发展的家园，环境与我们生产生活息息相关。建设生态文明，关系人民福祉，关乎民族未来。然而，很多地方为了追求经济的发展而不惜以牺牲环境为代价，环保问题也越发引人关注。生态环境遭到破坏，不仅会直接破坏或者影响生态系统，还会对人类的身体健康、生产活动等造成危害。

环境政策是国家为保护环境所采取的一系列控制、管理、调节措施的总和，体现了国家为保护环境而做出的各种制度安排、改革以及创新等。同其他公共政策相比，环境政策的特点主要表现在以下几方面：一是环境政策的具体性。所有的环境政策都要针对具体的环境问题。二是环境政策的费用有效性。由于污染防治成本高，客观上要求环境政策必须考虑费用有效性，注重政策的经济效率。三是环境政策的适时性。环境政策必须跟随国家法律体系的变化而变化，适时调整以关注最重要和最优先的环境问题。

D. Mazmania 和 P. Sabatier（1979）在《公共政策执行：一个分析框架》一书中最早提出了政策执行的综合模式，认为政策执行是在多种变量影响下作用于各个阶段的动态、复杂过程，政策主体、政策客体、政策环境的相互作用融合到执行过程中，对于分析复杂的政策执行过程具有重要的参考价值。环境问题具有复杂性、多样性、动态性等特征，在环境保护政策执行过程中，需要注意以下几方面的因素：第一，环境保护政策本身的因素。包括环境保护政策本身是否正确、具体、明确，环境保护政策执行所需的执行资源是否充足。第二，环境保护政策问题的特性因素。包括所涉及环境问题的复杂程度，不同类型环境问题的特征，环境保护政策所涉及的个人、企业和社会组织等，目标团体的态度和行为，以及利益和权力之间的博弈关系。第三，外部因素。包括地方政府和其他环境管理主体的素质、工作态度和工作能力，相关主体在环境政策执行过程中的协调机制、沟通机制等是否顺畅，与执行环境保护政策相关的制度建设是否科学、合理和有效。

根据公共产品理论，洱海环境作为一种公共物品，具有显著的外部性。所谓外部性，即指社会成员在从事经济活动时，其成本与后果不完全由该行为人承担。环境外部效应包括正效应和负效应，前者是指私人收益小于社会收益，后者是指私人收益大于社会收益。洱海环境保护是一种负外部性很大的行为，洱海客栈的经营者作为理性经济人，追求的是自身利益的最大，往往考虑的是如何能使自身的效益达到最大化，而不会去考虑自身的行为会对洱海环境带来什么影响，最终会导致“公地悲剧”的发生。洱海环境保护是一场持久的保卫战，为避免洱海环境保护“公地悲剧”的发生，需要多方主体共同努力。

在此案例中，政府作为保护洱海环境的主体应该统筹协调，采取相应措施解决问题。然而洱海的环境保护是一场持久的保卫战，这仅仅是个开端。要想整治运动取得显著效果，还需要从以下几个方面进行：

第一，建立健全生态保护制度与战略规划。政府必须建立系统完整的生态文明制度体系，实行最严格的源头保护制度、损害赔偿制度、责任追究制度，完善环境治理和生态修复制度，用制度保护生态环境。对洱海流域排污标准、房屋建筑物建设标准进行明确的规定。对于违规违建现象，制定相应的惩治措施。另外，为确保政策法规的稳定性，政府要具备长远的发展眼光，做好战略规划。

第二，构建各职能部门的联动监督机制 。联动监督机制是指各级政府部门与社会各界力量共同参与到洱海环境的保护中来。洱海环境保护是一项庞大的工程，需要各方力量协同共治、联合行动、共同监督。在发挥政府主导作用的基础上，让各类非政府组织、公民参与其中。不断增强社会公众的环保意识，让他们为洱海环境的保护贡献力量。各级政府，无论是中央政府还是地方政府之间以及政府、社会、公众之间都要达成一致的目标，共同助力洱海的环保问题。

第三，引入 PPP 模式。洱海水污染防治项目是一项系统工程，建设时间长、投资数额大、回收期长。如果将工程建设全部交由政府负责，会增加地方财政的压力。PPP 模式是公共基础设施建设过程中的一种项目运作模式，鼓励企业等社会组织与政府合作，共同完成公共基础设施的建设。在洱海水污染治理项目中，通过 PPP 模式，可以充分发挥民间资本的力量，形成竞争机制，不仅能为工程项目的建设带来创新动力，还能在一定程度上缓解政府的财政压力。

[参考文献]

[1]州委第一巡察组向州洱海管理局党组反馈巡察情况[N]. 大理日报,2019-10-30(2).

[2]杨品燕,李绍媛. 洱海流域环境保护和综合管理浅析[J]. 绿色科技,2019(14):197-198.

[3]杨颖. 习近平生态文明思想是洱海保护治理的根本遵循[N]. 大理日报,2019-06-29(3).

[4]周正波. 以洱海保护治理为契机加快大理转型升级发展[N]. 大理日报,2019-06-15(3).

[5]陈坚. 找准洱海保护的定位和着力点[J]. 社会主义论坛,2019(6):39,48.

[6]冯晶. PPP 模式在洱海治理中的应用分析[J]. 中国集体经济,2019(17):51-52.

[7]樊静静. 洱海流域经济生态化发展路径研究[J]. 农村经济与科技,2019,30(9):209-210.

[8]姚冬琴. 云南大理:久久为功,以革命性举措打赢洱海保护治理攻坚战[J]. 中国经济周刊,2019(5):94-97.

[9]曹志铭. 洱海治理"七大行动"对客栈行业的发展影响[J]. 中国市场,2019(3):72-73.

[10]刘慧娴,杨越冰. 洱海无弦万古琴——云南大理财政支持洱海保护治理成效初显[J]. 中国财政,2019(1):38-41.

[附录]

大理市人民政府关于开展洱海流域水生态保护区核心区餐饮客栈服务业专项整治的通告

为了认真贯彻落实习近平总书记对洱海保护的重要指示精神和省委、省政府“采取断然措施，开启抢救模式，保护好洱海流域水环境”的部署要求，全面加强洱海集中式饮用水水源地保护，严格按照国家地表水环境质量Ⅱ类标准对洱海湖区和径流区的湖泊、主要入湖河流、水库的水资源进行保护，切实减轻洱海入湖污染负荷、促进洱海水质稳定改善，根据《中华人民共和国环境保护法》《中华人民共和国水法》《中华人民共和国水污染防治法》《云南省大理白族自治州洱海保护管理条例》《云南省大理白族自治州洱海海西保护条例》《云南省大理白族自治州水资源保护管理条例》《云南省大理白族自治州村庄规划建设管理条例》《云南省大理白族自治州湿地保护条例》以及国务院《无照经营查处取缔办法》等相关法律法规，按照《中共大理州委、大理州人民政府关于开展洱海流域水生态保护区核心区餐饮客栈服务业专项整治的决定》，结合工作实际，现将大理市开展洱海流域水生态保护区核心区餐饮客栈服务业专项整治有关事项通告如下：

一、整治范围

（一）洱海流域水生态保护区核心区洱海海西、海北（上关镇境内）1966 界桩外延 100 米、洱海东北片区（海东镇、挖色镇、双廊镇境内）环海路临湖一侧和道路外侧路肩外延 30 米、洱海主要入湖河道堤岸两侧各 30 米范围内的所有餐饮、客栈服务业。

（二）水生态保护区核心区划定红线经过的洱海环湖自然村所有餐饮、客栈服务业。

二、整治内容

自本通告发布之日起 10 日内，整治范围内所有餐饮、客栈经营户一律自行暂停营业，接受核查。对限期内未暂停营业的餐饮、客栈经营户，由相关职能部门依法查处、予以停业整治。

专项整治实行分类处置：

（一）房屋建设手续合法且法定必备证照齐全的餐饮、客栈经营户，必须自建污水处理设施，处理后的污水达到一级A标，并外运到指定的污水处理厂，实现零排放，经环保部门审查同意后方可继续经营。待大理市环湖截污工程投入使用后，接入排污管网。

（二）房屋建设手续合法但法定必备证照不齐全的餐饮、客栈经营户，待大理市环湖截污工程投入使用后，由相关职能部门按照相关法律法规及餐饮、客栈管理规范标准和要求重新复核；符合条件的，在依法办齐所有法定必备证照后方可继续营业。

（三）房屋建设手续合法且位于城市市政排污管网覆盖区域内的餐饮、客栈经营户，经相关部门查验，符合污水排放标准并接入市政排污管网，在依法取得所有法定必备证照后可继续营业。

（四）符合条件允许经营的，在经营期间，一经发现偷排污水，依法予以关闭。

洱海湖区内的金梭岛、南诏风情岛、小普陀岛餐饮、客栈服务业的整治应当参照本通告规定执行。金梭岛、南诏风情岛、小普陀岛和专项整治范围以外的餐饮、客栈服务业另行制定整治办法。

餐饮服务业法定必备证照为营业执照、排污许可证、消防安全检查合格证、食品经营许可证；客栈服务业法定必备证照为营业执照、排污许可证、消防安全检查合格证、卫生许可证、特种行业许可证。

三、整治期限

自2017年4月1日起，至大理市环湖截污工程投入使用为止。

四、责任追究

（一）凡是违反本通告规定擅自开展经营活动的经营户，由相关行政执法部门依法查封、责令停业、吊销证照。阻碍国家机关工作人员依法执行公务的，由公安机关依法给予治安处罚；构成犯罪的，依法追究刑事责任。

（二）对利用微信、微博、论坛等媒介平台编造传播虚假信息、扰乱社会秩序的，由公安机关依法查处；构成犯罪的，依法追究刑事责任。

希望整治范围内的餐饮、客栈经营户，增强洱海保护意识，履行社会责任，自觉遵守本通告，积极配合整治，共同努力改善洱海流域水生态环境。

大理市人民政府

2017 年 3 月 31 日

案例 5

“药香”芬芳，历久弥新
——记创新发展中的西藏藏医药

摘要： 被称为“雪域奇葩”的藏医药，是我国少数民族医药学宝库的重要组成部分，是生活在特殊气候环境中的藏族人民不断总结形成的传统医药体系。几千年来，藏医药为藏区人民健康生活做出了重要贡献。本案例详细介绍了新时期西藏藏医药的创新发展，包括藏医药药材种植与采集技术革新、藏药品加工制造生产扩大、藏医药相关服务内容完善、藏医药文化建设水平提升等。在创新发展中，藏医药也面临着一系列发展“瓶颈”，其中，知识产权保护意识薄弱，人力、物力、财力资源缺乏，行业标准不规范等问题突出。

关键词： 藏医药；创新发展；西藏自治区

[案例正文]

西藏自治区位于中国西南边陲，面积 122.84 万平方公里，占全国总面积的 1/8，拥有世界上面积最大、海拔最高的高原，有“世界屋脊”之称。现辖 6 个地级市和 1 个地区、74 个县，全境分布有汉族、藏族及其他少数民族。①

拥有 3800 多年悠久历史的藏医药，因其完备的理论体系、丰富的诊疗

① 资料来源：http://www.xizang.gov.cn/rsxz/qqjj/zrdl/201812/t20181221_34484.html。

方法，成为世界四大传统医药学科之一。藏医药所蕴含的医德伦理、治疗技术、医学理论都体现着藏民族传统文化特色，同时也融合了中医学、波斯医学的精髓，凸显出鲜明的东方哲学思想，堪称东方文明和智慧的“种质资源”。如今，藏医药不仅是保障人民群众健康的重要医疗卫生资源，也成为发展区域特色产业经济的重要战略资源。

1 民族医药，行稳致远

1.1 国家政策重引导

民族医药是指我国少数民族传统医药，其产生依赖于我国少数民族人民群众几千年与疾病斗争积累的宝贵经验。我国民族医药种类繁多，包括藏医药、蒙医药、壮医药、苗医药等。

新中国成立之后，为了支持民族医药事业的繁荣发展，国家出台了一系列政策文件，不断促进民族医药传承保护与创新发展。1951 年 12 月，政务院文教委员会批准的《全国少数民族卫生工作方案》中提出，要将民族医药摆在重要位置，积极主动团结民族医药人员，并努力提升其业务水平。《中华人民共和国民族区域自治法》中强调，民族自治地方的自治机关，拥有规划本地方医疗卫生事业、现代医药和民族传统医药发展的自主权。

1978 年以来，卫生部、国家民委及国家中医药管理局等部门针对民族医药发展问题，先后联合召开三次全国民族医药工作会议，共同出台推动民族医药事业发展的相关文件，对民族医药人才培养、机构建设、基础理论和文献研究、医药产业发展、药用资源保护和服务能力等方面进行了全面规划。

2016 年 12 月 25 日，十二届全国人大常委会第二十五次会议表决通过的《中华人民共和国中医药法》成为我国首部为传统中医药振兴而制定的国家法律。《中华人民共和国中医药法》第一章第二条规定，中医药是包括汉族和少数民族医药在内的我国各民族医药的统称。从此，少数民族医药受到国家法律的保护。

2016年，《中医药发展“十三五”规划》《中医药发展战略规划纲要(2016—2030年)》等政策文件的相继出台，为少数民族地区发展民族医药事业指明了方向。2019年10月26日，国务院发布的《关于促进中医药传承创新发展的意见》指出，要健全中医药服务体系，改革和完善中医药管理体制机制，发挥中医药在保障人民身体健康方面的特殊作用。同时加强中医药人才队伍的建设，为推动中医药质量提升、产业高质量发展以及创新中医药传承与开放提供智力支持。

1.2 西藏规划显特色

西藏自治区对藏医药事业给予高度重视，从“七五”时期起，自治区每年安排专项资金用以支持藏医药事业发展，结合发展需求及发展前景逐年提高资金拨付比例，到2015年已经提高至4000万元。自治区先后于1986年、1996年、2014年召开全区振兴藏医药大会。

此外，2014年，西藏自治区人民政府出台的《关于进一步加强藏医药工作的决定》和《关于进一步扶持和促进藏医药事业发展的意见》等政策文件，为藏医药的振兴、继承与创新发展提供了政策保障，也促进了藏医医疗、教育和科研等事业的繁荣发展。

进入“十三五”时期，西藏自治区党委、政府计划推进特色优势产业发展，藏医药产业被纳入其中。为了保障藏医药产业的健康发展，自治区人民政府以及自治区卫健委、经济和信息化厅等相关部门出台了《西藏自治区人民政府关于中医药发展战略规划纲要（2016—2030年）的实施意见》《西藏自治区藏医药事业发展“十三五”规划》等一系列政策、规划文件。

2017年，西藏自治区积极推动西藏藏医药产业集团的组建，建成药材生产技术公共服务平台，藏药产业化水平进一步提升；同年出台了《西藏自治区医药工业发展规划（2017—2025年）》，旨在将西藏自治区建设成为全国藏医药研发、生产和出口中心以及高原生物医药产业创新中心，力图将藏医药打造成知名品牌，加快发展生物制药和大健康产业，拓宽市场空间。

2019年，是西藏自治区实现“健康西藏”建设目标的重要时期。在自治区党委、政府的政策扶持下，各部门大力种植及推广大宗常用藏药材和名贵濒危野生藏药材，助力藏医药产业健康持续发展。①

2 药材资源，得天独厚

2.1 野生药材丰富

位于青藏高原的西藏自治区受高寒缺氧、日照时间长、太阳辐射强、昼夜温差大等独特的自然气候条件的影响，蕴藏着极为丰富的药用资源，大多数为主产种和特有种，具有生理、生态的特异性。西藏藏药材分布广泛，特别是林芝地区分布较多。该地区是复合气候带，因其热带、亚热带、温带及寒带并存，形成了百药聚集生长的态势。野生药用植物资源非常丰富，共达2000多种。多个县城积极建立藏药材种植基地，主要种植品种为灵芝、丹参、柴胡、当归、天麻等，总面积超过8000亩（见图5－1）。同时，林芝地区凭借其资源优势和相关税收优惠政策，吸引奇正藏药等多家企业在林芝落户。为发挥林芝丰富的野生藏药材资源优势，打造林芝藏医药文化品牌，2015年在米林县召开首届林芝藏医药研讨会。

① 资料来源：http://www.zgxzqw.gov.cn/xxz/whjy/201906/t20190618_87816.htm。

图 5－1　米林县药材种植公司负责人向参会人员介绍藏药材
资料来源：http：//city. sina. com. cn/city/t/2015－09－29/115552763. html。

2.2　种植培育保来源

藏药材对生长环境的要求特殊，种植时面临种子采集难、萌芽率低、成苗难等问题。人工采集野生的种子，在大棚中进行人工育苗，然后将培育的幼苗移至室外种植，从种子长成药材，成活率并不稳定，且市场需求与供给不平衡，藏药材产业发展缓慢。长期以来，藏药生产对野生藏药植物资源依赖度非常高。然而，随着种植培育技术的发展，截至2018 年，西藏共有 27 种藏药材植物已成功达到人工种植条件。包含多种濒危藏药植物在内，大部分藏药材已经具备了产业化培养条件，需要打破技术、种植户与藏药企业之间的合作壁垒，使藏药资源形成科学合理的资源配置体系。

针对藏药资源需求过度而供给不足的问题，部分企业和研究所高瞻远瞩，着手进行藏药资源的保护与开发工作。恩威公司在甘孜征地 133 平方公里，收集藏药资源，对虫草、大黄、雪莲花、高山党参等开展野生抚育研究；在林芝地区，奇正藏药厂建设了红景天种植基地，为藏药加工生产提供原料保障；西藏藏医院藏医药研究所早在 1997 年就开始建立藏药栽培基地，研究藏木香、茅膏菜、獐牙菜等的栽培，并不断扩大种植面积，提高藏药材产量。

对于一些大宗常用藏药材和名贵濒危野生藏药材，各相关部门持续加大种植及推广力度。截至2018年，经西藏自治区经济和信息化厅积极申请，国家累计下达1410万元中药材扶持资金，资助11个藏药材生产种植项目，规模化种植10余种药材，如藏木香、螃蟹甲、独一味等。为支持藏药材种植试点项目，获得种植经验，西藏自治区科技厅、农牧部门等也投入大量资金给予支持。①

3 加工制造强生产

3.1 藏药企业蓬勃发展

“十五”期间，藏药企业与内地多种所有制企业的合资合作，改变了藏药企业所有制形式单一、营销手段滞后以及投融资困难的局面，初步形成了藏药企业所有制形式的多元化格局。藏诺迪康药业股份有限公司于1999年成功上市，成为西藏第一家上市药业企业。一些经过市场激烈竞争的优势名牌企业日益发展壮大，部分企业步入股份制改造轨道。

全国藏医药企业有百家以上，西藏占近一半，其他民族地区如青海、甘肃、云南等地也有不同程度的分布。截至2018年底，西藏自治区共有40家医药制造企业，其中17家为藏药生产企业。区内的西藏自治区藏药厂、奇正藏药股份有限公司、甘露藏药股份有限公司年产值都在10亿余元，已形成一定规模。

在自治区卫生计生委的支持下，西藏藏医药产业发展有限公司组建工作有序进行。2018年2月，公司筹备领导小组召开会议，会议强调筹备组要严格按照自治区人民政府发布的《关于组建西藏藏医药产业发展有限责任公司的批复》文件开展工作。作为政府新组建的15个产业集团之一，

① 资料来源：http://www.zgxzqw.gov.cn/xxz/whjy/201906/t20190618_87816.htm。

公司在加强组织保障的同时也在关注市场需求以及新条件下的发展机遇，勇于创新思维，坚定克服困难，积极完成促进西藏藏医药产业发展和文化传承的任务。

3.2 制造业稳步推进

2017年，西藏自治区医药制造企业工业总产值达14.58亿元，中成药产量2300吨，同比增长10.1%；工业增加值为7.75亿元，同比增长8.1%。2018年，藏药制造业产值平稳增长，全区规模以上医药制造企业工业总产值达17.26亿元，同比增长18.38%；中成药产量2600吨，同比增长13%；实现工业增加值约9亿元，同比增长16.1%。①

3.3 技术创新硕果累累

“十三五”以来，全区医药制造企业累计投入超过1亿元资金用于开展技术创新和研发认证工作。医药工业企业共开展43个科研项目，取得13项专利，11项创新成果。全区医药企业共获得311个国家药品批准文号，其中包括159个藏药品种。238种藏药通过藏药材标准检测，2个藏药品牌获得国家驰名商标，22个藏药品牌获得自治区著名商标。

自治区抓住新的发展机遇，扩大科技投资，促进藏药智能制造水平升级。2018年，自治区经济和信息化厅助力奇正藏药集团申报医药智能制造项目。该集团申报的“基于自主核心智能装备的藏药外用制剂智能工厂建设”项目已通过专家评审，并由工业和信息化部公示，项目总投资8080.59万元，工业和信息化部提供支持资金450万元。②

① 资料来源：http://www.cntcm.com.cn/2019-03/07/content_57755.htm。

② 资料来源：http://www.cntcm.com.cn/2019-03/07/content_57755.htm。

4 科教文卫增质量

4.1 科研机构推动研发创新

西藏从市场需求出发，结合市场经济主体，统筹部署藏药产业规划，全面引导藏药企业转型升级。全区共建设3家藏药科研机构，研究人员队伍整体素质较高，科研水平发展潜力大。在藏药新产品研发中，企业资金投入、科研机构技术支持、学校人才保障三方的协同合作为研发提质增效。联合培育的新型藏药中已有15种获得批准文号，藏药生产中传统藏药改现代剂型、中药生产的先进提取技术等得到推广应用，利用现代高科技手段生产藏药新产品的企业数量持续增加，为提高藏药生产效率作出重要贡献。西藏藏药厂成立藏医药研究所以推进专业化研究工作；西藏诺迪康药业有限公司为促进藏药品种的创新与研制，与中科院西北高原生物研究所联合组建了藏药现代化研究中心；藏药成分复杂，难以符合国际普遍认可的检测标准，为克服这一难题，奇正藏药集团与中科院兰州化学物理研究所合作组建藏药与天然药物联合实验室，专门研究包括藏药在内的天然药物，通过提高分析、分离和结构鉴定的技术，对藏药的药效、作用机理和安全性等方面进行检测，控制制药标准，推动藏药的科学化和现代化，使之更好更快地走向国际市场。

4.2 多种方式培养专业人才

4.2.1 师承教育重在传承人培养

为了更好地传承发展"雪域奇葩"，藏医药历来有师傅带徒弟的传统。西藏自治区也在积极开展师承教育，共建设35个名老藏医药专家传承工作室，一方面，研究藏医药专家的诊疗技术，形成文字、图片、视频等形式的资料；另一方面，在临床中加强技术应用，发现潜在问题，提高治疗水平。在"跟师带教"的培养模式下，已经有36名继承人顺利出师。学习藏医药不仅可以掌握藏医药学术思想和临床技术，更是对医风医德的传承，同时，对未取得学历的藏医专业技术人员分批次进行3年的中等学历教育和跟师学习，共有931名无学历人员取得中专毕业证书，843名师承人员获得师承出师证书。①

索县于2012年免费开办藏医班，藏医班学制3年，首批学徒共55名。在西藏那曲地区索县中学，学员们学习藏医药经典著作《四部医典》，完成学习任务，毕业后将被授予中专文凭，工作岗位以村医为主。师承教育希望通过老专家的传道授业解惑、继承人的朝夕临诊以及治疗过程及手段的耳濡目染，传承宝贵的藏医药文化，培育高级专业人才，助力藏医药事业发展。

4.2.2　学校教育重在多层次人才培养

藏医药在现代化条件下取得长足进步很大程度上归因于重视医药人才的培养。60多年来，西藏自治区为推进藏医药医学理论体系、诊疗体系的系统教学，陆续成立了西藏藏医学院、自治区藏医学校、西藏大学藏医系等教学单位。各市的卫生学校、干部进修院校和民办藏医教学机构也得到了迅速发展。现如今，藏医药教育体系已经实现了从职业高中到博士教育全阶段的人才培养。

西藏藏医学院是全国唯一单独设置的藏医药高等院校，该校藏医药本科及以上招生人数持续增长，目前的招生数目是建校初期的9倍。近10年来，共培养2000余名本专科生、176名硕士生、28名博士生，学历结构不断优化，办学层次日趋合理。西藏6个职业技术学校的人才培养工作也在同步推进，共培养出4149名藏医药专业人员，使基层藏医药技术人员短缺状况得到有效缓解（见图5－2）。②

---

① 资料来源：https://www.sohu.com/a/206365256_534763。

② 资料来源：https://www.sohu.com/a/206365256_534763。

图5-2　西藏藏医学院的学生研读《四部医典》
资料来源：http：//feiyi. gmw. cn/2019-01/08/content_ 32315607. htm。

2019年9月，为助力区内高校培养民族医药高层次人才，西藏藏医药大学聘请西藏山南市7名副高级以上专家担任博士、硕士研究生导师。7名受聘专家中，5名为临床硕士研究生导师、2名为医学博士研究生导师，聘任期为4年。其通过专家讲授课程、带领学生做科研项目、临床诊疗中传授实践经验等多种方式，发挥人才的示范引领和学术带头作用，完成30余名民族医药硕士、博士研究生的培养目标任务，为藏医药产业发展提供人力资源保障。① 2019年12月30日，西藏藏医药大学临床教学医院在北京藏医院揭牌。北京藏医院与西藏藏医药大学共建临床教学医院将有助于双方共同完成医疗、教学、临床、科研、人才培养、学术交流等工作任务。

各级各类教学机构通过学校教育、师承教育及继续教育等方式培养藏医药专业技术人才，已基本形成了由藏医药高级人才、技术骨干和基层实用型人才组成的人才梯队。

① 资料来源：http：//rencai. people. com. cn/n1/2019/0621/c244800-31172961. html。

4.3 藏药文化保护与传承广结硕果

4.3.1 传统疗法，成功申遗

藏医药浴法，藏语称“泷（lóng）沐”，是一种保持身体健康和防治疾病的理疗方法。藏族人民以土、水、火、风、空“五源”生命观和隆、赤巴、培根“三因”健康观及疾病观为指导，通过沐浴天然温泉的方式或利用药物煮熬的水汁或蒸汽来调节身心平衡。

2008 年和 2014 年，藏医药浴法相关项目陆续被列入国家级非物质文化遗产代表作名录。在此基础上，2015 年底启动了申请将藏医药浴法列入人类非物质文化遗产代表作名录的工作。2017 年 3 月，中国向联合国教科文组织递交了最终的申遗文本。2018 年 11 月 28 日，联合国教科文组织非物质文化遗产政府间委员会通过决议，将中国申报的“藏医药浴法——中国藏族有关生命健康和疾病防治的知识与实践”正式列入人类非物质文化遗产代表作名录。

联合国教科文组织在决议中评价藏医药浴法是一种在传统环境中经过不断探索与创新的医学实践，目前已经成为中国西藏和其他省份的制度化医学的组成部分；在促进可持续发展、提高对自然界的认知以及自然资源的保护等方面，藏医药浴法发挥了重要作用；传统实践和制度化实践在新的发展机遇下实现了协同增效，推动不同实践群体就健康和疾病防治等问题进行分享和交流。①

此外，西藏藏医院“门孜康”现已成为中国国务院第七批重点文物保护单位之一。国家将藏药七十味珍珠丸配伍技艺、藏药炮制技艺、天文历算等传统技艺列入中国国家级非物质文化遗产项目名录。

4.3.2 传承创新，历久弥新

2018 年，西藏自治区科技厅组织了五省藏区藏药产业发展论坛，编制完成《藏医药产业发展调研报告》《藏医药科技发展情况及未来发展建议》，

① 资料来源：https://baijiahao.baidu.com/s?id=1622031130282170632&wfr=spider&for=pc。

明确了藏医药未来的发展方向及需要攻克的技术难题。藏药材资源数据库建设项目作为藏医药产业技术创新服务平台的一个重要部分，通过扫描翻译及数字化的方式完成了近900部藏医药典籍文献的整理工作，为藏医药的传承与创新提供了技术支持。

为了使藏医药名词术语实现系统化、规范化、完整化和科学化，"西藏藏医药基本名词术语规范化研究"项目应运而生，共计完成5213条藏医药名词术语藏文名的规范化研究，基本涵盖了藏医药各学科中基础、常用的专有名词术语，建立起一套统一规范的藏医药名词术语体系，并正式出版藏文版《藏医药学名词》。①

4.3.3 宣传推广，对外交流

《四部医典》奠定了藏医学的理论基础，其内容涉及藏医学基础理论、临床诊疗方法、诊断技巧、治疗原则、药物配置剂量、疾病预防等内容，是藏族人民在与疾病进行斗争的长期医疗实践中积累的丰富经验，并参考其他民族、其他地区的医疗经验所形成的总结性成果，是藏族人民智慧的结晶。

在联合国教科文组织世界记忆工程亚太委员会第八次全会上，藏医药巨著《四部医典》成功入选世界记忆亚太地区名录，这标志着藏医药学走上国际舞台，在世界范围内得到广泛认同，为促进藏医药文化发展起到了推动作用（见图5-3）。②

"十三五"以来，西藏自治区相关部门和各医药企业高度重视宣传推介藏药产业，努力开拓国内市场，同时，通过合作办医、经济贸易活动、治疗技术输出等方式增加与周边国家的交流合作，国际、国内社会对藏医药的认可度和认知度不断提升。藏医药在对外宣传的深入发展实践中逐步形成共识——树立可持续发展理念，各部门加大培育、种植、推广大宗常用藏药材和名贵濒危野生藏药材的力度，保障藏药材的稳定供应。

① 资料来源：http://www.most.gov.cn/dfkj/xz/zxdt/201811/t20181115_142775.htm。

② 资料来源：https://www.sohu.com/a/237035753_784980。

图5－3 《四部医典》成功入选世界记忆亚太地区名录

资料来源：http：//mini. eastday. com/bdmip/180615222252924. html。

4.4 医疗机构助推服务质量提升

1978年，西藏自治区全区只有1所藏医药机构，20张床位。20世纪80年代，自治区藏医院进行了4次改建和扩建，扩大机构规模，增加医务人员数量。在政府的重视程度不断提高和民众需求持续增加的背景下，全区在近40年的发展中建设市地级藏医医疗机构6家，独立的县级藏医机构23家。2017年，全区藏医医疗机构增加至50家，床位扩增至2412张，藏医诊疗在乡镇卫生院和村卫生室覆盖率分别达89%和38%。①

2017年初，西藏以及四省藏区共创办90多家县级以上藏医院，10家独立藏医研究机构，50多家藏医药企业。全国藏医药正式从业人员规模达1万人左右，藏药产品、藏医人才、医疗机构相配套，藏医药相关基础设施日渐完善，藏医服务与藏药供给质量和效率不断提升，一定程度上为藏区群众解决了看病远、看病贵的难题。

① 资料来源：https：//www. sohu. com/a/304543343_266317。

5 创新发展，囿于困境

5.1 保护意识之弱

藏药材多在野外生长，只能依赖于人工采集，但是当地群众缺乏对野生药材的可持续保护和利用意识，为了眼前利益，集中过度采集，导致野生药材越来越稀缺。此外，药材种植者对药材的人工种植积极性也不高。多数药材种植者教育水平低，缺乏科学生产经验和种植方法，导致藏药材再生产效率不高。

企业作为藏医药制造商，知识产权保护意识不强。规模小的企业通过假冒、盗用知名企业的藏药品牌牟取利润，缺乏对其他经营主体知识产权的尊重，触碰法律底线。部分大企业对自身创新的藏医药产品缺乏有力的知识产权维护，间接导致盗用和冒用行为猖獗。

藏医药的创新发展需建立在对传统藏医药的扬弃之上，然而一些名老藏医对自己多年从临床诊疗中积累的精品治疗方法和技术经验秘而不宣，其对知识产权的过度维护导致了有使用价值的秘方失传，新条件下的创新发展阻碍重重。

5.2 生产资源之缺

充足的资源保障是藏医药创新发展的基础。当前西藏生态环境较为脆弱，相关资料表明，西藏的水土流失面积占土地总面积的17.3%，水土流失导致土地资源可利用率降低，藏药材种植面临难题。

第一，藏药材资源短缺。随着藏药进入工业化生产时代，自20世纪90年代后期开始，生产企业数量日益增加。为追求生产效率，抢占市场份额，各企业采取掠夺式采集、收购的方式增加其经济收益，未对药材来源的保护给予足够重视，藏药材陷入了价格高、采量大、数量少的恶性循环中。野生藏药材数量明显下降，部分名贵药材面临枯竭的困境，常用大宗药材短缺。从人工种植来看，因技术支撑不足，加之藏药材对生长环境的特殊性要求，藏药材的人工培育、种植难度大，成活率不高，无法满足藏药规模化的生产需求。

第二，人力资源匮乏。西藏自治区因其特殊的地理位置和气候因素，对区外人员进藏工作的吸引力弱，同时自治区教育水平欠佳，加之藏医药学作为小众的专业，专业人才培养规模较小、人才供给不足，制约着藏医药创新发展。

第三，财力资源不足。多数藏药企业开发新产品的科研经费投入少，研究技术可提升空间有限，传统藏医药与现代科学技术结合的能力不足，新药品的创新基础薄弱，藏药科技成果在产业化、商品化、市场化等方面进展缓慢。①

5.3 质量标准之杂

标准化、规范化是创新发展的前提。由于缺乏对藏药质量标准研究的重视，藏医药的质量标准建设滞后，缺乏国际、国内通用的符合藏医药理论的标准体系。藏成药制剂工艺、质量标注、安全评价、生产疗效等藏药性质无法用科学、统一的评价标准来测量，进而导致藏药品生产质量处于不稳定的状态。此外，因藏药成分复杂，且有些品种的货源紧缺，地区间用药名称与习惯的差异大，藏药的同名异物、同物异名、一名多物、品种混乱现象普遍存在。藏药名称不统一，不仅制约着药品及临床诊疗方法的创新，也会严重影响藏药的治疗效果以及产业的大规模发展。同时，国际社会也因质量标准不统一，限制藏药进入国际市场。由于缺乏与国际的交流合作以及对其的经验借鉴，藏药的创新难以寻求突破，只能局限在小范围之内。

6 结语

藏医药是西藏高原上先民们与高寒气候和疾病做斗争，通过不断积累动植物、矿物治疗疾病的经验，逐步形成体系并不断丰富内涵的传统医

① 资料来源：http://www.cntcm.com.cn/2019-03/07/content_57755.htm。

药。作为推动西藏自治区经济发展的特色产业，通过国家政策及地方政策的规划和引导，西藏藏医药产业在创新中发展，在发展中走向科学化与现代化。从药材的种植与采集到药材的加工与制造，从藏医药的教学科研到社会服务等多环节，政府、科研机构、高校、医院、企业等多部门在实践中探索，积累经验，使藏医药各项事业不断创新发展。藏医药传承与创新并进，交流与进步共存，实现了经济、文化等方面的重大突破。在藏医药发展中，我们不仅需要关注未来发展的前景，也要关注日益凸显的知识产权保护意识薄弱、资源短缺、行业标准不规范等问题。未来应着手规范行业生产标准，加强复合型人才的培养，运用科技手段创新，让藏医药在新时期迸发生机。

[案例思考题]

（1）结合案例分析西藏藏医药创新发展取得的成就以及为其他民族医药发展提供了的怎样的经验借鉴。

（2）在健康中国背景下，如何推动藏医药产业提质升级？请谈谈你的观点。

[案例评析]

党的十九大报告指出，要把人民群众的健康放在优先发展的战略地位，实施健康中国战略，坚持中西医并重，传承发展中医药事业。藏药体系是现存完整程度高、影响力大的中华民族传统医学体系之一，拥有3800多年的悠久历史。我国藏区人民在生产生活中研制藏药，并在临床诊断中形成了独特的诊疗方法。西藏自治区作为藏医药的主要产地，坚持在创新中寻求发展，以发展为契机推动创新。

西藏自治区在促进藏医药的发展过程中，充分发挥政府与市场的作用，积极调动政府、企业、科研机构、高校的创新能力和人民群众的创造力，取得了丰硕成果（见图5-4）。

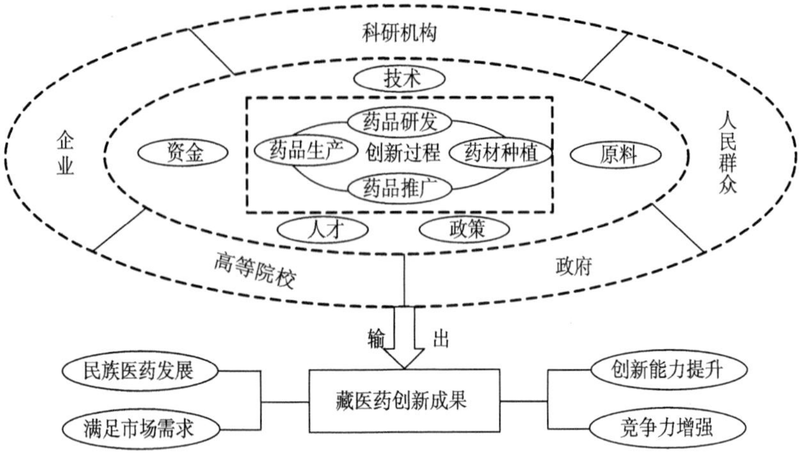

图5－4　藏医药创新成果框架

第一，政府：顶层设计，政策支持。国家历来重视藏医药的传承和发展，统筹规划藏医药事业，先后制定法律法规、总体发展规划、具体工作实施方案，促进藏医药机构、人才队伍的建设，为藏医药发展增添活力。西藏自治区在国家的引导下，根据地方实际与创新需求，出台一系列政策意见，深化医药卫生事业改革，将藏药产业作为特色优势产业发展，设立专项资金稳定支持藏药研发，搭建藏医药公共服务平台，为信息发布、分享、交流提供便利，不断完善医疗服务体系，推进藏药健康服务发展和继承创新。

第二，企业：产业发展，资金投入。企业作为藏医药产业发展的主体力量，注重在第一、第二、第三产业中加大资金投入力度；开展藏药资源的野生培育研究，促进藏药材的保护利用；建设种植基地，利用资金引入先进技术和专业人才，进行科学化、规范化的种植养殖，保障藏药材的高质量供给；根据市场需求，延伸生产链条和更新机械设备，综合利用科技成果，推动制造业的转型升级；与高等院校、科研院所开展交流合作，分享研究成果与经验，提升创新效率。

第三，科研机构：科学研究，技术培育。科研机构以其高水平的研发技术在藏药材种植、制造方面发挥了重要作用，利用西藏独特的自然资源优势，挖掘新品种藏药材，研究其药效和安全性，对符合要求的藏药材开展进一步的研发，并与现有资源相结合研制新产品；根据藏药材的生长习性，创造适宜的生长环境、研究科学的培育技术；与企业和高等院校联合建立研究中心，检测藏药药效、作用机理，使藏药产品符合国际普遍认可的检测标准，提高市场竞争力。

第四，高等院校：知识传授，人才培养 。人才是藏药传承创新的关键因素，高等院校为高水平的藏医药人才培养提供组织保障。高等藏医院校引进专业师资力量开展藏医药医学理论、临床诊疗的系统教学，使学生充分掌握藏药治疗原理、方法，区分、辨别不同种类藏药的疾病救治情况，学习治疗经验；对藏医药专业人员开展分级分类培养，形成由藏医药高级科研人才、技术骨干和基层实用型人才组成的人才梯队；同时通过培养专业营销人才，宣传藏药文化和产品，通过专业的营销和推广手段，增强藏药知名度，提升经济效益。

第五，人民群众：药材培育，传承人培养。藏区人民群众在生产生活的实践中，逐步积累藏药材的挖掘、种植及使用的经验，掌握对野生藏药材的采集及判别方法，探索出藏药材的人工种植技术，了解藏药材适用的相关情况。人民群众积极推广师承教育的培养方式，通过调查走访寻找经验丰富的老藏医，为其设立藏医药专家传承工作室，通过“跟师带教”的模式传承诊疗技术和医风医德，培养藏药传承人。

藏医药的创新发展历程中既有成功经验，也有不足之处，如资源保护意识、可持续发展意识淡薄，财力资源、人力资源短缺，生产标准杂乱等。未来推动藏医药产业提质升级，西藏自治区需要从以下三个方面入手：

首先，增强意识。西藏自治区可以向藏区人民宣传环境保护和可持续发展的重要性，提升其保护生态环境的意识和主动性，通过深入基层培训等方式，推广科学的种植经验，提高藏药材生产效率；企业应注重维护其创新成果的知识产权，杜绝盗用、冒用商标行为的发生，形成尊重创新、尊重创造的藏医药发展的社会氛围。

其次，保障资源供给。西藏自治区政府可向中央政府申请关于民族医药的专项扶持资金，同时在自治区年度财政预算中为藏医药事业划拨资金，确保藏医药发展有充足的资金支持；重视总结藏药材种植经验，宣传推广成功经验，鼓励群众积极探索人工种植，为藏药产品加工制造提供稳定的原料；加大专业人才的培养和引进力度，增添创新发展的活力。

最后，规范生产标准。藏药产品走向更广阔的国际市场需要符合国际通用的药品流通标准。西藏自治区可以建设藏医药的质量标准体系，规范制剂工艺、安全评价、生产疗效等指标；通过广泛的调研和科学的甄别，统一成分相同的藏药名称，保证藏药在生产、流通领域的标准化和规范化。

[参考文献]

[1]祁玫，杨玉．中国民族药的发展历程、开发现状及思考[J]．中央民族大学学报(自然科学版)，2002(2)：187－192.

[2]何雅洁．藏医药产业发展策略分析——以西藏自治区为例[J]．营销界，2019(38)：151，155.

[3]占堆，李良玉，贾学渊．西藏藏药产业发展现状分析与对策建议[J]．西藏大学学报(汉文版)，2006(4)：64－68.

[4]叶晓楠，刘梦悦．藏医药浴法申遗成功　推动中国非遗走向世界[J]．中国民族，2019(1)：19－20.

[5]朱根华，熊耀坤，钟国跃．少数民族医药产业发展面临的困境及改革策略研究——以蒙、藏、维民族医药为例[J]．西南民族大学学报，2015，36(8)：147－151.

案例 6

宁夏隆德县营商环境：引来“金凤凰”，为何“一刀切”？

摘要： 目前，我国正处于优化经济结构、实现高质量发展的关键期。营商环境建设已经成为国家治理体系和治理能力现代化的重要内容，在国家战略决策中占有重要地位。宁夏回族自治区的隆德县在打造营商环境的过程中，先是积极主动引进企业投资，提供优惠的招商引资政策，后来囿于上级部门环境保护的要求，开始对引进来的环保企业实行“一刀切”的做法。本是政府和企业共赢的美好愿景，为什么最终演变成企业状告政府的“闹心事”，企业也成为法院失信名单中的“老赖”？本案例梳理了隆德县营商环境的发展历程，引发人们思考在重视生态环境保护的前提下，政府如何做到公平对待招商引资的民营企业。政府只有把“一刀切”的做法变成放下身段与相关企业沟通协商、共同努力，才能打造良好的营商环境。

关键词： 营商环境；招商引资；民营企业；政企关系；隆德县

［案例正文］

“水深则鱼悦，城强则贾兴。”近年来，党中央、国务院高度重视优化营商环境，李克强总理在“全国深化‘放管服’改革优化营商环境电视电话会议”上指出，“经济社会发展的动力源于市场主体的活力和社会创造力，这很大程度上取决于营商环境”。营商环境作为衡量城市经济发展的重要因素，是一个城市经济软实力的重要表现，也是城市实现经济高质量发展的有效举措。良好的营商环境有利于提高城市的综合竞争力，不仅能使当地政府招引好的投资项目，更能吸引高端人才。营商环境的好坏是当地民营企业经营状况的"晴雨表"，会直接影响市场经济活力的释放，进而对城市经济发展、税收收入、劳动力就业等产生重要的影响。

隆德县隶属宁夏回族自治区固原市，位于宁夏南部边陲，六盘山西麓。隆德县的几家建材厂是当地政府招商引资进来的民营企业。在地方政府为民营企业提供了大量的优惠政策后，几家建材厂开始扩建场地，升级设备，信心满满地准备大干一场。可是好景不长，升级后的设备投入生产后不久，当地政府就突然"变了脸"，借环保督察之名关停了这些民营企业。企业前途未卜，几番周折后，最终被迫走上了状告政府之路。原本信心满满的投资者最后却成为法院失信名单里的"老赖"。其原因究竟为何？企业的损失谁来承担？

1　建材企业被勒令关停

隆德县政府招商引资前后的态度可谓大相径庭，先是提供优惠政策，积极引进民营企业，随后借环保之由对其"一刀切"强制关停。全县共有9家企业遭到了关停取缔的厄运，其中，星火建材厂和华泰建材有限公司是典型的代表。

1.1　星火建材厂被迫关停

2008年，作为隆德县的招商引资项目，当地镇政府要求李某的砖厂从县城内迁到城关镇星火村。李某的砖厂技术水平落后，产量较低，无法满足市场的需求。2015年，为了提高传统土窑的产量，也为了满足市场对砖块质量的需求，在当地优化营商环境政策的支持下，李某投入1000多万元对自家砖厂进行改造升级。2017年，李某认为应该抓住政策支持的大好机会，准备再投入一些资金，大干一场，于是开始大面积扩建厂房，购买先进设备，换上了全自动码砖机，并雇用专业的技术人员操作新设备，对部分员工进行了培训。

2017 年 9 月，就在厂房、机器、员工等都已经安排就绪之际，一个意外的“决定”让他措手不及。李某的星火建材厂被县国土资源局告知需要停产，原以为是个别环节出了问题，只要按照政府的要求认真整改就可以了，结果一个月后厂子突然被强行关闭取缔了。“政府说我违法，采矿证到期了。但我提前三个月就开始申请续办了，却迟迟等不到政府的回应。”李某无奈地说道。让李某困惑的是，自己主动续办手续却换来政府一次次的拒绝，问题究竟出在哪里呢？地方政府强制关停企业也没有下达任何书面文件，隆德县政府这样的做法让李某一时间无法接受。

2017 年 10 月，即使企业已经陷入了被政府强制关停的困境中，李某还是对当地政府抱有一丝希望，他多次到政府相关部门进行沟通、协商，但是每次等到的都是同样敷衍的答复，让他回去等消息。出乎意料的是，重新恢复生产没有等来，等到的却是“证照不齐、依法关闭”的书面通知。对于李某来说，仅有的一点希望也破灭了，更让他感到绝望的是，建材厂被迫关停，让他背负了近 400 万元的债务。

2019 年末，距离李某的建材厂被迫关停已经整整两年，曾经投资上千万元建造的生产车间如今已经破败不堪，引进的先进设备也早已锈迹斑斑，整个建材厂一片狼藉（见图 6－1）。

图 6－1　星火建材厂内杂草丛生

资料来源：https：//www. sohu. com/a/357154126_ 114960？ scm。

1.2　华泰建材有限公司跌宕起伏的命运

与李某星火建材厂面临同样遭遇的还有华泰建材有限公司。2012 年 10 月，受到隆德县政府的“盛情邀请”，杨某和决定亲自到当地考察。当地政府给出的扶持政策让杨某和信心满满，准备大干一场。于是，他开始筹集资金，将先进的保温砖项目引进隆德县。2013 年，县政府的一份《专题会议纪要》显示，保温砖项目节能、环保，有利于推动当地经济的绿色发展和可持续发展，应该大力推广。2015 年 8 月，因该项目节能、减排，宁夏经信委和财政厅将其列入“2015 年自治区新型工业化发展资金项目计划”，并给予 130 万元奖励以示支持。

杨某和的建材公司占地面积较大，在当地政府的帮助下，企业顺利从农民手中购买到 80 亩土地，并在 2013 年 4 月结清钱款。由于政府没有用地指标，采矿证一直没有办下来，杨某和一直在积极申报排污许可证等相关证照，但政府相关部门迟迟没有做出答复。直到 2015 年 4 月，杨某和的建材厂才开始投入生产，并按照有关部门要求缴纳税费。本以为接下来的日子会一帆风顺，没想到 2017 年 7 月，隆德县环保部门对工厂进行检测后，在华泰建材有限公司收到检测结果之前却先收到了政府对其关停的通知。杨某和的建材厂从投入生产到被迫关停仅有两年多的时间，当地政府前后的态度简直“判若两人”。据了解，政府部门让关停的原因是，他的工厂有一半多的土地是没有土地证的，因此不符合规划，是违法的。但是，在杨某和提供的一份国土局 2013 年印发的文件中显示：“企业的新型节能环保建筑墙体材料建设项目，符合隆德县土地利用总体规划及乡镇土地利用总体规划。”一份建设单位名称为“隆德县华泰建材有限公司”，编号为“2013.28”的《村镇规划选址意见书》附图也显示“占地约 80 亩”，文件盖有隆德县城建规划室的红章。面对这样的前后矛盾，杨某和只剩下无奈。

被关停的 9 家企业中，杨某和的华泰建材有限公司投资近 4000 万元，其中一条价值3000多万元的环保节能生产线预计运行时间在15年以上，但投入生产后不到一年就停止作业了。因关停失去窑温支持，花重金打造的先进设备早已不是当初的样子了。“设备基本报废，无法启动，像这样的招商引资方式让人感到后怕。”企业负责人说道。杨某和的建材厂不排污水和废渣，反而能利用煤矸石，这样的企业被无辜关停令人费解（见图6－2）。

图6－2　废弃的华泰建材有限公司

资料来源：https：//www.sohu.com/a/357154126_114960？scm。

2　建材企业关停的“后遗症”

隆德县作为一个国家级贫困县，是什么原因能让当地政府对其“金主”痛下狠手？政府强制关停企业不仅会使企业经营陷入困境，还会给民生发展和社会稳定带来负面影响。企业负债，员工失业，还会影响地方经济发展和社会稳定，这一系列问题都是企业关停的“后遗症”。

2.1　企业无所适从

为了加强对当地生态环境的保护，隆德县政府先是口头关闭取缔当地砖厂。随后，在2018年1月19日，政府相关部门进一步出台书面文件《隆德县人民政府关于依法关闭取缔渝河流域黏土砖厂的通告》（以下简称《通告》），强制要求依法关闭渝河流域9家非法开采黏土的砖厂，其中，李某的星火建材厂和杨某和的华泰建材有限公司都在关闭取缔范围内。

隆德县政府要求被强制关闭的砖厂在规定时间内拆除并按照要求恢复

生态环境，如果企业不能按时完成，将由政府出面强制拆除，相应的费用和后果由企业自己承担，并追究其法律责任。

在此次企业被迫关闭事件中，星火建材厂和华泰建材有限公司的负责人认为，政府发布的《通告》没有明确的法律依据，而且自己的建材厂证照齐全，均是按照政府相关政策要求办理的，并在相关证照到期前主动向政府部门提出续办，不存在政府认定的违法经营行为。然而，隆德县政府坚持认为，对企业下发关停通知是依据《中华人民共和国环境保护法》等法规，并执行上级政府的要求。企业和政府各执一词，而且都有自己的理由，那么企业的损失到底该由谁来补偿？政府该不该给企业一个说法呢？

企业关停造成货款回收更加困难，资金来源日趋枯竭，银行“坏账”增加，财务状况雪上加霜。被强制关停的9家企业中，星火建材厂和华泰建材有限公司面临着严重的财务困难，因为拖欠银行贷款和农民工工资，企业负责人一直被追债。无奈之下，为了缓解欠款压力，企业负责人只好忍痛拍卖了当时花费上千万元投资的设备，但是，一个令人更加无法接受的事实是，这些曾花重金打造的设备一旦熄火，价值便无法得到保证，价值3200万元的设备最后以600万元起拍。对于企业来说，这其中的损失不言而喻，再加上企业是被政府强制关停的，即使多次流拍，仍没有人愿意“接手”。

营造良好的营商环境把企业“请进来”，再迎合上级政府环保要求把企业“赶出去”，这一个来回的折腾，对于政府来说，仅是政策上的变动，但对于无辜的企业来说，花重金打造的生产设备和上千万元的投资皆因政策的变动打了水漂。隆德县政府简单粗暴的做法使企业一时间无所适从，寒的不仅是企业负责人的心，更是给当地的营商环境带来了不可修复的负面影响。

2.2 百姓遭受损失

民营经济在市场经济中发挥着越来越重要的作用，统计数据显示，中国90%以上的企业都是民营企业，80%以上的城镇就业都是由民营企业提供的，民营企业为城镇的经济发展和民生就业做出了重要贡献。部分民营企业主导着劳动力市场，减少了对高技能劳动力的需求，相对扩张了对低技能劳动力的需求。隆德县内的民营企业有效解决了当地农民的就业问题，为农民带来了额外的收入，提高了农民的生活质量。据企业提供的数据，此次停产致使超过400名农民工下岗。① 因此，在政府强制关闭取缔建材公司后，不但农民工被迫失业，企业也由于损失惨重，无法结清拖欠的薪资，包括城关镇星火建材厂在内的7家企业，累计欠薪达到504万元。

中国国内生产总值60%以上都是由民营经济贡献的，税收收入的一半也是由民营经济贡献的。由此可见，民营经济在我国市场经济中占据着重要的地位，为中国城乡经济发展贡献了重要力量。当隆德县内的民营企业被迫关停时，城镇的市场经济发展也受到了冲击，具体表现有：多家建材厂关闭后，砖块的产量急剧下降，市场供给的砖块数量远不能满足当地对砖块数量的需求，因此，砖块的价格也开始不断上升，从最初的每块约0.35元提高到每块约0.7元，价格上涨了约1倍。砖块价格的升高，使得建筑成本也随之提高，据当地的百姓透露，与过去相比，现在要想建一座房子，光砖块一项成本就要多支出近2万元。不少村民都开始抱怨，这些建材厂关停，反而增加了他们的生活成本。建材厂被关闭前，当地人用砖非常方便，距离家近、运输费用较低，如果村民手头不宽裕也可以先赊账，但是，建材厂被关闭后，当地人如果想用砖，只能从甘肃省平凉市一带购买，而且必须提前打款才能发货，这给当地的村民和企业带来了极大的不便和较高的建设成本。

3 无奈选择企告官

3.1 企业联名状告政府环保“一刀切”

2017年7月，隆德县的9家建材厂陆续收到被强制关闭取缔的通知。先是收到县水务局的通知，要求建材厂停止生产。随后，县国土资源局也

① 资料来源：http://nx.people.com.cn/n2/2019/0108/c192493-32502136.html。

下发通知要求停产，原因是采矿证到期。但建材厂负责人提前三个月续办采矿证，却一次又一次被拒绝。就在企业负责人还抱有一丝希望的时候，2018 年 1 月，隆德县政府下发了书面文件，至此，企业恢复生产无望。

9 家企业负责人认为隆德县政府的做法属于“一刀切”，没有法律依据。据企业负责人介绍，建材厂在生产过程中使用的原材料主要是煤矸石，煤矸石因可以循环利用、改善生态环境而受到鼓励和发展，烧制砖块全程高温，不产生废水、废渣。上级政府部门文件要求仅是针对渝河水质提出治理目标，并未要求关闭这些不污染河流的企业。被关闭取缔的 9 家建材厂中，有 5 家是传统的轮窑，这些砖厂确实存在产能落后的问题，应该被淘汰，但是即便要求关停，政府也应该与这些企业提前协商，征求企业的意见，而不是“一刀切”式地关停。隆德县政府的做法导致当地建材产业全线萎缩，该行业的营商环境全面恶化。

政府下发关闭取缔的《通告》之前，没有给企业解释和陈述的机会，也没有以协商解决的态度来处理问题，反而是无视实情，简单粗暴。由此，被关停的企业被迫走上维权之路。无奈之下，2018 年 3 月 8 日，包括星火建材厂在内的 8 家企业（1 家企业负责人不在本地）以隆德县人民政府行政处罚行为程序违法为由，将隆德县政府告至法庭。

3.2 法院判决政府行政违法

2018 年 11 月，固原市法院对隆德县政府强制关闭取缔建材企业的行为做出判决，认为隆德县政府下发《通告》的行政行为违法。但隆德县政府不但不承认自己的违法行为，反而向宁夏回族自治区高级人民法院提起上诉。自治区高级人民法院于 2019 年 2 月驳回其上诉。至此，经过三级法院的审理，最终判定隆德县政府的《通告》违法。法院对其判决作出解释，认为隆德县政府强制关停企业的《通告》仅说明依据的法律名称，而没有具体的法律条款，属于适用法律错误，构成违法。

近年来，国家对营商环境的重视程度在不断提高。营商环境是一个城

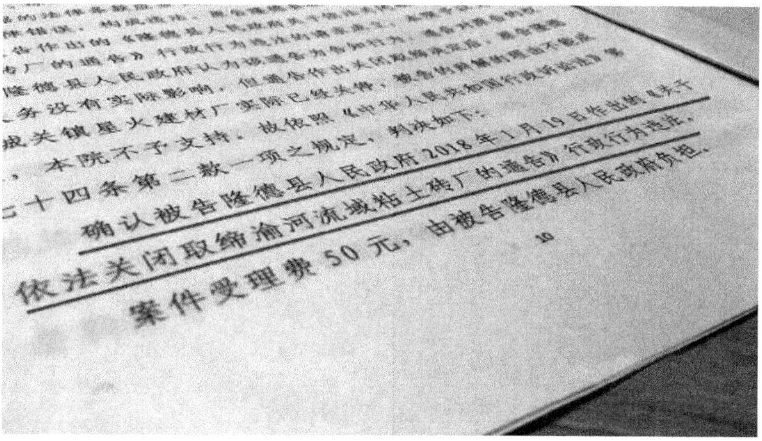

图6－3　法院判决

资料来源：https：//www. sohu. com/a/357154126_ 114960？scm。

市经济发展的软实力，营造良好的营商环境不仅可以为政府引进优质的民营企业，而且能带动地方经济高质量发展。早在2018年5月，生态环境部就专门制定了《禁止环保“一刀切”工作意见》，目的就是防止各级地方政府由于片面理解上级政府部门的文件要求，简单粗暴地对企业实施“一刀切”式关停行为。即便在中央政府高度重视的情况下，一些地方政府仍然出现与中央政策背道而驰的行为。地方政府为了解决一时的经济发展问题，积极向企业抛出“橄榄枝”，承诺为其提供大量的优惠政策，扶持企业的发展。然而，在上级政府部门提出环保要求时，地方政府就会忘记先前的承诺，用强制关闭企业的做法为自己交上一份“满意的答卷”。这背后暴露出来的问题，不仅是地方政府为应对上级要求“见招拆招”，更反映出地方政府对营商环境建设的不重视。

4　亏损的钱由谁来买单？

4.1　地方政府无视法院判决

法院判决过后，包括星火建材厂和华泰建材有限公司在内的8家企业终于松了一口气，本以为压在心底的一块石头可以放下了，但是当8家企业负责人拿着法院的判决书向隆德县政府提出赔偿申请和恢复企业生产时，没想到，政府根本不认账。8 家企业列出的损失清单加起来有 1 亿多元，被隆德县政府一一拒绝。隆德县政府坚持称，关闭建材企业的做法是依据中央环保督察组的反馈意见采取的措施，目的是淘汰落后产能，保护环境。多数建材企业相关证照不齐，属于违法经营，关闭举措符合相关政策要求。宁夏回族自治区虽然在 2019 年政府工作报告中强调，地方政府的决策和行为要体现民意、有法律依据，但在一年多的时间内，宁夏回族自治区发展改革委也从未就隆德县政府的所作所为做出批示。

对于建材企业来说，它们在意的不仅是政府如何对自己的行为负责，更看重的是政府会以怎样的态度去处理这件事情。先前关闭取缔的行为已经让企业经营陷入困境，如今置若罔闻的态度更是让企业负责人寒心。隆德县政府对建材企业从关停时的“雷厉风行”到整改时的“鸵鸟心态”，说明了当地政府对建材企业的态度只能是“有福同享”，却不能“有难同当”。

4.2 企业损失雪上加霜

9 家建材企业被当地政府强制关停后，企业停工停产、生产线闲置、员工失业、资金周转困难，这一系列负面影响接踵而至。一时间，企业负责人压力倍增。企业关停只是一个开始，由于大部分企业拖欠巨额贷款，相关企业的负责人还被列入了法院失信名单。星火建材厂的负责人李某解释道：“当初砖厂升级改造的钱，大部分都是来自银行贷款，还有一部分是从亲戚朋友手中借来的，如今建材厂被关停，欠了近 400 万元的债务，根本拿不出资金去偿还借款，几千万元打造的生产线由于停产一年多，现在基本报废了，根本不值钱，现在是有家都不敢回。”然而躲是躲不过去的，就在李某被列为法院失信人后不久，法院又对他发出司法拘留书。由于身上背着 6 起官司，2019 年 11 月 19 日，他再一次来到法院，面临着这一年的第二次拘留，让人感到无奈的是，就在一周前他刚被释放出来。陷入这种困境的不止李某一人，其他几家建材厂的负责人也有同样的遭遇。因为欠债，东躲西藏，被列入法院失信人名单后，企业负责人寸步难行。建材企业的负责人反映，现在企业面临着前所未有的艰难处境，企业的诉求至今未能实现，希望政府相关部门能够放下身段，与企业进行沟通、协调，不要用“一刀切”的态度和做法来处理问题。

在当今法治社会的背景下，企业负责人被列入法院失信人名单，将会对其个人产生负面影响。出行受阻、住宿受阻、竞标受阻等引发的后果又该由谁来买单？企业已经承受了巨大的损失，那政府又该如何为自己“一刀切”的做法作出解释？

4.3　媒体曝光不法行为

三级法院的最终判决过后，当地政府依然拒绝对 8 家建材企业做出赔偿。2019 年 1 月，新闻媒体开始接连曝光隆德县政府对招商引资到该县的民营企业借环保督察之名实行“一刀切”的做法。一年多时间过去了，隆德县政府仍然对企业的损失置若罔闻。如果说隆德县政府对其改正不法行为“无动于衷”的态度让人无法理解，那么在近一年的时间里，当地政府宁愿花费大量的人力、物力和财力去公关删稿、指责媒体的做法更加让人失望。

2019 年 11 月 28 日，央视媒体再一次对隆德县政府的“不作为”和“乱作为”进行曝光。央视媒体再次曝光后，隆德县政府终于感受到了来自媒体和民众的压力，组织召开专项会议进行讨论。12 月初，隆德县政府针对关闭取缔渝河流域黏土砖厂的行为做出回应，将迅速成立专项工作组，与 9 家建材公司进行协调、沟通，为企业解决诉求。

两年多的时间里，隆德县政府无视法院判决和媒体舆论，一直没有对其“一刀切”的做法做出整改，究竟是哪里出了问题？为响应上级政府部门优化营商环境的政策要求，隆德县政府对招商引资到该县的民营企业做出承诺，提供优惠和便利。但是，随着上级部门政策的变动，隆德县政府便开始借环保督察之名强制关闭这些民营企业，没有事先与企业沟通，征求百姓意见。由此可见，地方政府对上级部门的政策解读存在较大的自主性，只重视完成上级部门的要求而忽视“一刀切”做法会给当地民营企业和农民生活带来的负面影响，置企业利益和百姓福祉于水火之中。

5 结语：营商环境与生态环境如何平衡？

国家对优化营商环境的重视程度在不断提高。在2018年11月1日召开的民营企业座谈会上，习近平总书记高度评价了改革开放以来民营企业对中国经济发展做出的贡献，并明确提出要大力支持民营企业的发展和壮大。紧随其后，宁夏党委、政府印发了《关于促进民营经济健康发展的若干意见》，提出降低民营企业经营成本，减轻民营企业经营压力。从中央到自治区人民政府的一系列政策文件都在强调优化营商环境，鼓励民营企业的发展。尤其在2019年10月，国务院对外发布了将于2020年1月1日正式落地的《优化营商环境条例》，这代表着营商环境将从法律层面得到保障。

近年来，隆德县政府秉持生态立县发展理念，对环境保护和治理尤为重视，取得了优异的成绩，先后获得了中国人居环境范例奖、国家水利风景区、国家园林县城、全国休闲农业和乡村旅游示范县等殊荣，2018年被评为全国农村一二三产业融合发展先导区。值得一提的是，隆德县2019年9月被全国绿化委员会授予“全国绿化模范单位”荣誉称号。[①] 隆德县在提高生态文明水平、保护环境上取得了突破性的进展。

优化营商环境和保护生态环境对城市的可持续发展都是必不可少的重要因素，二者之间的关系归根结底就是人与自然的关系。良好的生态环境是城市经济发展的重要自然资源。同样，优化营商环境可以为保护生态环境提供人力、物力和财力保障，因此，不应该把二者放在对立面去衡量。

---

① 资料来源：http://www.nxld.gov.cn/zjld/。

隆德县政府“一刀切”的做法就是把优化营商环境和保护生态环境放在了矛盾的对立面。宁夏社会科学院经济研究所负责人王林伶认为，如果相关企业确系环保问题违法被关停，不属于营商环境的范畴；不污染河流环境的企业被关停，那就与营商环境相关。另外，凡是排污设施齐全、达到环保要求的企业，应采取错峰生产等措施，对待民营经济不能搞“一刀切”。①

要想协调好优化营商环境和保护生态环境之间的关系，必须要正确处理好政府和市场的关系，在优化营商环境和保护生态环境过程中，政府既是决策者、参与者，也是监督者。地方政府在推动经济发展，重视环境保护的同时，应逐步推进“放管服”改革，优化营商环境，激发市场主体的活力，对企业的环保项目要给予支持，对污染环境的项目要及时处理。只有践行“绿水青山就是金山银山”理念，协调好经济发展和环境保护之间的关系，才能真正实现经济高质量发展，才能给地方百姓带来福祉。

[案例思考题]

（1）从政企关系视角探讨隆德县政府在营商环境建设中存在哪些问题。

（2）在治理生态环境时，地方政府如何避免环保“一刀切”，增强民营企业的安全感？

（3）在高度重视优化营商环境的大背景下，如何平衡营商环境和生态环境之间的关系？谈谈你的建议。

[案例评析]

世界银行发布的《营商环境报告》中，将营商环境定义为“一个企业在开设、经营、贸易活动、纳税、关闭及执行合约等方面遵循政策法规所

① 资料来源：http://nx.people.com.cn/n2/2019/0108/c192493-32502136.html。

需要的时间和成本等条件"。据世界银行《2020年营商环境报告》，中国的营商环境总体评价位列全球190个经济体当中的第31位，一年之内跃升了15位。中国已经连续两年跻身全球营商环境改善幅度最大的十大经济体，营商环境发展势头向好。良好的营商环境是建设现代化经济体系、促进经济高质量发展的重要基础。

从政企关系发展的脉络看，长期以来我国政府一直重视与国有企业的关系。改革开放以来，随着市场经济的推进，民营企业经历了从无到有、从小到大的发展历程，已成为推动社会主义市场经济发展的重要力量。因此，当前的政企关系不仅在于处理好政府与国企之间的关系，更要服务好民营企业。强化"亲清"政企关系、打造良好的营商环境，经济发展才能事半功倍。

随着我国政企关系法治化程度提升，营商环境建设速度加快，民营企业已经成为我国经济发展的重要支柱。党的十八届三中全会提出，公有制经济和非公有制经济都是社会主义市场经济的重要组成部分，都是我国经济社会发展的重要基础。2018年11月1日，习近平总书记在民营企业座谈会上强调"要打破各种各样的'卷帘门''玻璃门''旋转门'，在市场准入、审批许可、经营运行、招投标、军民融合等方面为民营企业打造公平竞争环境，给民营企业发展创造充足市场空间。要鼓励民营企业参与国有企业改革。要推进产业政策由差异化、选择性向普惠化、功能性转变，清理违反公平、开放、透明市场规则的政策文件，推进反垄断、反不正当竞争执法"。

然而，个别地方政府和部门在执行上级政府文件要求时对政策认识不到位，导致民营企业经营发展仍然面临许多困境，企业生存压力较大。隆德县政府在营商环境建设中暴露出许多问题：一是地方政府诚信缺失。地方政府为了解决经济发展的问题，对民营企业抛出"橄榄枝"，对招商引资到当地的民营企业随意承诺，但又因为环保督察意见对民营企业"一刀切"式关闭取缔，从而失信于民营企业。二是政企沟通协调不畅。隆德县政府在处理关停民营企业的问题时，从未坚持与企业认真协调沟通的态度，先是无理由关停，紧随其后的就是下发书面文件强制关闭取缔。即使企业主动寻求和政府沟通，也是一次又一次被政府拒绝。隆德县政府在处理与当地民营企业之间的关系上，并没有很好地为民营企业打造公平的竞争环境，也没有给民营企业发展创造充足的市场空间。

良好的营商环境为民营企业的发展带来了动力，但我们要清醒地意识到，经济发展决不能以牺牲环境为代价。隆德县政府在重视营商环境建设的过程中，也不能忽视环境保护的重要性。因此，地方政府如何掌握好二者之间的“度”是非常重要的。过分关注经济发展可能会给生态环境带来负面影响，但因为盲目保护生态环境而简单粗暴地关停企业，这种做法也会对民营企业造成不可修复的创伤。因此，在保护生态环境的同时，地方政府也要重视营商环境的优化。在营商环境建设中，政府和市场是利益共同体，任何一方都不能独善其身。营造良好的营商环境，仅依靠市场的努力是远远不够的，要更好地发挥政府的作用，政府部门应当讲诚信、守诚信，给民营企业足够的安全感。具体做法有：

（1）政府要坚持依法行政。地方政府作为公共政策的执行者，更要对自己的行政行为负责，不能利用公共权力“一刀切”随意地执行上级政府的政策，而不顾企业的生存和发展。政府必须依法行政，对企业做出的决定要依据相关法律法规，依法保护民营企业的合法权益。

（2）政府要树立诚信形象。对于地方政府来说，树立诚信形象有利于政府部门更好地发挥自身的职能，使企业更愿意积极主动与政府合作，进而形成政企共赢的局面。对于民营企业来说，政府讲诚信、守诚信、不失信于企业的态度和做法就是地方政府给民营企业的最好的安全感。

（3）政府要积极主动与企业沟通。协商沟通是解决问题最好的办法。政府要积极主动了解企业经营面临的问题，为企业排忧解难。良好的协商沟通会提高办事效率，也会促进政企之间的相互信任。

优化营商环境和保护生态环境从来都不是对立的，决不能用非此即彼的态度去处理二者之间的关系，而是要依托环境承载力，利用良好的营商环境来促进绿色发展。经济社会发展的最终目标既不是简单的财富积累，也不是一味地保护环境，而是通过协调二者之间的关系，达到人与自然和谐共处。无论是经济发展还是环境保护，最终目标都是改善民生，提升人民的获得感、幸福感和安全感。在优化营商环境和保护生态环境的过程中，地方政府既要做好服务者，又要做好监督者。一方面要了解企业所需，解决民营企业的“痛点”“难点”和“堵点”，为民营企业的发展提供便利和保障；另一方面政府要做好管理者，监督民营企业在经营发展中对环境产生的负面影响。民营企业也要认真整改存在的问题。地方政府决不能以“一刀切”的做法处理优化营商环境和保护生态环境之间存在的问题。

[参考文献]

[1]于文超，梁平汉．不确定性、营商环境与民营企业经营活力[J]．中国工业经济，2019(11)：136－154.

[2]宋林霖，何成祥．从招商引资至优化营商环境：地方政府经济职能履行方式的重大转向[J]．上海行政学院学报，2019，20(6)：100－109.

[3]刘刚，梁晗．外部性视角下营商环境的优化——基于企业需求导向的研究[J]．中国行政管理，2019(11)：52－59.

[4]倪外．有为政府、有效市场与营商环境优化研究——以上海为例[J]．上海经济研究，2019(10)：61－68.

[5]王忠明．全面改善营商环境　促进民营经济健康发展[J]．人民论坛，2019(9)：88.

[6]史苏．以政府诚信为先导优化东北民企发展环境[J]．延边大学学报(社会科学版)，2019，52(5)：64－71，141－142.

[7]魏下海，董志强，张永璟．营商制度环境为何如此重要？——来自民营企业家“内治外攘”的经验证据[J]．经济科学，2015(2)：105－116.

[8]崔凯．如何让民营企业有更多获得感[J]．人民论坛，2020(9)：

100－101.

［9］彭向刚，马冉．政企关系视域下的营商环境法治化［J］．行政论坛，2020，27（2）：91－98.

［10］张定安．深化“放管服”改革　优化营商环境［J］．中国行政管理，2020（2）：155－156.

［附录］

隆德县人民政府
关于依法关闭取缔渝河流域黏土砖厂的通告

为认真贯彻落实党的十九大和自治区十二次党代会精神，践行新发展理念，进一步加强我县生态环境保护工作，促进生态文明建设，根据《环境保护法》《矿产资源法》《安全生产法》《森林法》《水土保持法》和国务院《土地复垦条例》《河道管理条例》以及国土资源部《关于加强矿山地质环境恢复和综合治理的指导意见》（国土资发〔2016〕63号）相关精神，县人民政府决定对渝河流域非法开采的黏土砖厂予以关闭取缔。

一、关闭取缔范围及对象

渝河流域9家证照不齐，属非法开采的黏土砖厂，具体为：城关镇辖区隆德县城关镇星火建材厂、隆德县吉隆建材厂；沙塘镇辖区隆德县塘机砖厂、隆德县华泰建材厂；神林乡辖区隆德县恒达建材厂、隆德县神林乡双村建材厂；联财镇辖区隆德县联财三鑫建材厂、隆德县正荣建材厂、隆德县王恒建材厂。

二、关闭取缔时限

2018年1月19日至4月10日。

三、其他事项

1. 自通告发布之日起，各黏土砖厂全面停止非法采挖等一切破坏生态环境的生产经营活动，按规定时限自行拆除清理生产设施设备及废渣废料，并对破坏的生态环境进行恢复治理。2018 年 4 月 10 日，县人民政府将组织相关部门和乡镇对涉及黏土砖厂关闭及生态恢复治理情况进行验收。

2. 在规定时间内未完成拆除及生态治理的企业，县人民政府将依法强制拆除、恢复生态，并按照“谁损毁、谁恢复、谁复垦”的规定，拆除、治理费用由企业承担。

3. 对拒不拆除和恢复治理、违法对抗的企业，将依法追究相关法律责任。

特此通告

隆德县人民政府

2018 年 1 月 19 日

案例 7

贵州“三通”：乡村振兴新动能

摘要：党的十九大报告中提出大力实施乡村振兴战略，推进美丽农村建设。“公路通，百业兴”，农村道路建设是实现乡村振兴的基础性和先导性条件。2015 年，贵州省启动农村公路建设“三年会战”，2017 年，实现村村通沥青路、村村通客运，成为我国西部地区率先完成全省建制村道路通畅的省份。贵州大部分农村山高坡陡，村寨分散，没有高效的农村交通服务，“路通了”却依旧“不好走”。2016 年贵州省自主研发的出行服务平台——“通村村”App，是我国首个运用互联网、大数据技术，精准对接客货运需求和运输能力的服务平台，打通了农村交通“微循环”。2017 年，贵州省启动了“组组通”公路建设“三年会战”，真正打通贵州农村交通中的“毛细血管”和“最后一公里”。本案例通过回顾贵州省“村村通”“通村村”和“组组通”的发展历程，展示了贵州省如何以“三通”开启了农村四通八达的“幸福路”，成为乡村振兴的新动能，也为我国西部地区推进美丽乡村建设提供了借鉴。

关键词：“村村通”；“通村村”；“组组通”；贵州省

[案例正文]

贵州，简称“黔”或“贵”，省会贵阳，地处中国西南内陆地区腹地。贵州省是中国西南地区重要的交通枢纽，也是长江经济带重要组成部分。贵州高原山地居多，92.5%的面积为山地和丘陵。独特的地形和特殊的地理条件阻碍了贵州交通的大发展，也成为推进乡村振兴战略的绊脚石。2015年开始，贵州启动了农村公路建设“三年会战”，从“村村通”到“组组通”，打通了农村公路的“大动脉”，“通村村”App又进一步打通了农村交通的“微循环”。贵州成为我国西部地区首个实现全省建制村道路通畅的省份。建设一条公路，带动一片产业，富裕一方百姓，贵州省的“三通”连通了青山绿水和金山银山，成为乡村振兴的坚强基石，也为西部地区农村公路建设打造出“贵州样板”。

1 “村村通”：畅通“毛细血管”

“村村通”是一项在我国农村实施的公路、电力、生活和饮用水、电话网、有线电视网、互联网等基础设施建设系统工程。2015年贵州省启动“村村通”工程，旨在打通农村地区道路网，为人们的出行提供便利条件，为农村地区提供更加便捷的生活条件。

1.1 路不通，致富难

“以前整个寨子只有一条狭窄、泥泞的土路，出行基本上靠走路，极其不方便。”一位在这里土生土长的老奶奶说道。“晴天一身土，雨天一身泥”是对曾经贵州省农村地区百姓出行最朴实的描述。草海镇吕家河村的村民夏勇多年以来一直在外务工，2016年，他决定回到家乡发展，选择承包土地种植烤烟。但是，让他失望的是，村里泥泞的土路成为他创业路上的最大障碍。由于村里交通不便，他的烤烟卖不出去，短短两年的时间就让他亏损严重。夏勇仅是贵州村民的一个缩影，村子里的道路问题成为村民发家致富路上的绊脚石，当地特产、价值很高的农作物因为道路问题无法“走”出去，成为农民手中“烫手的山芋”。

1.2 道路易新貌，成效登榜首

截至2012年底，贵州省农村公路里程数为15.2万公里，其中，县乡公路总里程占全部公路的23.7%，远远低于全国平均水平。而农村客运所占比例为64%，也与全国平均水平有较大的差距。① 贵州省于2015年9月正式开启“三年会战”农村公路建设，提出道路畅通百分百、道路安全隐患治理百分百、通客运率百分百以及公路列养率百分百的“四个百分百”目标，目的是实现农村公路百分百畅通以及农村道路的全面覆盖。

自2016年起至2017年，贵州省完成改建农村公路里程高达3.61万公里，累计投资354.1亿元。其中，建设完成20146公里通村水泥路，实现乡县道路改造1536公里，拓宽窄路面公路2839公里，建设完成硬化公路11570公里。实现建制村通沥青（水泥）路的比例高达98.45%，全省有将近95.58%的村子实现了通客运，20853个行政村实现了通客运，与2016年相比，通车率增加了近3%。② 自“村村通”工程开启后，到2017年12月底，贵州省全省各个村都通了沥青路，实现了通客运。贵州省成为了西部第一个、全国第十四个在全省范围内实现“村村通”公路的省份，在道路建设上取得显著成果，改变了贵州的面貌，向百姓交了一份满意的答卷。

1.3 创新修建模式，确保质量安全

为突破常规修建方式，提高效率，也为了对完工道路进行养护，贵州省政府创新性地提出了“建养一体化”模式。该模式通过公开招标，积极引入各类社会资金，将道路建设的相关项目交给相关企业来完成，并负责未来5年的道路养护问题。政府根据公路建设及养护的评估标准，支付相关费用，待5年服务期满后，企业将公路交还给政府。在公路的3年建设期间，共投入资金400亿元，建设公路5万多公里。贵州省通过“建养一体化”模式，保障了农村道路安全、高效运行。

为了确保所修建的每条公路都是便民路，以及实现脱贫致富的目标，贵州省开始在2016年实施“品质工程”项目。以德江县玉水街安家渡至

---

① 资料来源：http://news.gog.cn/system/2017/07/03/015852784.shtml。

② 资料来源：http://toutiao.manqian.cn/wz_bAcqraWfVQh.html。

建设坡村的公路为例，这里的公路干净整洁、路况优良而且平坦宽阔。为了保证所有的公路都能达到这种标准和确保公路建设的质量，德江县交通局抽调相关人员建成质量监督站。质量监督站的主要工作就是负责公路质量的监督，对公路工程建设的各个环节和程序严格把控，如果发现不符合标准或者违规的行为，坚决要求其返工重建，直到符合标准才能交工。据了解，2017 年，德江县进行监督巡察 80 次，完成监督任务 45 次，发现问题并下达整改通知书 1 次，在这一年中没有重大质量问题发生。

1.4 交通畅，生活好

“村村通”工程实施以来，农村道路网更加完善，村子的面貌也焕然一新，村民的生活变得更加便捷。以前因为道路问题种植烤烟亏本的村民夏勇，也抓住了机会，他在原有承包土地的基础上又承包了 160 亩土地，2018 年吕家河村实现了公路畅通，夏勇的烤烟也终于通过新建公路“走”出了大山。

随着“村村通”工程的不断推进，像吕家河村一样被道路问题阻碍发展的其他村庄也开始纷纷踏上了致富路。2017 年，随着道路的畅通，借魁村也迎来了产业发展的春天。村民罗锦宏以前靠外出打工为生，自从村子里的公路通了之后，他开始留在村里从事蔬菜园的管理工作。该村不仅在新流转来的 160 亩土地上建立蔬菜大棚，还种植了 500 亩的辣椒，并成立了建林种养殖合作社。路通了，可以在短时间内将村子里的蔬菜运输出去，人们的生活水平有了很大的提高。产业随着公路走，枇杷村自从“村村通”工程建成后，宽阔平坦的大路直通“神采八卦迷园”景区，枇杷村依托便利的交通条件促进了旅游产业的发展。目前公路沿线开通的旅游产业企业已经超过 70 家，实现经济收入增长 7000 万元。①

现阶段，贵州省的交通建设处于领先地位。在公路建设上，贵州省成为西部地区第一个县县通高速公路、村村通水泥路的省份。建设完成高速公路总里程 5800 公里，全省公路建设完工 18 万公里。在水运上，建设完

① 资料来源:https://baijiahao.baidu.com/s?id=1597317749561619561&wfr=spider&for=pc。

成内河航道共计3664公里，其中包括四级航道852公里。① 这些都为地方经济的发展奠定了坚实的基础。道路畅通了，许多隐藏在大山深处的美景被开发出来，景区的开发也带动了一系列产业的发展。建设一条公路，带动一片产业，富裕一方百姓，“村村通”工程提升了百姓幸福感和获得感（见图7-1）。

图7-1 贵州农村新面貌

资料来源：https：//www. sohu. com/a/193859513_ 683662。

2 “通村村”：接通千家万寨

贵州省是率先在西部地区实现村村通公路、村村通客运的省份，“双通”的落实基本解决了出行难的问题。但是由于贵州地区山高坡陡，村寨分散，没有高效的农村交通服务，“路通了”却依旧“不好走”。随着贵州省道路、客运“双通”的实现，摆在人们面前的现实问题也越来越突出。在农村地区常常出现这样的场景：村民出门只能等待过往的车辆或者搭乘黑车。正规班车与群众出行时间存在一定的时间差，群众出行时往往坐不上正规班车。一位客运公司的总经理说，从乡镇到村里的班车即使没有多少人坐也要正常发车。这导致七成以上的路线处于亏损的状态，随着效益越来越差，很多路线的发车车次减少，最终导致群众等车的时间过长，所

① 资料来源：http://www. sohu. com/a/243366550_157267。

以大家更愿意乘黑车出行。在货物运输上同样存在着很大的问题，贵州省地理位置特殊、气候适宜，具有丰富的特产，但是由于交通、货运不畅，大部分特产销售受阻，严重影响了当地农村经济的发展。

2.1 “通村村”App，提升出行软实力

为了解决居民在出行中遇到的问题，贵州省交通运输厅自主研发，开发出了将大数据技术与互联网技术相结合的平台——“通村村”App。该项目于2016年5月立项启动，并将雷山县作为试点工作。通过一年多的调研与开发，平台最终于2017年7月正式运行。“通村村”是一个集出行打车、包车、物流线路查询以及公交查询、定制班车等各项便民服务于一体的多功能服务平台，该平台开发的初衷是利用大数据及互联网技术研发出来的智慧交通系统来解决客运、货运需求和运输能力难以整合匹配的问题。经过一年多的探索和实践，“通村村”平台得到发展，将各类乡村客运、货运、出行以及物流等相关服务进行整合。在此基础上，为群众提供相应的出行服务及物流服务，如班车、网约车、公交车以及电商物流、农村货运等。人们可根据自己日常所需选择相应的服务，以实现出行效率的提升以及其他便民服务的获取。

“通村村”平台，将人、货、车三者进行统一调度，解决人、货、车之间供需不匹配的问题。通过对三者的统一调配，提高货物运输与居民出行的效率，同时也降低了客车的运行成本。另外，该平台提供的物流服务打通了农村物流的“最后一公里”，让更多的居民实现了足不出户便可进行交易的愿望。物流服务功能的开发，也使贵州省一些特色产品能够远销全国各地，为电商下乡以及黔货出行提供了保障，为交通脱贫攻坚提供了新的模式。截至2019年5月，贵州省已经在88个县（市）完成了“通村村”调度中心的建设，并建设完成村级服务站3000余个，让接近40万人的农村群众获得了服务。[①]

---

① 资料来源：https://baijiahao.baidu.com/s?id=1634487263599758540&wfr=spider&for=pc。

2.2 通村“运”“行”，兴利除弊

2.2.1 “滴滴出行”服务农民

以前人们出行只能搭乘过往的顺路班车，车到站的具体时间不确定，有时出一次门需要等两三个小时的车。但是现在不同了，通过“通村村”平台可以提前查询车辆动向，预约乘车。

杨武是雷山县郎德上寨的村民，在出门前，他通过手机查询车辆信息，预约乘车后，去村口的招呼站等待。没过多久，他便坐上了去往目的地的客车。雷山县运输管理局局长杨胜刚介绍，每当孩子们放假的时候，老师们会用App里面的“定制校园班车”功能下单，然后将同一所小学的学生安排在同一辆车上，并由老师统计好乘车人数，以保证每人都能有座位。客车会按照事先预定好的时间准时停靠在客运站点，以保证学生可以准时回家。不仅如此，通过App还可以清楚地看到校园班车的驾驶员是谁、车辆状况如何以及车辆实时行使的状况。在该平台上实现的是多方共赢，学生的安全得到了保障、家长节省了接送孩子的时间，同时客车也有了稳定的客源，农村客运企业的收入有了保障。更重要的是，农村居民的出行效率大大提高，真正实现了在农村地区使用网约车（见图7-2）。另外，该平台逐渐与各个旅游景点、景区以及传统村落等进行合作，让游客

图7-2 学生放假乘“通村村”客车回家

资料来源：http：//www.gz.xinhuanet.com/2019-05/25/c_1124540555_4.htm。

们下了飞机或者高铁就可以通过该平台约车，直接到达要去的目的地。

2.2.2 “滴滴物流”服务乡村

“通村村”平台中的物流服务为黔货出山以及电商下乡提供了技术支持，居住在农村的群众不仅可以体验到电商物流带来的便捷服务，还可以将当地特色农产品远销出去，增加收入。“通村村”平台的线下服务机构——村级服务站，为当地居民提供了物流、电商等一站式服务，让居民无须出行便可实现交易。另外，村级服务站让更多的居民参与进来，实行自主经营管理。在将各类特色产品销售出去的同时，也提供了相应的就业岗位。

“通村村”平台提供物流快递的存取服务。陈勤是雷山县连城村的村民，他擅长制作各类民族手工艺品。据他介绍，通过“通村村”App，直接在手机上下单，用不了多少时间就会有人来家里取件，不再需要自己亲自去邮寄。他的手工艺品通过“通村村”平台可以送到县城里开网店的朋友那里售卖，不仅提高了效率，而且节约了成本。在以前物流、交通不发达的时候，他只能通过班车运送产品，耗时长、效率低，严重影响了销量。

“通村村”平台提供批量农产品运输包车服务，使得大量特色农产品得以走出乡村，为乡村经济发展注入活力。除此之外，平台还与村级服务点、电商企业等构建了一个完善的农产品销售协作模式，由村级服务点进行收集并实现规范化包装、“通村村”平台进行物流运输，最终由电商企业进行售卖，这种协商合作模式切实解决了农产品进城难、出省难的问题。

近年来，贵州省的旅游周转量、货物运输量一直保持增长的趋势，这得益于以“通村村”平台为代表的运输服务业的转型升级。平台将人、货以及车进行统一的协调调配，在便利居民出行、节约出行时间以及降低客运成本的同时，打通：农村物流“最后一公里”，极大地促进了特色农产品的发展，为乡村经济的振兴以及交通脱贫提供了新的发展模式。

2.3 智慧执法，安全畅行

“通村村”平台通过与省道路交通安全平台、运政系统以及联网联控系统数据资源进行整合融汇，加强了对客运车辆以及安全员的安全监控，及时预警、处置，在消除农村客运安全隐患上取得了丰硕的成果。该平台通过将各个职能监管部门的数据进行整合，打破各个职能部门信息资源的壁垒，推进了交通安全与企业安全监管部门的主体责任有效落实。通过“通村村”平台可将传统的执法方式向数字化方向转变，同时，交通运输部门利用平台加强对农村客运市场运营分析、安全隐患排查等相关问题的管理；公安交警部门通过平台加强对农村客运运行过程的监管，及时发现与处理各种违法行为；应急管理部门利用平台推进农村客运事前预防、事中监督以及事后惩处等相关工作的开展，以保障农村客运安全。雷山县采取“生命防护工程 + 公路安全防护 + 全民共治”的管理体系，取得了显著成效，自 2015 年生命防护以及公路防护两大工程建设以来，道路安全问题得到很大改善，事故发生率以及死亡人数大幅下降。

“通村村”平台在改变农村居民出行方式的同时，也改变了部分职能部门的执法方式，使相关职能部门突破传统执法方式，采用大数据分析方式实时监管农村客运安全问题，在提高监管效率的同时，大大节约了人力、物力及财力。

2.4 打造农村出行“贵州样板”

“通村村”平台以便民惠民服务为宗旨，利用贵州省便捷的交通，以互联网、大数据技术为依托构建致力于服务乡村的交通运输服务网，改善人们出行、货运、物流等运输问题，激发乡村活力。该平台是首个解决农村出行、货运难等相关问题的互联网应用平台，其通过整合各类资源，搭建一张农村出行、运输便民网，为农村居民提供各类网约车、包车物流运输、农村货运等高效、便捷的服务。现今，“通村村”农村出行服务平台已经建设完成 8600 多个村级服务站点，初步形成以 1 个省级中心、9 个市州与88个县级行政区以及N个村级服务点为基础的“1+9+88+N”的物流服务以及农村出行网络新格局。自2016年开始在雷山县开启试点工作以来，通过逐步推广，“通村村”平台于2018年8月实现了贵州省县县覆盖。到2019年底，已有757家客运公司在该平台进行注册，拥有客运车辆6万多辆、货运车辆3076辆以及驾驶员6万余人，累计服务人数超过1000万人。[①]

“通村村”平台运用大数据及互联网技术，精准定位、实时共享农村的客货运需求，并依托系统平台和服务站点构建完整的客运服务网，其宗旨是满足农村居民多样化、个性化需求。群众可以根据自己的需求选择相应的服务，具体包括包车、网约车、线路查询以及快递物流、货物运输等。“通村村”平台应用以来，对人们的生活产生了巨大的影响。在雷山县、盘州市等地，仅包车业务单月运输量就已经超过了1.5万次，每个县平均叫车人数超过5000人。群众的候车时间也大大缩短，由原来的平均2个多小时减少到现在的30分钟。客运车辆的运载率也大大提升，由平台上线前的56%增长到现在的80%。[②]与此同时，贵州省交通运输部门为了实现商业上的突破与发展，积极寻求与其他部门的合作，包括与保险公司、维修企业、金融机构等的合作，在实现“通村行”“通村运”的基础上，更好地服务于“通村买”“通村卖”“通村游”，促进农产品的开发与销售，构建完善的农村便民服务网络。该服务网络的建成大大提高了贵州省农村货物运输的效率以及特色农产品的销售产量。现阶段，物流业务的日均单量已经达到2000单，配送时间也由原来的3~5天缩减到现在的1天，平均配送成本也大大降低，由原来的5~10元减少到现在的2元。[③]

“通村村”平台，是贵州省率先在交通领域运用大数据技术的应用，

---

① 资料来源：http://m.ce.cn/bwzg/202001/14/t20200114_34114323.shtml。

② 资料来源：http://www.chinacoop.gov.cn/news.html? aid=756408。

③ 资料来源：http://m.ce.cn/bwzg/202001/14/t20200114_34114323.shtml。

不仅体现了贵州省在大数据运用上的先进性，也体现了贵州省政府对交通领域的重视。在该平台应用期间，贵州省农村面貌发生了翻天覆地的变化。雷山县试点工作的顺利开展，也为全省提供了经验借鉴。同时，贵州省在交通领域取得的成就也为全国其他地区提供了“贵州样板”，“通村村”平台正在向全国推广（见图7－3）。

图7－3　工作人员向来访人员介绍“通村村”农村客运服务平台

资料来源：http：//www.xinhuanet.com/photo/2019－05/24/c_ 1210143359_ 4.htm。

3　“组组通”：打通“最后一公里”

3.1　公路延伸到组

2017年，在山西太原召开的贫困地区脱贫攻坚座谈会中，习近平总书记提出，交通建设侧重点放在进村入户上，让公路通到家门口。贵州省政府为了贯彻落实习近平总书记的相关要求以及更好地发挥交通建设在脱贫攻坚中的作用，切实提高居民生活的幸福感，决定从2017年8月开始在全省范围内实施农村“组组通”公路建设“三年会战”，并制定实施相关方案。方案规定，实施“组组通”公路建设的村民组需要达到每组具有30户以上的标准。“组组通”工程建设初期对3.91万个达到标准的居民组进行规划，通组公路建设达到9.7万公里。

截至2019年6月，“组组通”工程建设资金累计投入459.12亿元，成功建设完成7.87万公里的公路，顺利实现30户以上居民组全部通硬化路，数量为3.99万条。工程受益人数达到1166万人，带动了当地5亿余亩土地的农业产业发展，并新增农业用车38万余辆。与此同时，旅游经济得到飞速提升，乡村旅游村寨建设数量超过3000个。[①]“组组通”项目实施后，贵州省农村地区通组硬化路得到了很大的改善，有效地解决了人们出行难的问题。因为道路通畅、运输便利，人们的生活有了很大的改善，创业致富的积极性大大提高；同时，该项目也促进了贵州省农村地区的经济结构调整，有效带动了农村特色产业的快速发展。以贵州省长顺县营盘村为例，过去营盘村没有通组公路，村民发展产业有心无力，主要靠种土豆、玉米来获取微薄收入。如今新修的“组组通”公路一直延伸到营盘村屯上二组，打通了当地农产品的出山之路。

3.2 聚力“组组通”，实现“交通+”

随着一条条硬化公路的畅通，村子的面貌发生了巨大的变化。一辆辆客车、货车开进了村庄、走进了山区。居民出行条件得到了较大的改善，山区的货物、资源也可以顺利运出，加快了农村地区科技、种植、养殖业的发展以及电商平台的建设。盘州市在建设“组组通”工程中，将公路建设与乡村振兴以及旅游发展相融合，以“交通+”的创新模式让产业发展跟随公路建设的步伐，以公路建设带动产业发展。

“交通+农业”模式。按照“规划变项目，项目变计划，计划变目标”的要求，加快推进产业路建设。借力农村“组组通”硬化路，娘娘山、沙淤等11个农业产业园区发展蒸蒸日上，刺梨、茶叶以及软籽石榴等大约132万亩的农业产业因为硬化路的建设而兴起。不仅如此，各种特色产品也开始走向山村，如盘县火腿、民族服饰等。

“交通+旅游”模式。依托当地丰富的自然景观，打造观光旅游公路。

---

① 资料来源：http://gz.people.com.cn/n2/2019/0702/c364662-33100149.html。

现在的盘州市已经形成了集城市公交、农村客运、站场枢纽以及云平台于一体的综合服务运输系统，建成农村客运站25个，开通客运班线101条，为当地农村居民出行以及游客换乘提供了便利的条件。淤泥岩博村、盘关贾西村等50多个特色鲜明的旅游景点，实现了与主要交通道路的连接，使周边10661户35272人享受到旅游经济的红利。因为交通的畅通以及当地特色旅游景点，盘州市于2019年成为国家全域旅游示范区。①

“交通+扶贫”模式。为农村居民增收提供保障。“组组通”工程的建设注重在建、养、管、运等各个环节吸纳农村贫困劳动力，通过提供就业岗位助力脱贫攻坚。其中，扶贫领域硬化路的建设也为此做出了巨大的贡献。首先，公路建设会提供大量的就业岗位，据统计，在“组组通”公路建设过程中，参与建设项目的贫困人数达到1.5万余人，平均每户增收了6000元。其次，在公路建设完成后的养护上，通过“公路养护+精准扶贫”的模式为助力脱贫攻坚贡献一份力量；在公路养护上，投资资金数量达到1108万元，带动了近2000户贫困家庭实现年均增收5000元。到2018年，盘州市已经从国家贫困县行列中退出。②

3.3 “组组通”，四通八达“幸福路”

贵州省“村组双通”工程实施后，农村道路延伸到家家户户的大门口，公路畅通率全面提升。农村“组组通”工程的建设完成，一方面解决了群众出行难、发展难的问题，另一方面也促进农村群众大力发展产业，推动农村经济的高质量发展。2018年建成通组硬化路5.25万公里，除毕节市外，其他州、市全部实现30户以上村民组通硬化路，全省30户以上村民组畅通率提升至98.6%。③“组组通”工程自2017年启动，截至2019年3月累计建成农村“组组通”硬化路7.77万公里，惠及近4万个自然

① 资料来源：http://www.chinahighway.com/article/65380291.html。
② 资料来源：http://www.gs-highway.com/ArticleShow.aspx? ArticleID=87705&ClassID=23。
③ 资料来源：http://www.sohu.com/a/290071259_366929。

村寨的上千万群众。[1] 由“村村通”工程到“组组通”工程，农村道路网愈加完善，打通了农村道路的“最后一公里”，使条条公路延伸到农户家门口。路通了，产业发展了，人们的生活水平提高了，居民生活幸福感越来越强。公路的建设发展，使贵州省大部分地区的经济发展水平得到很大的提高，并形成了以公路为核心的促进产业崛起以及旅游振兴的“产业路、致富路、景观路、旅游路”。

随着乡村公路不断延伸，农民“出门硬化路、抬脚上客车”正在变为现实，“四好农村路”让农村更强、农民更富、乡村更美。

4 结语:“三通”——打通乡村振兴“大动脉”

短短几年里，贵州省在交通领域取得的成绩是有目共睹的。从“村村通”到“组组通”再到“通村村”，“通”字诀彻底改变了贵州省农村的面貌，泥泞的土路变成了平坦的水泥路。村村通水泥路、村村通客运的“双通”目标早已实现。为使农村居民在“双通”的基础上享受更加高效的出行效率、运货效率，贵州省交通厅自主研发农村版“滴滴”——“通村村”平台。人们可以根据自己的需求随时预约出行，享受更加方便快捷的服务，同时该平台使农村地区的货物运输不再是难题，畅通了货物运输服务网。贵州省的农村版“滴滴出行”为全国农村公路建设打造了“贵州样板”。

公路通、产业兴，贵州省自公路畅通率达到100%后，农村居民的生活发生了巨大的改变。随着农村公路交通网的愈加完善，贵州省农村地区的面貌以及地理格局正在发生深刻的变化，条条大路成为广大农村群众实现乡村振兴，打赢脱贫攻坚战，奔向幸福生活的小康路、“幸福路”。

---

① 资料来源:http://www.sohu.com/a/301431646_785355。

[案例思考题]

（1）贵州省“村村通”工程的特色在哪里？对全国其他地区“智慧出行”有什么样的借鉴意义？

（2）“通”字诀使贵州省发生了怎样的变化？在这个过程中，政府扮演着什么样的角色？

（3）你认为未来“村村通”工程还应该朝什么方向发展？

[案例评析]

农村公路建设直接影响农村地区经济社会发展水平。在我国广大农村地区，公路交通建设相对落后，难以满足农村地区经济社会发展、农业产业结构调整以及农民生活水平提高的需求。“村村通”工程是一项系统工程，主要包括公路、电力、生活和饮用水、电话网、互联网以及有线电视网等基础设施建设。“村村通”工程的实施，有效解决了农村交通基础设施建设滞后、经济发展水平落后的问题。通村公路对促进农业转型升级、推动农村经济发展以及实现农村居民致富奔小康具有重要的意义。

2013年11月，习近平总书记到湖南湘西考察时首次作出了“实事求是、因地制宜、分类指导、精准扶贫”的重要指示。在打赢脱贫攻坚战的关键时期，如何降低农村地区的贫困率，提升农村居民生活幸福感是各级政府面临的难题。贵州省特殊的地理因素使农村交通成为脱贫攻坚的重大阻碍。贵州省通过实施“村村通”“通村村”“组组通”系列工程，在通村、通组公路的建设上取得了显著的成就，为贵州省实现农村地区经济发展模式的转型升级以及打赢脱贫攻坚战创造了条件。“通村村”平台的开发利用实现了以交通运输为枢纽，依托互联网、大数据连接千家万户，构建覆盖农村的交通运输信息服务网络，实现了从村到户再到人的精准扶贫新举措；利用自身的资源优势开启“交通＋旅游”“交通＋电商”以及“交通＋物流”等新的经济发展模式，在便捷农村居民出行的同时积极服务乡村生活，进一步激发乡村经济活力。

贵州省自2015年9月开启农村通村公路建设“三年会战”以来，在通村公路建设完成的基础上，进一步利用互联网优势，打造农村“智慧出行”；以大数据、互联网等技术手段为核心，精准对接农村客运需求和社会运输能力，通过系统平台和服务点建设，最终打造出一个以“交通运输+农村生活”为特色的新农村生活服务平台。其基本特色主要体现在：其一，首个以农村出行、运输为服务对象的平台；其二，运用大数据、互联网技术集居民出行、货物运输、实时查询于一体的新农村综合服务平台；其三，将农村物流、快递纳入其中并为黔货出山、电商下乡提供了便利的全新平台。

由“村村通”到“通村村”再到“组组通”，“三通”工程的建设完成，彻底改变了贵州省农村的落后面貌。居民出行方式发生了翻天覆地的变化，生活水平显著改善，脱贫攻坚取得明显成效。“三通”为贵州省脱贫攻坚、乡村振兴战略提供了坚实的交通运输支撑，有效解决了乡村地区经济社会发展不平衡的问题，实现了广大农村群众对美好生活的向往。贵州省“三通”建设的成功经验主要表现在以下几个方面：

第一，政府大力扶持是关键。贵州省“三通”工程建设离不开贵州省政府在政策、资金、技术上的大力扶持。在政策引导方面，贵州省响应国家号召，积极制定相关政策并明确道路建设目标，依据农村交通状况打造农村公路网；在资金保障方面，仅2016年累计投资就高达345亿元，为通村公路建设提供了充足的资金；在技术方面，通村公路建设完成后，为解决居民出行效率低、运货难等相关问题，贵州省交通运输厅自行研发“通村村”平台，并积极与各个客运公司、旅游景点达成合作，共同助力贵州省农村经济发展。

第二，充分利用信息技术。在互联网高速发展的大背景下，信息技术在各个领域的应用不断深化。贵州省充分利用大数据、互联网等信息技术打造特色“通村村”平台，为贵州省实现智慧出行、智慧物流提供了技术支撑。“通村村”项目已经被交通运输部列为开展农村客运智能化应用的示范项目，开始在全国范围内推广。运用现代信息技术打造的智慧交通调度系统，也在交通运输领域得到广泛应用。

第三，多主体协同共治。多元治理理论主张治理主体的多元化，除了政府这一主体外，还包括市场主体和社会主体，即包括企业、公民个人以及相关民间组织等。贵州省为提高公路建成养护率，采取“建养一体化”模式，通过公开招标的方式积极引入各类社会资本，让社会资本或者相关企业参与到公路建设及养护中来，形成共建共治共享的良好格局。

第四，实施“交通+”创新模式。产业突破原有发展模式，积极探寻新的发展路径，实现转型升级是一个产业得以生存和发展的必由之路。随着经济社会的发展，农村产业需要在发展中不断创新。贵州省在通村公路建成之前，农村产业发展模式单一，以种植业为主。随着通村、通组公路的建成以及“通村村”平台的出现，使贵州省实现了交通与农业、扶贫、旅游等相关产业融合发展，进而带动经济快速发展。

[参考文献]

[1]罗亮亮.“通村村”App让山不再“高” 路不再“远”[J]. 当代贵州，2018(31):40-41.

[2]文桂芳.“组组通”助发展 “通村村”破难题[J]. 当代贵州,2019(3):26-27.

[3]陆丹,李唯睿.“通村村”让乡亲共享智能生活[J]. 当代贵州,2019(20):80.

[4]王红梅. 村村通百姓的贴心路[N]. 天水日报,2012-11-04(1).

[5]刘彦杰,邓宪彬. 实施“村村通”公路建设的实践与思考[J]. 交通标准化,2010(14):107-109.

案例 8

发挥“文化 +”裂变效应，助力新疆文化产业蓬勃发展

摘要：新疆维吾尔自治区位于我国西北边陲，亚欧大陆中心位置，自古以来就是中西方交流的重要通道。新疆维吾尔自治区有着悠久的历史，是我国五个少数民族自治区之一，各民族独特的文化在历史的长河中不断发展演变，并与中原文化、西方文化交融碰撞，形成了独具特色的新疆民族文化，并融入灿烂的中华文明中，成为中华文明的重要组成部分。丰富的文化资源是新疆文化产业发展的重要基石，本案例展示新疆悠久的历史和丰富的文化资源，以及政府通过政策、资金、人才等“红利”的叠加，实现“文化 +”的裂变效应，“文化 + 创意”助力传统文化转型升级，“文化 + 旅游”助推文旅兴疆。“文化 +”模式助力文化产业成为新疆经济发展的新引擎，也对传承民族文化、增强民族文化自信和文化自强产生了积极影响。

关键词：文化产业；文化创意；旅游发展；新疆

[案例正文]

新疆维吾尔自治区位于中国西北边陲，欧亚大陆腹地，是中国陆地面积最大的省级行政区。新疆维吾尔自治区是一个多民族、多文化的汇聚之地，现有 56 个民族，各民族在历史的长河中不断发展碰撞，形成了悠久灿烂、丰富多彩的文化资源。

充分挖掘新疆地区丰富而独特的历史文化资源既是传承新疆悠久历史文化的重要途径，也是促进新疆经济发展的新引擎，具有重要意义。近年来，新疆政府通过政策、资金、技术以及人才给予文化企业帮扶，促进文化产业蓬勃发展。新疆是如何通过“文化+”模式，引燃了文化的裂变效应的？

1 新疆文化资源丰富

1.1 独特的区域优势

新疆维吾尔自治区位于亚欧大陆中心位置，是我国面积最大、邻国最多的省份。自治区北接蒙古、俄罗斯，西邻哈萨克斯坦、塔吉克斯坦、阿富汗，南连巴基斯坦、印度，边境线总长5600公里，约占全国陆地边境总长度的1/4，有28个对外开放口岸，具有重要的区域资源优势。新疆地区自古以来就是亚欧大陆商贸往来重地和中外物流大通道。

新疆不仅具有地理优势，还有大漠戈壁、高山雪峰、草原牧场等得天独厚的自然景观。为了适应新疆地区独特的气候、地理环境，新疆各族人民在长期的发展中逐渐形成了特殊的生产生活方式及文化习俗。地理优势、自然景观以及民俗文化共同铸就了新疆悠久灿烂、丰富多彩的历史文化，是文化产业发展的重要基石。

1.2 多民族文化共存

新疆地区自古以来就是中国向西开放的门户，是中西方文化交流的重要枢纽，也是各民族文化的汇聚地。作为古代丝绸之路重要的交通要道，各类文化在这里交融碰撞，形成了独具新疆民族特色的优秀历史文化，为世人留下了珍贵的文化财富。中亚文化、波斯文化、印度文化、古希腊罗马文化以及中原文化在这里融合碰撞，对后世产生了深远的影响。新疆地区是多民族聚居区，各个民族共同生活在新疆这片沃土上。不同民族的文化传统、风俗习惯为新疆文化注入了生命力；不同的民族观念、生活方式使得新疆文化更加异彩纷呈。独特的宗教文化、民族文化深深渗透在新疆各民族民间传统文化中。新疆维吾尔自治区具有鲜明的民族文化特色，如柯尔克孜族的约隆歌是民间礼仪歌的一个种类，维吾尔族麦西热甫属于歌舞类艺术形式，哈萨克族阿依特斯是一种竞技式的对唱表演形式。多种多样的文化形式作为跨民族、跨文化、跨区域的民俗文化活动，经过历史长河的洗礼，逐渐发展成今天具有鲜明特色的民族文化，也成为国家级非物质文化遗产的代表。

1.3 丰富的历史古迹遗址资源

新疆地区悠久、独特的历史文化不仅是各类文明相互交汇的结果，更与其丰富的历史遗迹资源密不可分。楼兰文化、尼雅文化、乌孙文化、阿尔泰草原文化、绿洲文化以及各个民族的历史起源都在新疆文化中发挥着不可替代的作用。交河故城、克孜尔石窟、柏孜克里克千佛洞、阿斯塔纳古墓群、哈密王府、苏巴什古寺、玉素甫·哈斯哈吉甫墓、尼雅古城、楼兰古城、伊犁将军府等丰富的历史遗迹更为新疆蒙上了一层神秘的面纱（见图 8－1）。

图 8－1 楼兰古城历史遗迹

资料来源：http：//image. baidu. com/search/index？ tn。

截至 2017 年，新疆维吾尔自治区有世界文化遗产 6 处。政府对高昌故城遗址、北庭故城遗址、惠远新老古城遗址等一大批文物古迹进行修缮保护，抢救性保护修复3000余件珍贵文物；喀什艾提尕尔清真寺、昭苏圣佑庙、克孜尔千佛洞等百余处宗教文化古迹被列入全国重点文物保护单位和自治区级文物保护单位；此外，新疆民丰尼雅遗址、若羌小河墓地、吉木乃通天洞遗址等8项考古发掘项目先后被列入全国十大考古新发现。这些历史遗迹及历史文化资源不仅是历史文明的积淀，更是人与自然和谐发展的标志。

2 “红利”叠加，发挥文化的裂变效应

2.1 政策支持

近年来，新疆维吾尔自治区致力于挖掘文化资源，打造一批文化产业，促进民族文化的传播与传承。新疆特色文化产业的繁荣发展，与政府相关政策的扶持分不开。新疆工艺美术协会副会长单秀梅说，国家艺术基金给予新疆特色文创产业很大的支持。2017年6月底，单秀梅的“新疆绣塑布偶创作人才培养”项目成功入选国家艺术基金2017年度资助项目。自治区也通过出台一系列文化产业扶持政策和管理办法，如《新疆维吾尔自治区文化产业示范基地管理办法》《新疆维吾尔自治区文化产业发展专项规划（2016—2020年）》等政策文件，不断激发市场活力，助推文化企业繁荣发展。

“文化+旅游”是依托新疆地区悠久而又丰富的文化资源以及自然资源，在发展旅游业的同时，使其与文化深度融合，打造以文化为依托的特色旅游业。在获得旅游业发展的同时，将各类文化资源更好地推广出去，让越来越多的人了解新疆地区的历史文化。首先，在政策上，新疆维吾尔自治区先后出台了《自治区党委、自治区人民政府关于进一步加快旅游业发展的意见》《新疆维吾尔自治区乡村旅游促进办法》等一系列重要文件。其次，自治区大力引进知名旅游企业品牌，让更多的社会资金、大型企业和集团加入旅游产业的发展中。再次，自治区进一步完善企业并购、重组

以及资金的进入和退出等相关机制。最后，自治区致力于创建一个良好的营商环境，在税收、电价、降成本等方面做出调整，进一步降低各类资本的投入成本，从而提高招商引资的吸引力。

2.2 资金保障

文化产业的发展离不开资金的支持。近年来，新疆维吾尔自治区一直加大文化产业的资金扶持力度，文化产业固定投资额由 2016 年的 104.39 亿元增加到了 2017 年的 164.09 亿元，增长比例达到 57.2%。①

此外，新疆维吾尔自治区积极采取措施扩大文化产业规模，主要包括以下三个方面：首先，扩大文化产业的融资规模。新疆文化产业的投资呈迅猛发展趋势，2015 年投资比 2014 年增长近 80%，比 2012 年增长 225% 左右。2017 年的社会固定资产投资中，文化类项目达到了 8 个，投资金额近 130 亿元。其次，加大与商业银行的合作力度，在贷款、融资上为文化产业的发展提供便捷的途径。最后，积极争取中央的财政支持。2013 年，中央对新疆文化发展资助资金总额为 6400 万元，到 2017 年，已经达到了 7044 万元。自治区政府采取各类有效措施，为文化产业的发展提供资金上的支持，为文化与旅游的融合发展奠定了坚实的后盾。②

2.3 人才培养

人才是产业发展的核心。在“文化+”产业发展过程中，专业人才的短缺是巨大障碍。为解决专业人才缺乏的问题，新疆地区通过“文化产业对口援疆”吸引专业人才，为文化产业的发展奠定人才基础。企业则通过自主培养的方式为文化产业发展提供文化产业运营管理、专业技术方面的人才。新疆维吾尔自治区政府在制定引进优秀人才的措施促进文化产业发展的同时，也提供了较多的就业岗位，二者相辅相成。2015 年文化产业就

---

① 阿西古·阿布都外力，田晓霞. 新疆文旅融合发展研究[J]. 旅游纵览（下半月），2019（8）：110-111.

② 李坤，杨晓东. 新疆文化产业特色化发展的经验、挑战及建议[J]. 中国经济报告，2018（8）：102-104.

业人员是2010年的6倍左右，就业人数高达22万人。其中，文化产业就业人数占就业总人数的2%左右，比2010年增加了近1.5%。①

3 “文化+创意”，助力文化产业转型升级

新疆维吾尔自治区拥有丰富的历史文化资源，大力发展文化产业、促进文化产业与其他产业的融合是近年来政府一直努力的方向。新疆通过产业融合发展的方式，促进产业的转型升级，进一步将独特的文化资源向外推广，实现文化的传承与保护以及经济的发展。“文化+创意”将传统文化产业进一步创新、深化，并与其他产业进行深度融合，实现了民族文化的传承与发展，促进了传统文化产业的转型升级。

3.1 文创产品，让千年文化“活”起来

新疆维吾尔自治区的文创产品形式多样，哈密刺绣制品、可可托海的夫妻树、矿工形象的摆件、石河子市的军垦娃娃系列文创产品都备受好评。带有吐鲁番文化元素的手绘钱包、馕图案的靠枕、葫芦雕刻、民族乐器手工艺品以及以吐鲁番高昌故城为主体开发的各类文创产品陈列在当地的文创商店中。近年来，新疆地区对文创产品的开发越来越多地向民众贴近，努力使其成为民众生活的一部分。“高昌王和王后”系列产品就是鲜明的例子，该文创产品是以位于吐鲁番市内的柏孜克里克石窟壁画里的“高昌王和王后”两位贵族为素材，开发出钥匙扣、冰箱贴以及毛绒玩具等，因其深厚的历史背景故事、新颖的创意和小巧可爱的形象而广受欢迎。新疆维吾尔自治区是全国“非遗大区”，很多非遗项目通过文创产品推广，走进更多人的视野。另外，随着新疆地区旅游兴疆战略的实施，越来越多的游客前往新疆，使以文创产品为载体的新疆民族文化有了“走出去”的发展契机。

---

① 李坤，杨晓东．新疆文化产业特色化发展的经验、挑战及建议[J]．中国经济报告，2018(8)：102－104.

随着越来越多文创产品走向世界，越来越多的人开始从事与文创产品相关的工作，越来越多的人摆脱贫困，走向致富路。利用文化开发文创产品，不仅提升了新疆地区的旅游魅力，还传播了新疆维吾尔自治区悠久的历史文化，更带动了当地文化产业的发展。

3.2 文化产业园，打造文化景观新地标

文化产业园是通过文化构建旅游业的新业态，改变了传统旅游业主打自然景观的模式。将各类不同的文化从聚集到融合再到裂变最后发展成为独树一帜的文化产业园，使文化在旅游产业发展中扮演重要角色，发挥出文化的领军作用。如今，文化产业园已经发展成为一种地标式建筑，成为万千游客来到新疆地区旅游必须“打卡”的地方，大大促进了新疆文化产业的转型升级，同时也带动了当地经济的发展。

3.2.1 乌鲁木齐的“798”——7坊街创意产业集聚区

新疆7坊街创意产业集聚区是新疆地区首座文化创意产业园区，是由乌鲁木齐市委宣传部指导，乌鲁木齐市水磨沟区委、区政府立项并统筹规划的。园区总占地面积达1.2万平方米，园区内设有美术馆、画廊、动漫基地、艺术创造室、艺术培训中心以及影视基地等各种不同的产业项目，还拥有书法、手工艺品等形式各异的创作空间。7坊街自2009年建立起就定位于发展文化产业，历经7年的发展，园区的规模扩大了5倍，年产值不断增值，如今产值已是原来的50倍。

7坊街产业园将各类文化资源聚集到一起，改变了以前参观式文化体验的模式，开创了一种文化创新“被体验”模式。在园区内，游客们可以随时体验各种项目，例如，DIY体验式购物、参与雕塑的制作等。当地艺术家们现场制作各类工艺品也成为园区内亮丽的风景线（见图8-2）。

如今，7坊街创意产业园已经成为乌鲁木齐市现代文化产业的名片。在未来的发展中，7坊街要继续营造更好的文化艺术创意环境，吸引越来越多的艺术家在这里聚集，使更多的非物质文化遗产走向世界。另外，乌

图8－2　7坊街内泥塑师傅正在雕刻泥塑

资料来源：http：//news. china. com. cn/txt/2016－05/26/content_ 38538302_ 5. htm。

鲁木齐市致力于将7坊街打造成带动新疆文化创意产业发展的先行者，深入挖掘新疆独特的文化优势，以更好地发挥“文化＋旅游”模式。

3.2.2　著名网红景点——乌鲁木齐“馕”文化产业园

2018年建成的“馕”文化产业园位于乌鲁木齐市水磨沟区。“馕”文化产业园是以当地文化资源为依托打造的旅游项目。该文化产业园主要是将餐饮、购物、休闲娱乐、演艺事业等融合发展，打造一体化的大型旅游项目。目前该产业园整体面积为3.71万平方公里，园内主要分为文化展示区、休闲体验区、生产参观区、休闲美食长廊以及特色产品展现区五个区域。园区积极引进各类企业，现已经加盟了新疆百成鲜食供应链有限公司、新疆馕王食品开发有限公司等19家知名企业。入驻企业主要从事馕、手工水饺、糕点、奶制品等特色食品的加工生产，其中最为著名的是馕食品，其种类已经达到了157种。①

馕作为新疆维吾尔自治区的特色美食，打破传统的生产、销售模式，选择与文化相结合，以“工业＋文化＋旅游”模式为基本定位，不断延伸产业

① 资料来源：http：//xj. cnr. cn/2014xjfw/2014xjfwtpx/20190717/t20190717_524694946. shtml。

链，并带动新疆地区农副产品的加工生产、特色文化旅游等的快速发展。在馕文化展示区，可以看到关于馕的图片、实物、模型等，详尽介绍了馕的历史、制作过程、种类以及其传统与现代的变革。“馕”文化产业园已经成为乌鲁木齐市旅游的新地标，日接待游客数量已经达到了3000人[①]（见图8-3）。

“馕”文化产业园不仅在线下园区内销售，也开展线上销售，实行“电商+实体”的销售模式，构建全方位、多层次的销售体系，以物流运输的方式让该园区内的馕遍布全国有需求的各大城市。然而，传统馕的加工和生产是通过街头巷尾的家庭手工作坊完成的。2001年，阿布拉江·买提托乎提为自己的馕注册了商标——“阿布拉的馕”商标，这是全疆第一位注册馕商标的人，有了商标，他的馕销量翻了十多倍。“阿布拉的馕”还参加过2002年的乌鲁木齐对外经济贸易洽谈展会、2011年的首届中国—亚欧博览会等，通过这种方式将乌鲁木齐的馕文化推广传播出去，让更多的人知晓。

图8-3　标志性建筑——天下第一馕

资料来源：http：//xj. cnr. cn/2014xjfw/2014xjfwtpx。

“馕”文化产业园以“工业+文化+旅游”为基本定位，在将馕文化

---

① 资料来源：http://xj. cnr. cn/2014xjfw/2014xjfwtpx/20190717/t20190717_524694946. shtml。

推广出去的同时，改变了传统馕的生产加工方式，使其朝着规模化、现代化方向发展。现在的“馕”文化产业园已经发展成为乌鲁木齐市旅游必“打卡”的网红圣地。

3.3 文化展会，推动新疆文化“走出去”

国民之魂，文以化之；国家之神，文以铸之。传统文化要想最大程度地发挥价值，要想走向世界让更多的人知晓，产业化发展是必由之路。随着时代的发展、社会的进步，文化产业越来越受到人们的重视。新疆维吾尔自治区独特的历史文化底蕴为文化朝着规模化、产业化和集中化发展奠定了坚实的基础。

新疆地区在打造一批批文化产业园，促进文旅融合的同时，也积极开展各类文化展会，为文化走向世界提供了良好的平台。新疆维吾尔自治区从2013年开始举办“丝绸之路文化创意博览会”，该博览会以创意创新、科技发展为主题，通过展览、展示、展播等相关活动突出本地文化特色，打造文化交流、产品交易的平台。截至2016年，丝绸之路文化创意博览会已经举办了4届。2015年，在该展会上签约完成的交易额达到了3000余万元；在2016年的展会上，签约完成的文化项目达152个，签约金额将近8亿元，产生了较大的社会效益与经济效益。① 此类型的展会在新疆维吾尔自治区还有很多，如新疆石河子赏石文化展览会、新疆油画展、新疆非物质文化遗产春节习俗展等。这些展会使新疆文化进入世界各国人民的视野，潜移默化中将新疆文化推广出去，让更多的人接触、了解新疆文化。文化是一个地区的标志，更是一个地区的魂，不同的文化底蕴代表着不同的地域风情。新疆地区自古以来就是文化圣地，丰厚的文化历史别有一番风情，而举办文化展会可以充分展现新疆文化的独特魅力。

① 资料来源：http://www.kashi.gov.cn/Item/34740.aspx。

4　“文化＋旅游”，助推旅游兴疆

以旅游兴疆为导向，以特色多元文旅资源为依托，全方位、多层次促进文旅产业融合。促进文旅产业融合是实现文化产业与旅游产业转型升级的重大举措，根据党中央、国务院的部署，新疆维吾尔自治区利用丰富独特的文化资源开展文化旅游，促进“文化＋旅游”产业融合发展，其中包括开发博物馆旅游、挖掘特色饮食与民俗节庆、拓展红色旅游、建设文化产业园区等多项举措。

4.1　品牌建设——带动文旅融合发展

近年来，新疆地区致力于通过加强品牌建设，打造“新疆是个好地方”品牌，推动该地区的“文化＋旅游”融合发展新模式。兵团旅游以“中国屯垦旅游新疆兵团区域专项规划”为先导，重点开发兵团红色旅游、休闲度假旅游，构建旅游发展新格局。结合自身特色打造兵团旅游知名品牌，不断推动“中国屯垦旅游”品牌壮大，提升旅游竞争力，推动红色文化产业的发展。到2017年，新疆已经建立了12个全国工农旅游示范点，并拥有特色景观旅游名团40个以及全国红色旅游经典景区7个，全国休闲农业与乡村旅游示范县3个、示范点8个。2018年1—9月实现旅游收入115.6亿元，旅游人数高达2040万人。①

如今，“新疆是个好地方”品牌已经家喻户晓。2019年中国国际旅游交易会上，新疆维吾尔自治区文化和旅游厅组织10个地级州（市）及新疆生产建设兵团文化和旅游部门等携带百余种文化和旅游产品参展。参展的地级州（市）通过宣传手册、影视录像等展示了各地的旅游文化资源、文创产品及农副产品等。通过这次展会，新疆地区向全国展示了“一带一路”建设中文旅融合发展的新成果，更好地向世界宣传了大美新疆的各种优秀文旅融合成果，打造出新疆地区的特色文化品牌，大大推动了文旅产

① 资料来源：http://www.sohu.com/a/257539661_118570。

业融合发展。

4.2 科技创新——带动文旅产业发展

近年来，新疆地区在促进文旅融合、实现产业转型升级的同时，积极探索其他的发展方向。文化旅游与科技的结合，在为文化旅游发展注入新的活力的同时，促进了科技行业结构的优化；将科学技术尤其是网络化、数字化应用到传统文化的发展中，为传统文化赋予了新的生机。例如，在文化产品创作中融入现代科技元素，相继推出的《千回西域》《万方乐奏》《大巴扎》《你好，阿凡提》《乌鲁木齐的天空》等富有新疆特色的文化精品，在区内外赢得了普遍赞誉。[①] 现阶段，文旅产业正在实现与科技的融合，与互联网、大数据以及人工智能共同发展，使数字化、智能化渗透到文旅产业的各个环节。

在第十四届中国国际文化产业博览交易会新疆展厅里，文化与旅游产品通过各种形式展示出来，新疆漫龙数字技术有限公司总经理张杰现场向大家展示了文旅融合产品与高科技之间的交互应用。只需用手机扫描工艺品上面的二维码，就可以进入 VR 互动现场。据张杰介绍，公司动漫集全息视觉技术和立体纸艺场景于一体，不仅实现多重互动，还能够进行线上分享，把传统文化用动漫 AR 技术与旅游相结合进行大数据分析，形成“文化 + 科技 + 旅游”的产业生态链。深入推进科技与文化融合发展，就是要以科技创新支撑推动中华优秀传统文化在新疆维吾尔自治区实现创造性转化、创新性发展，为加快转变经济发展方式、提升区域综合竞争力提供持久动力。

4.3 文旅援疆——共谱新篇章

随着“文化 + 旅游”模式的持续推进，文旅融合发展逐渐成为新疆地区旅游兴疆战略的主要发展形式。在文旅融合领域不断拓宽、程度不断加

---

① 张戈，张冠斌．新疆科技与文化融合发展的对策研究［J］．新疆师范大学学报（哲学社会科学版），2018，39（5）：145－149.

深的同时，对各类大小型文化旅游企业的需求也在不断加大。随着新疆文旅融合取得愈加显著的效果，全国各地的目光聚焦到新疆这片沃土。各地积极采取行动推动本地企业与新疆地区达成合作，共同开发新疆地区独特的文旅资源。新疆地区在加大竞聘景区开放力度的同时，进一步发展文化旅游、医疗旅游、沙漠旅游以及边境旅游等多种特色旅游产品，不断丰富完善旅游产品的供给。

深入开展文化与旅游对口援疆工作，是促进新疆地区稳定发展长治久安的重要举措之一。新疆地区积极贯彻落实国家战略，推动经济高速发展。近年来，国家对口援疆工作也取得了不小的成就。文化和旅游部与其他 19 个援疆省市积极开展对口援疆工作，在文化遗产保护、文化与旅游资源开发以及产业发展上积极采取措施。19 个省市的对口援疆，解决了新疆地区在发展旅游业及文化产业过程中面临的资金与人才短缺的问题，大大促进了新疆地区文旅产业的发展。2014—2019 年，中央与各援疆省市在新疆文化领域投入资金近 120 亿元。在此基础上，各援疆省市还开展“送客入疆”活动，采取包机、专列的方式在 3 年的时间内输送游客近 2925 万人。在人才援疆上，各省市实施的是“引进来”与“走出去”相结合的战略。[①] 一方面招聘、邀请有关乡村旅游、民宿建设、景区建设等方面的专家到新疆地区开展指导培训工作，另一方面邀请新疆地区从事旅游管理等职业的工作人员前往援疆省市培训，为新疆维吾尔自治区培育了一批高素质、专业化的旅游管理人才。

5 结语

文化作为一个地区或者一个国家发展的根基，在国家建设与地区发展中占据重要地位。中华文化是各个民族共同发展、历代传承下来的，是民族团结和国家统一的精神纽带。中华文化是各个民族文化的心灵归宿、情

① 资料来源：https://baijiahao.baidu.com/s?id=1653947337393232461&wfr=spider&for=pc。

感寄托以及精神家园。新疆文化是中华文化的重要组成部分，在历史发展的长河中，不断交融、创新，从中华文化的土壤中、从各民族的交互交融中汲取发展的动力。新疆文化的发展与传承不仅是对我国少数民族地区悠久历史文化的保护，更是增强少数民族地区的文化认同感、凝聚力的重要举措。新疆地区在实现文化传承与发展过程中采取“文化 +”发展模式，将文化与旅游、创意等相结合，在促进文化传播的同时也带动了当地经济的发展，实现了文化传承与经济发展的双赢。

[案例思考题]

（1）新疆维吾尔自治区的文化特点有哪些？这些文化特点是如何形成的？

（2）新疆维吾尔自治区实施的“文化 +”模式的创新之处有哪些？

（3）新疆维吾尔自治区在少数民族文化传承与保护方面的做法有哪些可资借鉴之处？

[案例评析]

党的十七大报告提出“文化产业占国民经济比重明显提高”的发展目标，党的十七届五中全会提出“推动文化产业成为国民经济支柱性产业”的发展目标，党的十八大报告中强调“推动文化事业全面繁荣，文化产业全面发展”。文化产业建设在我国经济社会发展中占据越来越重要的位置。文化产业的蓬勃发展，促进了民族文化的传承和保护。民族文化是某一民族在长期共同生产生活实践中产生和创造出来的能够体现民族特点的物质和精神财富总和。民族文化不仅反映了该民族历史发展的水平，也是一个民族在不断发展过程中传承下来的宝贵财富。民族文化凝聚了人类祖祖辈辈积累下来的经验与智慧，在历史的长河中维系着人与自然、人与社会以及人类自身之间的一种平衡的互动关系。

新疆文化是东西方文化以及各个少数民族文化相互交融发展的成果，

具有悠久的历史以及独特的地域风情。新疆维吾尔自治区独特的文化彰显着中华民族悠久的历史文化资源与兼收并蓄的大国风范。新疆民族文化作为中华民族传统文化的重要组成部分，在维护民族团结、祖国统一等方面发挥着重要作用。近年来，新疆维吾尔自治区利用文化资源优势大力发展经济，加快文化资源优势向经济优势转化，文化产业成为其主要选择。在将文化资源产业化的过程中，新疆高度重视对文化资源的开发与保护，充分合理利用新疆丰富的文化资源，促进新疆地区文化与经济的可持续发展。新疆维吾尔自治区在促进文化产业发展的过程中采取"文化+"发展模式，促进文化资源与其他资源的融合发展。新疆地区文化产业发展的创新之处在于：

第一，"文化+创意"。"文化+创意"将传统文化因素与当今时代流行产品相融合，打造出符合大众审美的文化创意产品，如依据传统人物形象打造出来的钥匙扣、毛绒玩具，以新疆地区著名的以"馕"为原型制造的抱枕等。利用传统文化特色制作民族文化产品并在相应的景区或者门店进行销售，在提升文化知名度的同时，积极发挥了文化产业优势，带动了当地经济发展。

第二，"文化+旅游"。对于民族地区而言，旅游产业的主体就是生态旅游和民族文化旅游。旅游产业是发展文化创意产业的重要载体，而且旅游产业的兴起会带动其他相关产业的发展。"文化+旅游"将文化因素融合到旅游产业的发展中，文旅融合打造的新疆兵团旅游、文化产业园等都取得了显著的成效。"文化+旅游"模式也成为新疆地区促进文化传播、文化产业转型升级的重要举措。为促进文旅融合更好更快发展，部分省市开启了文旅援疆工作。通过对新疆地区进行资金、人才支持以及"送客入疆"工作的开展，使新疆依托文化资源打造的旅游景区得到高速发展，为新疆文化"走出去"做出了重大贡献。

第三，"文化+科技"。"文化+科技"为传统文化赋予科学技术的力量，为文化发展注入新的活力。利用互联网、大数据等为文化产品赋予生命，让人们可以利用科技与传统文化产品进行互动，更深层次地了解传统文化背后的故事。通过文化与科技的融合，实现文化创新性传播。

文化产业已经成为发展与传承民族文化的重要手段，现阶段文化产业仍然处于上升发展的时期，还存在很多的问题。尤其是对于边疆民族地区而言，完整的文化产业链条尚未形成，未来还有较长的一段路要走。可从以下几方面着手：

首先，要以满足人民日益增长的精神文化需求为立足点。在促进文化产业发展过程中，要注重人文关怀、人性化设计，满足人民群众日益增长的精神文化需求。从以人为本的角度出发，要丰富人民群众的文化生活，兼顾经济效益与社会效益，不断壮大文化产业，使文化产业成为国民经济的支柱产业。

其次，实现文化创意产业与文化事业的统筹发展。现阶段新疆地区文化创意产业的发展主要依托旅游业来带动，而发展文化旅游业则需要较强的公共文化基础设施以及完善的文化资源开发与保护的条例。新疆地区经济基础薄弱，应积极争取国家公共财政对公共文化事业以及民族文化发展的资金支持，将公共文化事业与文化创意产业统筹规划、共同发展，在保障基本公共文化事业发展的同时，为文化创意产业发展奠定坚实基础。

最后，培养龙头文化企业，提升文化产业竞争力。竞争力是参与市场竞争的利器，新疆地区在促进文化创意产业发展中应在重点、具有特色的文化创意产业中培养一批有影响力、竞争力以及实力强大的龙头文化企业，通过政府引导、市场运作以及科学规划等促使企业实现跨地区、跨行业重组，增强文化创意产业的综合实力以及市场竞争力。

[参考文献]

[1]孙亦平．美美与共，和而不同——对促进新疆民族文化发展的思考[J]．南昌师范学院学报，2016(6)：59－62.

[2]牛佳利．试论新疆兵团第七师创建“中国军垦文化之乡”[J]．边疆经

济与文化,2020(2):44－46.

[3]迪德尔古丽. 保护和传承新疆的文化遗产[N]. 新疆日报,2018－11－20(2).

[4]周宁宁. 新疆民族文化资源与文化创意产业发展模式研究[D]. 乌鲁木齐:新疆大学,2014.

[5]艾比布拉·阿布都沙拉木. 辉煌60年·新疆繁荣发展的文化事业[J]. 实事求是,2015(5):32－36.

[6]赵南哲. 新疆文化产业投资支持研究[D]. 乌鲁木齐:新疆师范大学,2016.

[7]李晖. 新疆少数民族非物质文化遗产保护与传承:问题与对策[J]. 西安建筑科技大学学报(社会科学版),2017(6):22－29.

[8]中华人民共和国国务院新闻办公室. 新疆的文化保护与发展[N]. 经济日报,2018－11－16(11).

[9]李建军. 论新疆文化发展战略的构建[J]. 湘潭大学学报(哲学社会科学版),2012(2):152－155.

[10]阿布都热依木·哈力克. 在保护传承中发展新疆文化事业[N]. 新疆日报,2013－08－20(1).

案例 9

云南禄劝：贫困县摘帽“一波三折”

摘要：位于云南省北部的禄劝彝族苗族自治县是昆明市下辖的3个国家级贫困县之一，作为云南省第一个、全国第一批参加贫困县退出评估的试点县，曾经的一场摘帽“考试”让禄劝县的每一位扶贫干部记忆深刻，原本信心满满，最终却摘帽未果。本案例详细描述了禄劝县第一次立下“军令状”却摘帽失败，在吸取经验教训之后再出发，最终在2019年成功实现脱贫摘帽的全过程。案例反映出一些贫困地区在实施精准扶贫过程中，由于不能有效瞄准贫困人口，造成扶贫对象不精准，帮扶措施不精准，从而难以有效实现“真扶贫、扶真贫、真脱贫”。

关键词：精准扶贫；脱贫摘帽；禄劝县

[案例正文]

自中共中央、国务院部署脱贫攻坚任务以来，云南省委、省政府高度重视扶贫开发工作，相继出台一系列有关打赢脱贫攻坚战的政策文件，采取多种帮扶措施，动员全社会一切力量，力争在2020年脱贫攻坚收官之年如期实现贫困县、贫困村全部脱贫摘帽。禄劝彝族苗族自治县（以下简称“禄劝县”）隶属于云南省昆明市，是国家级重点扶持县，也是云南省首批实现脱贫摘帽的12个县（市）之一。昆明市明确提出禄劝县要在2016年实现脱贫摘帽。禄劝县脱贫摘帽的时间紧、任务重，如何在规定时间内按照国家脱贫标准确保脱贫的质量?怎样才能顺利脱贫摘帽?又如何防止虚假脱贫和数字脱贫?

1 “大山”与“贫穷”相伴的禄劝县

禄劝县是归属于云南省昆明市管理的少数民族自治县，是一个革命老区。全县总面积和总人口分别为4233平方公里和42万人（其中少数民族人数占总人口的34%），乡镇（街道）、村（居）委会和村民小组分别为13个、160个和2209个。禄劝县境内山河交错，地势东北高、西南低，呈阶梯状缓降，属于典型的山区农业县。县域内的山区和高寒山区占总面积的98%，农业在经济中的占比为33.2%。因为山多林密，交通不便利，禄劝县的经济多年也没有发展起来，1986年被列为全国592个贫困县之一，也成为云南省重点扶持县。

改革开放之后，禄劝县还是没有摆脱“穷”字的阴影，从贫穷的山沟中走出来是每一个禄劝人的梦想，但是多年都没能实现。1985年禄劝县成立时，人均收入低于150元的贫困线标准，仅为142元。1986年，国务院主管贫困地区经济发展的工作小组亲赴禄劝县开展调研时发现，大多数村民住的都是木垛屋和“杈杈房”，依然存在着全村“找不齐三个凳子”和姐妹俩只能“共穿一条裙子”的情况。走出贫困阴影，过上好日子是禄劝人的共同期盼和呼唤（见图9-1）。①

2016年是禄劝县打赢脱贫攻坚战的关键年，这对于全县上下百姓来说，都是极其重要的一年。在2016年初统计时发现，建档立卡贫困户有9696户32865人，其中有2个乡被列为省级贫困乡、20个村被列为省级贫困村。②

① 资料来源:http://www.sohu.com/a/344676719_183183。

② 刘德伟.禄劝县脱贫摘帽工作进展情况调研报告[J].时代金融,2016(35):390,397.

图9－1　贫困户住的危房

资料来源：https：//www. sohu. com/a/308381170_ 712579。

2　脱贫摘帽，多措并举

2.1　吹响脱贫攻坚战号角

禄劝县的贫困地区连线成片，普遍存在基础设施薄弱、交通不便、信息闭塞以及自然灾害频繁等问题，加大了扶贫难度。昆明市委、市政府高度重视禄劝县脱贫的问题。市委、市政府主要领导亲自主导协调扶贫相关事宜，集全市之力支持禄劝县脱贫。昆明市在《“十二五”扶贫开发总结和2015年扶贫开发工作总结暨“十三五”扶贫开发工作计划和2016年扶贫开发工作要点》中明确提出，2016年禄劝县脱贫摘帽。

“距离2016年12月31日还有317天13时30分43秒。”在禄劝县政务大楼大厅里，高悬在大厅正中央的“禄劝‘脱贫摘帽’倒计时”电子显示屏十分醒目[①]。这块牌子是在党中央发出向贫困发起总攻的战斗号令后挂出来的，其目的就是让禄劝县的广大干部群众坚定“就是脱层皮也要摘掉穷帽”的决心，确保2016年底禄劝县摘掉贫穷帽子，彻底摆脱贫困。在“首战用我、用我必胜”的决心下，全县上下汇聚一切资源、动员一切力量，坚持

① 杜仲莹．举全市之力确保攻坚首战告捷[N]．昆明日报，2016－11－14(2)．

“五个结合”①，严格“六个精准”②，推进“十大工程”③，落实“七个一批”④，实施“三个百日会战”⑤，全面推进禄劝县脱贫摘帽的扶贫工作。

2.2 多措并举、助力脱贫

云南禄劝县与河南兰考县、江西井冈山市等一同被列为全国首批同步脱贫出列的备选县（市）。然而，截至2016年初，禄劝县还有建档立卡贫困人口32865人，在时间紧、任务重，既无经验可循，又无参照可鉴的情况下，按照禄劝县的贫困人口基数来看，一年时间脱贫摘帽难度极大。就是在这种条件下，禄劝县制定了详细的方案，力争到2016年12月底，全县2个省级贫困乡、20个省级贫困村、32865名贫困人口全面实现脱贫，全县贫困发生率、贫困乡贫困发生率和贫困村贫困发生率分别下降到3%以下、5%以下和7%以下。⑥

（1）基础设施建设方面。打赢脱贫攻坚决战的首要措施，就是加强基础设施建设。基础设施建设主要包括道路交通、安全住房、饮水工程等，关系到贫困户最基本的生活保障，切实解决贫困地区贫困人口的出行难、饮水难、住房难等问题。禄劝县坚持基础设施建设项目为民所需、标准由民所定、财政资金于民所用等原则，全面展开基础设施建设。

禄劝县有自然村公路3190公里，当地年纪稍大一些的村民回忆道：

---

① “五个结合”是指：坚持连片开发与精准扶贫相结合、政府主导与市场主体相结合、“三位一体”与自力更生相结合、资源开发与生态保护相结合、脱贫攻坚与转方式调结构相结合。

② “六个精准”是指：扶贫对象精准，项目安排精准，资金使用精准，措施到户精准，因村派人精准，脱贫成效精准。

③ “十大工程”是指：特色产业发展、易地扶贫搬迁、基础设施建设、生态保护、教育扶贫、医疗保险救助、社保政策兜底、外出务工增收、扶贫党建双推进、社会结对帮扶。

④ “七个一批”是指：发展生产脱贫一批、务工增收脱贫一批、易地搬迁脱贫一批、生态补偿脱贫一批、发展教育脱贫一批、社会保障兜底脱贫一批、健康救助脱贫一批。

⑤ “三个百日会战”是指：2月下旬至5月“百日遭遇战”，实施基础设施建设、春耕生产、劳务培训输出攻坚，全力推进“十大工程”；6月初至9月上旬“百日攻坚会战”，坚持问题导向，组织“回头看”，查缺补漏，实施突击，补齐短板；9月中旬至12月底“百日持久战”，对照考核标准逐项对标，巩固提升，实施县级考核，准备省市考核验收。

⑥ 茶志福．全力打赢禄劝县脱贫摘帽攻坚战[N]．云南日报，2016-04-09(2)．

“过去人们想要出山是非常困难的，要么滑溜索过吊桥，要么人背马驮。”按照脱贫方案，2016 年进行路面硬化 529.3 公里，硬化覆盖率 56.12%，覆盖 1105 个自然村。为进一步提升通达能力，巩固脱贫成果，禄劝县计划继续对 500 公里自然村公路路面进行硬化处理，覆盖 308 个自然村，将全县自然村公路路面硬化覆盖率提高到 71.8%。[①] 与此同时，启动饮水安全工程，在水利建设方面投资 1.96 亿元，惠及 48000 余人；贫困户住房安全保障工程顺利实施，建档立卡贫困户的危房改造工程和易地扶贫搬迁各完成 7124 户和 51 个重点村 2699 户，宜居农房完工 3543 户，切实保障贫困户住房安全，宜居宜业。[②]

（2）产业扶贫方面。禄劝县地势以山地为主，温度较高，在全面考虑地理位置和致贫原因后，地方政府因地制宜地实施菜单式扶贫，采取“养牧”精准区分和“种栽”精准区分的方式，确保每个贫困户都能找到适合自己的脱贫途径。20 个省级贫困村都实现了拥有自己的主导产业，贫困村和贫困户在产业扶贫过程中，实实在在感受到了产业发展带来的效益，脱贫的积极性进一步提升。在禄劝县脱贫攻坚战中，成千上万的贫困人口通过发展特色产业达到了脱贫的标准，实现了从“要我脱贫”到“我要脱贫”的积极转变。禄劝县根据各乡镇的不同情况，建成了各具特色的产业基地，具有代表性的有黑乡的花椒园和黑山羊养殖、通龙村马铃薯种植、何家村重楼种植、撒营盘干海子百亩黄草乌种植、团街千亩苹果种植等特色产业基地。

在昆明市推进一县一示范工程原则的指导下，禄劝县针对自身的情况量身打造产业脱贫计划，重点推进中药材产业综合示范区建设。禄劝县被云南省认定为第一批 20 个“云药之乡”之一。禄劝县的中药材产业并不是从一开始就得到这么高的评价，也是经历了从无到有再到重点扶持的过

① 杜仲莹．举全市之力确保攻坚首战告捷[N]．昆明日报,2016－11－14(2).
② 杜仲莹．上下联动确保年底脱贫摘帽[N]．昆明日报,2016－06－16(2).

程。2016年全县中药材种植面积达63336亩，产值突破2亿元，主要有重楼、草乌、附子、石斛等41个品种。中药材生产企业、农民专业合作社、相关企业从业人员和合作社员的数量也在不断上升，中药材生产企业中有65家是经过注册的，合作社的数量有68家，相关企业从业人员达到1000余人，合作社员达到10000余户。

（3）民生领域方面。2016年禄劝县教育支出达7.1亿元，其中10所幼儿园的建设投资达到4934万元，免费师范生培养定向禄劝招生40人。针对贫困村、贫困人口的上学难问题，禄劝县专门制定并实施了相关的资助补贴政策，使贫困家庭的学生可以实现“有学上、上好学”，解决了贫困家庭因学致贫的难题。对建档立卡贫困家庭学生的帮扶还体现在建立在读学生档案，其中共有5310名学生从这些帮扶政策中得到帮助。同时，享受贫困生补助政策的有3618名义务教育阶段贫困学生、434名普通高中贫困学生和272名职业高中贫困学生。①

在禄劝县脱贫攻坚的首战中，医疗救助体系的建设也被列为帮扶政策的重中之重。建档立卡贫困户中有1483户1605人是因病致贫的，对这些贫困人口的帮扶措施主要是进行免费健康体检，为全县32865名贫困人口发放精准扶贫专用的门诊病历本。禄劝县构筑城乡居民医疗保险、大病救助、应急医疗救助三条医疗保障线，建档立卡贫困人口100%参加城乡居民医疗保险。②

2.3 脱贫攻坚“首战告捷”

按照“两不愁、三保障”的总体目标要求，禄劝县以房、路、水为主紧抓基础设施建设，以农户“增收、脱贫、致富”为主紧抓农业产业发展，共计投入“专项扶贫”“对口帮扶”“社会帮扶”和“整合县级‘十大工程’”等的资金分别达到5.2亿元、6.32亿元、1.22亿元和11.75亿元。

---

① 刘德伟．禄劝县脱贫摘帽工作进展情况调研报告[J]．时代金融，2016(35)：390，397.

② 茶志福．禄劝脱贫摘帽谱出壮丽华章[N]．云南日报，2019-10-01(12).

2016年末，禄劝县的贫困发生率降到1.76%，与2016年初相比，下降了4.02个百分点。17450名建档立卡贫困户的人均可支配收入超过国家扶贫标准，均在3500元以上。贫困人口的住房安全、医疗保障等问题得到妥善解决，同时，符合条件的贫困人口又全部参加养老保险，无因学致贫的情况，每户贫困户至少享受了1项扶贫政策，最多的高达9项，均达到脱贫指标。①

2017年对于禄劝县来说是特别的一年。伴随着精准帮扶工作的有序开展，禄劝县脱贫工作取得了喜人的成绩，9696户32865名贫困人口均已达到脱贫标准。基础设施建设明显改善，通公路、电话、有线电视和宽带的比重明显上升，教育和医疗卫生水平显著提升，20个省级贫困村贫困发生率均低于2%。

一位大爷说道：“以前一到雨季就要开始担心房子漏雨，雨天的山路也尤其不便通行，现在好了，住房舒适、出行方便，大家心里别提多高兴了。”生活环境的明显变化和群众的肯定就是最好的答案，禄劝县开始信心满满地准备迎接“大考”了。

3 “应考”失败，摘帽未果

3.1 踌躇满志迎“大考”

禄劝县要在2017年初接受国务院扶贫办委托的第三方评估机构的预评估，对于禄劝县来说，这是一次从未经历过的“大考”。2017年1月，云南财经大学受国务院扶贫办委托，担任此次禄劝县的第三方评估组。按照国家贫困县退出专项评估标准与规范，云南财经大学在2017年1月4日至2月20日对禄劝县展开了贫困县退出评估的普查工作，共计完成125个行政村3028户脱贫户以及46个典型自然村（总计3895户）的入户调研。②

---

① 资料来源：http://fpb.km.gov.cn/c/2016-12-26/1668032.shtml。

② 资料来源：http://www.ynufe.edu.cn/pub/kyysdw/xwdt/165019.htm。

此次评估中，针对建档立卡贫困户的考核结果基本合格，但对一些非建档立卡户的评估结果却不太乐观，因此，非建档立卡户成为此次评估团队重点关注的对象。评估过程中发现的最突出问题在于，建档立卡贫困户的住房要比一部分非建档立卡户的住房好很多，这是因为被纳入建档立卡贫困户后，政府会对其住房进行危房改造，使危房达到安全居住的等级，但是非建档立卡户就没有那么幸运了，即使住的是危房，也不会被政府纳入整改范围，这种结果使得建档立卡户和非建档立卡户之间的差别过于明显。评估团队以普查的方式入户调查 838 户非建档立卡户“两不愁、三保障”以及收入等情况，发现有 243 户是应该被纳入建档立卡贫困户范围的，但因为一些因素被漏评了。

3.2 考核结果引落差

第三方评估组将“漏评率、错退率、综合贫困发生率”和“群众认可度”作为考核标准对禄劝县进行严格考核。按照“三率一度”标准，禄劝县这一次“大考”的成绩并不像当初预想的那样乐观，第三方评估的最终结果显示漏评率达到了 28.23% （见表 9 - 1）。当时国家规定的综合贫困发生率不超过 3%，由于漏评率较高，综合贫困发生率也达到了 27.76%，禄劝县不符合国家规定的贫困县退出标准，被建议缓期退出，而同时开展摘帽评估的兰考和井冈山都通过了评估。

表 9 - 1　评估结果

贫困退出评估指标	禄劝县/%	国家标准/%
错退率	3.88	≤2
漏评率	28.23	≤2
群众认可度	98.40	≥90
综合贫困发生率	27.76	≤3

资料来源：根据《新闻调查》内容整理。

对于在评估中出现的大量漏评问题，扶贫办主任张世斌坦言，他们在评估初期，认为考核评估就集中在这近 1 万建档立卡贫困户上，得知要调查非建档立卡户时，就已经预想到了这样的结果。

3.3 “榜上无名”寻症结

禄劝县的漏评率为28.23%，远高于国家标准。云南省委、省政府和省扶贫办都对这次评估进行了认真的反思，从深层次来查找症结所在。

究其原因，主要是建档立卡贫困户信息精准识别工作没有落实到位。首先，2016年的贫困数字还是建立在2013年的基础上，“两不愁、三保障”的识别标准仅仅停留在表面，“三评四定”程序多为后期应急补救。其次，2016年之所以没有考虑把居住在危房的非建档立卡户纳入建档立卡贫困户范围，是因为年底要计划摘帽，如果当年进，当年是不能退出的，因此，评估组发现大量漏评人口以及漏评人口在住房保障等方面存在缺陷也成为必然。再次，由于政策的频繁调整，一部分原先建档立卡贫困户被剔除在外，使得少数群众对扶贫政策有意见。最后，建档立卡贫困户经危房改造后住上了安全的房子，但是部分非建档立卡户却在住危房，这种明显的差距引起了非建档立卡户的不满，也造成了群众与群众之间、群众和政府之间的矛盾加剧。

4 对症下药，“再出发”

2017年禄劝县脱贫情况及退出评估调查结果显示的漏评人口情况引起了云南省的高度重视。2017年6—9月，禄劝县在全县范围内开展了大规模的扶贫对象动态管理，严格退出标准，同时也将危房改造作为精准帮扶的重中之重。

4.1 标准更严格

中共中央、国务院在《关于打赢脱贫攻坚战的决定》中明确提出了“两不愁、三保障”的脱贫目标，中共中央办公厅、国务院办公厅在《关于建立贫困退出机制的意见》中又进一步明确了贫困人口、贫困村和贫困县的各项退出指标。这些“国标”到了各地实施的时候，还会根据当地的具体情况对标准加以细化。禄劝事件后，为了使贫困对象的识别更加精准，2017 年起，云南省每年都会细化和完善具体的扶贫标准和退出标准。

禄劝县分管扶贫工作的李兴翠副县长谈到，县里进一步把省里对于贫困对象的识别标准分成“1 + N”：1 就是收入；N 是住房、医疗和教育。对居民逐户分类、分项地识测：分类是按房子、医疗、教育进行；分项是按其内部的标准划分。以住房这项指标为例，住房是 C 级还是 D 级，C 级就用修缮加固的方式维护，D 级就拆除重建；医疗有保障，第一是否参保，第二在参保的基础上，如果贫困户有生病的情况，再划分为生大病还是慢性病。按照“1 + N”的标准重新识别后，2017 年 7 月，禄劝县的在册建档立卡贫困户总数从原先的 11243 户 38290 人增加至 26330 户 91652 人。①

韩朝凤是禄劝县中屏镇植桂村的村民，在村边独户居住，老伴儿已经过世了，女儿出嫁，儿子在外地打工，长达十几年都没有回来过。在 2013 年识别贫困人口时，以收入为标准，村里的领导干部都认为，像韩朝凤这种情况，儿子在外打工，有务工收入，就没有将她纳入建档立卡贫困户范围。2017 年重新识别后，认定韩朝凤被漏评了，通过反思发现，因为儿子长年失联，韩朝凤这种情况属于留守老人，应该被纳入建档立卡贫困户范围。

4.2 流程更规范

禄劝县脱贫摘帽失败给全国其他的贫困县起到一个很好的警示作用。当时全国准备申请退出的县有 100 多个，最后因为禄劝县脱贫摘帽失败，各个省回过头进行反思，正式提出来的县只有 28 个。因为禄劝事件的警示，2017 年 6 月，云南省开展了一次全省大规模的精准识别工作，把漏评的贫困人口再找出来。由于 2017 年的评估识别出大量新的贫困人口，这些人口在“两不愁、三保障”以及收入等方面的问题还需要时间逐一解决，所以云南省决定将禄劝县的脱贫摘帽工作延后到 2018 年。云南省还调整了

① 资料来源：http://tv.cctv.com/lm/xwdc/。

贫困退出计划，原来计划是2019年实现88个贫困县全部摘帽，调整以后推迟到2020年。

贫困户脱贫要执行严格的程序，领导干部要亲自去贫困户家里了解情况。贫困指标是否达标，每一项都要核准，核定以后依然按照“三评四定”程序走一遍，这样才能让贫困户脱贫出列。在村民家可以看到，贫困户家门口会贴上一个“明白卡”，上面标明了贫困户退出时在收入、“两不愁、三保障”方面的详细情况，并由农户和帮扶责任人、驻村工作队长、村干部等签字确认，作为贫困户退出的最终凭据。

贫困县摘帽要经过严格的流程，先是县级申请，然后县级开展自查工作，根据自查结果，县级再向市级提出申请，市扶贫办根据县级自查结果进行初审，再将初审结果上报给省级扶贫办，省级扶贫办审查合格后，开展第三方评估。最后的摘帽审批，国家级贫困县将由国务院扶贫办审核同意，省级贫困县由省委、省政府审批。

4.3 内容更全面

4.3.1 *危房改造*

禄劝县在2017年重新对贫困人口进行精准识别之后，精准帮扶工作随即展开。评估中大量漏评户所暴露出来的问题主要集中在住房，因此禄劝县首先从住房抓起，由住建部门牵头，对全县的危房进行排查，无论是否为建档立卡的贫困户，只要是危房，都要修缮加固或拆除重建。云南省对于贫困户住房安全标准的规定主要是参照住建部的评级标准：A级、B级为安全住房，C级、D级为危房。危房根据具体情况实施修缮加固或拆除重建后，要达到A级、B级的安全住房要求。住建部门组织了专业技术人员，从最初的评判到出现疑问和争议时再由县住建部门派出的专家现场复核定级。通过3年危房改造，修缮和重建的房子总量有11.6万户，维修过的有6.4万户。

2016年，昆明市印发《关于〈昆明市农村危房改造资金补助政策方案〉的通知》，根据加固改造、拆除重建等不同情况，政府会给予不同标准的资金补助，不足的部分由村民自己筹集（见图9-2）。2016年因为房子漏评了很多贫困户，唐子良就是其中之一，以前他的老房子是瓦房土墙，几乎就要倒塌了。2017年被纳入建档立卡贫困户以后，唐子良的老房子被鉴定为D级危房，政府给了5万多元的补偿资金，顺利帮助他在原地重建了新房。

图9-2　全面危房改造

资料来源：https：//www. sohu. com/a/298060860_ 183183。

4.3.2　教育医疗

教育扶贫在脱贫攻坚战中一直被认为是脱贫致富的根本途径。培养一名学生，成就一个家庭，可以变“输血式”扶贫为“造血式”扶贫，只有从思想上改变贫困家庭的脱贫意识，才能在实现脱贫之后不返贫，因此禄劝县一直把教育发展放在优先位置，不断加大对教育事业的财政投入。2017年禄劝县的教育支出达7.18亿元，2018年财政投入增加到8.01亿元，2017—2018年，教育支出一直占财政总支出的20%以上。同时，禄劝县新建一批学校，有民族实验中学、民族小学和职业高中等，为了让教师安心教学，禄劝县优先解决了各级教师的待遇和住房等问题。禄劝县免除农村家庭学生的学费、书费和住宿费，同时还在生活上给予一定的补贴和帮扶，仅这一项扶持政策支出就达到3200万元。教育扶贫的成果是不可估量的，一是禄劝县义务教育通过了国家督导检查组的评估；二是2018—

2019学年，禄劝县高考成绩斐然，全县共有4名考生进入清华大学、北京大学。禄劝县也荣获了昆明市教育教学质量一等奖，教育扶贫成效显著。

第一次摘帽失败后的禄劝县在医疗卫生方面也加大了扶持力度，16个乡镇、街道全部建立了标准化卫生院，189个行政村全部建立标准化卫生室，城乡居民医保参保率达96.38%。禄劝县在医疗帮扶上对原有的政策进行细化，以使标准更加详细、公平。首先是贫困户是否参保；其次在参保的基础上，如果贫困户有生病的情况，再划分为生大病还是慢性病。禄劝县为生大病和慢性病的贫困户拨付财政专项资金2000万元，有效解决了农村群众“看病难、看病贵”的问题。同时把2016年的三条医疗保障线完善为“四重保障”，分别是城乡居民基本医疗保险、大病保险、医疗救助和大病基金救助、医疗费用兜底，禄劝县真正做到了医疗卫生的精准帮扶。

5 重整旗鼓迎“大考”，禄劝交出圆满卷

按照云南省的规定，贫困村如果贫困发生率低于3%，并在交通、电力、广播电视、网络宽带、医疗设施、活动场所等方面达到标准，经相关程序认定后，就可以脱贫出列；贫困县的贫困发生率低于3%，同时贫困县90%的贫困村已经出列，贫困县就可以向州市和省级政府申请摘帽，并由各级政府组织核查并公告，确定后即可委托第三方做退出评估。《中共中央 国务院关于打赢脱贫攻坚战三年行动的指导意见》又对贫困县退出评估进行了新的规定，指出从2018年起，贫困县退出评估由各省组织实施，之后国家按照20%的比例进行抽查。截至2018年底，禄劝县实有在册建档立卡贫困人口26083户91586人，累计脱贫25236户89355人，全县115个贫困村全部出列，贫困发生率从16.35%降至0.54%，历史性地解决了绝对贫困、整体贫困，脱贫攻坚取得阶段性成果。[①]

① 资料来源：http://www.yn.gov.cn/ztgg/jjdytpgjz/ynjy/201910/t20191001_182915.html。

2019年2月，禄劝县迎来了第二次摘帽评估，由云南省委托的第三方评估组来自华中师范大学的第三方评估团队，评估组在当天早上出发前一个半小时才通知县政府抽到哪个村。评估组到达被评估村之后，带队老师和学生助手两个人独立工作，村干部只提供名单、花名册、地图，不能参与评估抽样，整个过程完全是由评估团队主导的。这次整个评估过程用了6天时间，即2月13—18日，完成1030户的问卷调查。第二次评估报告结果显示，禄劝县的贫困发生率为0.54%，错退率、漏评率均显著低于2%，群众认可度为95.42%，由于各项指标都达标，2019年4月30日，云南省人民政府宣布禄劝县摘帽。作为云南省昆明市3个国家扶贫开发工作重点县之一的禄劝县，成功退出贫困县序列。

如今，禄劝县以脱贫摘帽为新起点，在全面巩固脱贫成效、提高脱贫质量的基础上，全面推进经济社会高质量发展，促进实现乡村振兴，奋力打造昆明区域性国际中心城市和绿色经济发展新高地。

6　结语

从2019年7月初开始，国务院扶贫办对在2018年宣布脱贫的中西部22个省（区、市）的283个县进行抽查，结果显示，云南省的7个县综合贫困发生率都低于3%，符合贫困退出条件。云南省禄劝县是7个脱贫摘帽县之一。禄劝县的摘帽历程可以说是“一波三折”。2017年，在经历了脱贫摘帽失败后，禄劝县总结经验教训，按照“两不愁、三保障”的精准识别标准重新对贫困对象进行动态调整，全县贫困人口实现“应纳尽纳、应扶尽扶”，最终在2019年通过第三方评估，成功摘帽。小康路上，坚决不让一个困难群众掉队。在打赢脱贫攻坚战过程中，必须按照国家脱贫标准对贫困人口进行精准识别、精准帮扶，扎扎实实做好精准扶贫的各项工作，才能够真正实现“真扶贫、扶真贫、真脱贫”。

[案例思考题]

（1）禄劝县脱贫摘帽后，如何进一步巩固脱贫攻坚成果？

（2）结合案例分析，贫困地区如何构建脱贫攻坚与乡村振兴有效衔接机制？

[案例评析]

贫困问题是人类社会共同面临的重要难题之一。摆脱贫困是全世界人民共同追求的发展目标。2016 年 1 月 1 日，联合国《2030 年可持续发展议程》正式启动。新议程中将“在全世界消除一切形式的贫困”作为未来 15 年实现 17 项可持续发展目标中的第一个目标。

党的十八大以来，中国反贫困事业进入新阶段。2013 年，习近平总书记在湖南湘西考察时首次提出“精准扶贫”的概念。2015 年，习近平总书记在贵州考察时，进一步就扶贫开发工作提出“六个精准”的基本要求。“六个精准”是指扶贫对象精准、项目安排精准、资金使用精准、措施到户精准、因村派人精准、脱贫成效精准。《中国农村扶贫开发纲要（2011—2020 年）》指出，到 2020 年我国扶贫开发针对扶贫对象的总体目标是“稳定实现扶贫对象不愁吃、不愁穿，保障其义务教育、基本医疗和住房”，即“两不愁、三保障”。精准扶贫、“两不愁、三保障”是反贫困理论的最新发展，为我国打赢脱贫攻坚战指明了方向，提供了标准。

禄劝县作为全国首批参加贫困退出评估的试点县之一，在第一次脱贫摘帽“大考”中，没有交出圆满答卷。脱贫摘帽失败不仅对禄劝县是一个严重的打击，也对其他贫困县起到了警示作用。在脱贫摘帽失败教训总结中，禄劝县发现主要问题在于对贫困人口的精准识别不准确、贫困户退出机制不明确和扶贫政策落实不精确。

2020 年脱贫攻坚战从决定性成就到全面胜利，还面临许多困难和挑战。贫困地区要严格按照国家“两不愁、三保障”及收入标准要求，精准发力，如期完成脱贫攻坚目标任务。具体措施包括：

（1）加大财政投入力度。贫困人口刚刚脱贫，还处在临界线边缘，非常容易再次掉入贫困陷阱，因此，构建稳定的中央和地方财政专项扶贫资金投入机制尤为重要。中央财政要继续扩大专项扶贫资金规模，各级地方财政也要保证脱贫攻坚的资金需求。通过调结构、保增量，不断加大扶贫资金投入，确保中央和地方财政专项扶贫资金继续投入乡村振兴建设，筹集资金支持贫困地区产业发展和农村小型公益性基础设施建设。

（2）产业发展再蓄力。俗话说，授人以鱼不如授人以渔。要想巩固脱贫攻坚的成果，最主要的就是变“输血式”扶贫为“造血式”扶贫，光靠国家和政府的扶持是不长久的。在实施产业扶贫的过程中，要让产业实现可持续发展，这样不但能巩固脱贫攻坚的成果，还能从根本上提高贫困人口的积极性，变“要我脱贫”为“我要脱贫”。

（3）保持扶贫政策稳定。贫困县摘帽、贫困人口脱贫后，如何根据“两不愁、三保障”政策继续巩固脱贫成果，产业扶贫、教育扶贫等临时性扶持政策如何上升为制度，都是迫切需要解决的问题。因此，在一定时期内，保持国家原有扶贫政策稳定、政策支持力度不减，才能确保贫困县、贫困人口实现稳定脱贫不返贫。对于实施效果好且有助于脱贫地区长期发展的政策，要进一步常态化、制度化，尤其是教育扶贫和健康扶贫等相关政策。

（4）严格考核，开展普查。要严格把守贫困县、贫困人口的退出考核机制，杜绝数字脱贫和虚假脱贫。同时，国家要组织开展脱贫攻坚普查，对已经脱贫摘帽的贫困县和贫困人口进行全面检查。开展巡察督察工作，加强常态化督促指导，更加精确地了解各地区脱贫攻坚任务完成情况和质量，摸清正处于冲刺脱贫攻坚阶段的贫困县和贫困人口的基本情况，重视脱贫攻坚中面临的主要问题，进而科学精准地制定政策，确保高质量完成脱贫攻坚任务。

2020 年是全面建成小康社会目标实现之年，是全面打赢脱贫攻坚战收官之年。当前正是脱贫攻坚与乡村振兴汇合的关键时期，贫困地区实现脱贫攻坚和乡村振兴的有效衔接极其重要。脱贫攻坚与乡村振兴关系密切，脱贫攻坚战是实现乡村振兴的前提，而乡村振兴为巩固脱贫攻坚成果提供保障。实现脱贫攻坚和乡村振兴的有效衔接有利于推动农业农村优先发展，推动城乡融合发展。现阶段农村贫困人口实现脱贫、贫困县摘帽只是新时代取得的阶段性胜利，未来农村发展还有很长的路要走。“扶上马”，只是现行标准下的脱贫摘帽；“送一程”，才是稳定脱贫、逐步致富的保障。

[参考文献]

[1]邢佩伟．脱贫摘帽不是终点[N]．人民武警报，2020－03－23(1).

[2]成友．既要扶上马也要送一程[N]．重庆日报，2020－03－20(A02).

[3]冯远．再接再厉巩固脱贫成果[N]．兵团日报(汉)，2020－03－20(4).

[4]白浩然，李敏，刘奕伶．复合治理：地方脱贫进路的一个理论解释——基于153个脱贫摘帽县的扎根研究[J]．公共行政评论，2020 (1)：22－40，195－196.

[5]龚冰，吕方．“摘帽县”如何巩固拓展脱贫成果？——基于兰考县案例的思考[J]．甘肃社会科学，2020(1)：53－60.

[6]李小红，段雪辉．后脱贫时代脱贫村有效治理的实现路径研究[J]．云南民族大学学报(哲学社会科学版)，2020 (1)：100－105.

[7]伊敏．中国的贫困与反贫困理论研究综述[J]．技术经济与管理研究，2019(11)：117－121.

[8]习近平．在决战决胜脱贫攻坚座谈会上的讲话[J]．北京人大，2020(3)：4－8.

[9]乐兵．将脱贫攻坚与乡村振兴有效衔接起来[N]．吉林日报，2020－03－25(11).

[10]程撼东．脱贫攻坚与乡村振兴的内在逻辑及路径研究[J]．安徽农业科学，2020 (5)：263－264，282.

［附录］

中共云南省委办公厅　云南省人民政府办公厅
关于进一步完善贫困退出机制的通知

各州、市党委和人民政府，省委和省级国家机关各部委办厅局，各人民团体，各大专院校，省属各企事业单位，中央驻滇各单位：

根据《中共中央、国务院关于打赢脱贫攻坚战三年行动的指导意见》（中发〔2018〕16号）、《中共中央办公厅、国务院办公厅印发〈关于建立贫困退出机制的意见〉的通知》（厅字〔2016〕16号）精神及有关规定，省委、省政府决定对贫困退出标准和程序进行修订完善。现将有关事项通知如下。

一、贫困县退出标准和程序

（一）退出标准。

贫困县退出严格执行国家退出标准。

主要指标：综合贫困发生率低于3%。

参考指标：脱贫人口错退率低于2%，贫困人口漏评率低于2%，原则上群众认可度达到90%。

（二）退出程序。

按照“省负总责”的要求，贫困县退出程序为：县级申请、州（市）审核、省级核查和实地评估检查、公示审定、批准退出。国家将按当年退出县20%的比例进行抽查。贫困户、贫困村退出程序保持不变。

二、贫困村退出标准

（一）贫困发生率。贫困发生率低于3%。

（二）交通。建制村到乡镇或县城通硬化路，且危险路段有必要的安全防护设施。

（三）电力。通动力电。

（四）广播电视。广播电视信号覆盖率达到99%以上。

（五）网络宽带。网络宽带覆盖到村委会、学校和卫生室。

（六）医疗设施。有标准化卫生室。

（七）活动场所。有公共服务和活动场所。

三、贫困人口退出标准

贫困人口退出以户为单位。

（一）人均纯收入。贫困户年人均纯收入稳定超过国家扶贫标准（按当年确定的标准），达到不愁吃、不愁穿。

（二）住房安全。住房遮风避雨，保证正常使用安全和基本使用功能。

（三）义务教育。义务教育阶段适龄儿童少年无因贫失学辍学。

（四）基本医疗。建档立卡贫困人口参加基本医疗保险、大病保险，符合条件的享受医疗救助。

（五）饮水安全。水量、水质、取水方便程度和供水保证率达到规定标准。

四、巩固要求

为巩固脱贫成果，提高脱贫质量，要严格落实中央各项要求，建立健全稳定脱贫长效机制，确保到2020年，实现农村贫困人口脱贫，贫困地区基本公共服务主要领域指标接近全国平均水平。

（一）贫困人口。到2020年，现行标准下建档立卡贫困人口实现脱贫，消除绝对贫困。

（二）人均可支配收入。实现贫困地区农民人均可支配收入增幅高于全国平均水平。

（三）饮水安全。加快实施贫困地区农村饮水安全巩固提升工程，稳定实现农村饮水安全有保障。

（四）住房安全。4类重点对象100%完成危房改造，全面解决贫困人口住房安全问题。

（五）产业扶贫。完善新型农业经营主体与贫困户联动发展的利益联结机制，有劳动力、有产业发展意愿的贫困户至少与 1 个农业新型经营主体建立合作关系。

（六）就业扶贫。加强技能培训，加大转移就业力度，多种形式开发公益岗位，确保有意愿的贫困劳动力家庭至少有 1 人就业。

（七）教育扶贫。通过国家义务教育均衡发展评估验收，确保所有义务教育学校达到基本办学条件。健全覆盖各级各类教育资助政策体系，学生资助政策实现应助尽助。

（八）健康扶贫。加快推进贫困地区县、乡、村三级卫生服务标准化建设。

（九）生态扶贫。将有劳动能力的贫困人口优先选聘为生态护林员、草管员，加大贫困地区退耕还林还草力度，推进贫困地区低产低效林提质增效工程，深化贫困地区集体林权制度改革。

（十）交通扶贫。乡（镇）、建制村 100% 通硬化路，具备条件的建制村通客车。

（十一）电力扶贫。95% 以上农户有生活用电，贫困村全部实现通动力电。实施贫困地区农网改造升级，加强电力基础设施建设，到 2020 年实现大电网延伸覆盖至全部县城。

（十二）网络扶贫。实现 90% 以上建制村通宽带网络。

（十三）公共设施。建制村建有党员活动中心、便民服务中心和必要的公共活动场所。

（十四）易地扶贫搬迁。全面完成易地扶贫搬迁任务。按照以岗定搬、以业定迁原则，做好后续产业发展和转移就业工作，确保进城入镇安置有劳动能力家庭至少 1 人实现稳定就业。

（十五）农村低保。完善农村低保制度，符合条件人口全部纳入低保范围，收入稳定超过脱贫标准。

（十六）养老保险。完善城乡居民养老保险制度，符合条件的贫困人口全部参加基本养老保险。

（十七）集体经济。鼓励具备条件的村集体，通过盘活集体资源、入股或参股、量化资产收益等渠道增加集体经济收入。

（十八）人居环境。村庄人居环境整治达到1档标准以上。

（十九）精准帮扶。实现扶贫政策、项目、资金对建档立卡户全覆盖，贫困户至少享有1项帮扶措施并取得实效。

（二十）守边固边。全面落实边民补助、住房保障等守边固边政策，改善抵边一线乡村交通、饮水等条件，启动实施抵边村寨电网升级改造攻坚计划，加快推进边境村镇宽带网络建设。

五、工作要求

（一）坚持目标标准。各级党委和政府要围绕年度脱贫目标任务，坚持贫困人口、贫困村、贫困县退出标准，确保脱贫质量，坚决防止数字脱贫、虚假脱贫，确保脱贫过程扎实、脱贫结果真实，使脱贫攻坚成效经得起实践和历史检验。

（二）层层压实责任。各级党委和政府要加强贫困退出组织领导和统筹协调，精心组织实施，分级负责，层层把关。乡（镇）党委书记、乡（镇）长对贫困人口退出的真实性、准确性负责；县（市、区）党委和政府主要领导对贫困村退出的真实性、准确性负责；州（市）党委和政府主要领导对贫困县脱贫退出的真实性、准确性负责。

（三）落实部门责任。各级行业扶贫部门要认真履行责任，在脱贫退出工作中，坚持标准，严格程序，分兵把口。贫困县退出时，省、州（市）、县（市、区）各级部门对本行业脱贫指标完成情况出具意见，报同级扶贫开发领导小组。

（四）强化监督问责。对贫困退出工作中发生重大失误、造成严重后果的，对存在弄虚作假、违规操作等问题的，依纪依法追究有关部门和人员责任。

六、其他事项

此前有关规定与本通知不一致的，以本通知为准。有关指标标准由省扶贫开发领导小组办公室负责解释。

贫困县退出评估指标及标准

评估指标		标准
主要指标	综合贫困发生率	建档立卡未脱贫人口、错退人口、漏评人口三项之和，占申请退出贫困县的农业户籍人口的比重低于3%
参考指标	脱贫人口错退率	抽样错退人口数占抽样脱贫人口数的比重低于2%
	贫困人口漏评率	调查核实的漏评人口数占抽查村未建档立卡农业户籍人口的比重低于2%
	群众认可度	原则上群众认可度达到90%

贫困村退出内容及标准

序号	内容	标准
1	贫困发生率	贫困发生率低于3%
2	交通	建制村到乡镇或县城通硬化路，且危险路段有必要的安全防护设施
3	电力	通动力电
4	广播电视	广播电视信号覆盖率达到99%以上
5	网络宽带	网络宽带覆盖到村委会、学校和卫生室
6	医疗设施	有标准化卫生室
7	活动场所	有公共服务和活动场所

贫困户脱贫内容及标准

序号	内容	标准
1	人均纯收入	贫困户年人均纯收入稳定超过国家扶贫标准（按当年确定的标准），达到不愁吃、不愁穿
2	住房安全	住房遮风避雨，保证正常使用安全和基本使用功能
3	义务教育	义务教育阶段适龄儿童少年无因贫失学辍学
4	基本医疗	建档立卡贫困人口参加基本医疗保险、大病保险，符合条件的享受医疗救助
5	饮水安全	水量、水质、取水方便程度和供水保证率达到规定标准

案例 10

因由之“轻”与损失之“重”：谁来为重大矿难事故埋单？

摘要：2019 年 2 月 23 日，春节刚过没多久，内蒙古西乌珠穆沁旗银漫矿业发生重大矿难事故，22 人不幸遇难，28 人受伤。此次矿难事故是内蒙古自治区首例非煤矿山企业安全生产事故。事发后，党中央、国务院和自治区党委、政府高度重视，要求全力做好伤员救治和事故处置工作，尽快查明事故原因并严肃问责。本案例通过回顾内蒙古西乌珠穆沁旗“2·23”矿难事故的整个过程，引发人们思考：在矿难事故发生之前，政府应该如何加强安全生产监管以避免事故的发生？矿难事故发生之后，政府又应该怎样有效地启动应急管理机制以妥善处理事故？

关键词：重大矿难事故；安全生产；应急管理；西乌珠穆沁旗

[案例正文]

内蒙古自治区锡林郭勒盟（以下简称“锡盟”），位于中国正北方、内蒙古自治区中东部。西乌珠穆沁旗（以下简称“西乌旗”）是锡盟所辖旗，占地面积 22581 平方公里，常住人口 7 万余人。内蒙古首例非煤矿山企业安全生产事故就发生在西乌旗域内的银漫矿业有限责任公司（以下简称“银漫公司”）。

2019 年 2 月 23 日，正月十五过去还没几天，按照民间的习俗，“出了正月才算过完年”，人们还沉浸在新年的欢聚与放松中时，银漫公司的工人却遭遇厄运，永远地离开了家人。此次矿难事故中的因由之“轻”与损失之“重”形成了鲜明的对比，令人难以接受的是，一起重大矿难事故发生的直接原因是刹车失灵，最终导致的是22条鲜活生命的逝去，28名员工的身体和心理受到了不同程度的创伤，这番“疏忽”的代价过于沉重，让人很难释怀。此次矿难事故不得不令人深思背后的深层次原因，究竟应由谁为这次重大事故埋单呢？

1　银漫矿业：繁荣之下的隐忧

1.1　国内最大的白银生产企业

银漫公司成立于2005年，是内蒙古兴业矿业股份有限公司（以下简称“兴业矿业”）旗下重要的全资子公司。银漫公司的法人代表和股东都经历过数次更迭，这场悲剧发生在法人代表刘晓明任期内。

2016年，银漫公司被兴业矿业收购，兴业矿业仅以24.14亿元的收购成本换取了银漫公司为其创造的137亿元市值。同时，银漫公司的资源储量丰富，开采能力持久，保证了兴业矿业的经营水平。

2017年，银漫公司全年营业收入达到10.4亿元，净利润达4.67亿元，分别占兴业矿业的49.22%和82.65%。2017年兴业矿业净利润5.65亿元，同比增长了531.56%。正是银漫公司的加入使得兴业矿业成为国内白银龙头企业。①

2018年，银漫公司的营业收入和净利润在兴业矿业中的占比居高不下，分别为49.98%和66.78%。兴业矿业更是公开表示，银漫公司是其“主力矿山”，为其创造了高额的利润。

2019年，在元旦过后不到两个月的时间里，银漫公司相继申请了6项专利。2019年2月22日，也就是事故发生的前一天，兴业矿业宣告：

① 资料来源：http://www.tibet.cn/cn/Instant/culture/201902/t20190226_6512602.html。

2018年12月5日，银漫公司被认定为高新技术企业，由内蒙古科学技术厅、财政厅和税务局联合颁发高新技术企业证书，在证书3年有效期内享受企业所得15%税率的优惠。正当兴业矿业和银漫公司沉浸在喜悦中时，一场最大的危机已经悄然而至。

1.2 措手不及的重大生产安全事故

2019年2月23日7时，与以往一样，温州建设集团矿山工程有限公司西乌珠穆沁旗分公司（以下简称“温建西乌分公司”）召开班前安全生产例会。

7时30分，司机张赢驾驶事故车辆从维修车间出发运送当班工人入井作业。

7时33分，事故车辆到达主斜井口的派班室等待工人上车。

7时46分，待工人上车后，事故车辆驶离派班室，驶回维修车间。

7时48分，事故车辆到达维修车间。

7时52分，事故车辆搭载工人后驶向辅助斜坡道井口，其间，途经主斜井口的派班室附近，有人员上下车。

8时14分，事故车辆起步驶入辅助斜坡道，行驶一段距离后，车辆突然失控。其间，司机张赢采取减挡和刹车等措施进行制动，但未能使车辆减速。事故车辆与左右两侧巷道墙壁多次剐蹭后，正面撞击在巷道第19个躲避硐室的侧壁上，造成重大安全事故，致使22人死亡、28人受伤。初步统计，事故造成直接经济损失3725.06万元，其他损失尚需最终核定。

2 事故起因：通勤车制动系统失灵？

2.1 直接原因：报废车辆制动失灵

根据相关报道，此次事故的直接原因竟是通勤车在下井过程中刹车突然失灵，撞向了辅助斜坡巷道，进而导致事故发生。运输矿工的通勤车作为重要的运输工具，为何会突然失灵？是偶然，还是必然？调查结果显示，一是承包方温建西乌分公司使用未取得安全生产许可的报废改装车辆运输工人下井，车辆制动系统存在明显故障，车辆制动性能明显下降；二是事故车辆驾驶人不具备大型车辆驾驶资格，在下坡行驶时，遇到刹车突发失灵状况，错误将挡位挂入三挡，最终导致车辆失控引发事故；三是通勤车是经过改装的，车内没有座椅和扶手，且经常严重超载，加重了事故的隐患。

“当时一看就知道是跑坡了”，此次事故的幸存矿工之一王虎说道。王虎是赤峰林西人，在银漫工作已有5年了。事故发生当天，他像往常一样来到井口准备搭乘通勤车。① 上车以后，王虎坐在了车的后排。铲车司机刘鹏也坐在了后排，他是2018年7月来的。他们乘坐的通勤车从外观看是绿色迷彩样式，长约十米、宽约三米。车厢内部的座椅全被改装过，车厢左右两侧各有一排长凳，车尾的长凳稍短些，车内没有扶手。改装后的通勤车经常严重超载，最多时乘坐70多人，车内并不宽裕，并非所有人都有座位，大多数人都是站着或者蹲着，每次下井的这段路大家都很辛苦。

矿工们往常乘坐通勤车大约需要半个小时就可抵达作业平台。2019年2月23日早上，在人们毫无心理准备的情况下，通勤车下井的路程还没行驶到一半，车辆突然失控。幸存的矿工回忆，车辆的速度越来越快，完全不受控制，司机本想将车子贴近隧道壁增大摩擦，但是车速没有任何减缓的迹象，直到撞向前方的隧道，才彻底停了下来（见图10－1）。

一位幸存者描述说，通勤车核载30人，改装后的通勤车平常严重超载，乘坐70多人的现象时有发生，事发当天乘坐了50多人。失控的通勤车在下井的坡路上速度越来越快，工人们受到剧烈的冲击，彻底停下来的一瞬间，有的人直接飞出去了……

---

① 资料来源：https://news.sina.cn/gn/2019－02－26/detail－ihrfqzka9423878.d.html。

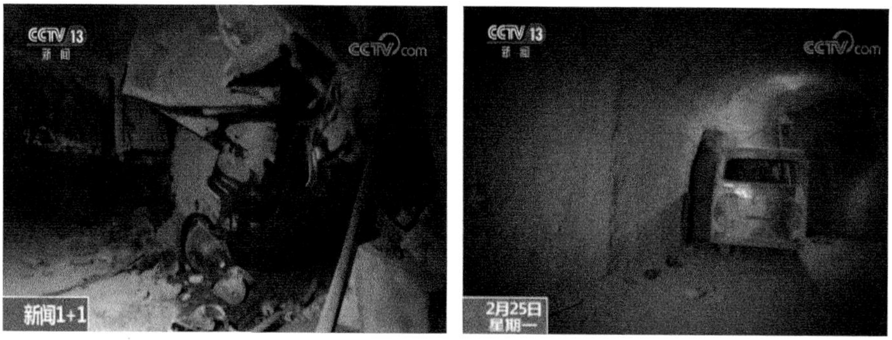

图 10－1　事故现场车辆

资料来源：http：//www. tibet. cn/cn/Instant/culture/201902/t20190226_ 6512602. html。

2.2　间接原因：忽视安全生产

2.2.1　井路无减速带

银漫公司的下井路是一条长约几百米的下坡路，坡度约 8 度。事故现场距离井口约 595 米，垂直落差 68.4 米，巷道宽 4.8 米、高 4.5 米，井下都是粗糙混凝土路面。下井的路上，每隔一段距离，就有一个错车场，来往行驶的车辆可以安全错开，但是，在这样狭小的下坡路上却没有减速带，这又增加了多少安全隐患呢？一旦车辆失控，造成的后果不堪设想。

2.2.2　外包责任转嫁

银漫公司把开采工作外包给温建西乌分公司，也将安全责任转嫁给温建西乌分公司。在生产监督检查中发现，企业存在的一些问题也是交给外包公司负责，任由施工单位整改，整改与否也未进行跟踪，将所有的责任全推卸给承包单位。银漫公司没有认真履行《2018 年度外包工程安全生产管理协议》的有关职责，也未按要求签订《2019 年度安全生产管理协议》，对外包施工单位的安全生产工作协调管理不力，对矿用车辆运输设备管理极不严格，对外委施工单位长期使用违规车辆运送人员出入井并不加以制止，也未及时消除事故车辆重大安全隐患。

2.2.3　安全管理流于形式

银漫公司制定了《入井安全规定》《井下人员定位系统管理制度》

《井下运输系统安全作业管理制度》等管理制度；温建西乌分公司制定了《温建西乌分公司项目部入井须知》《温建西乌分公司项目部出入井登记制度》。两公司在日常组织生产中，虽每日对出入井员工进行登记，存有出入井登记记录，但出入井工作管理混乱，相关制度严重未落实，少登、漏登等情况普遍存在。当班人员需要佩戴人员定位卡，但大多数员工并没有佩戴的意识，都是“想起来戴上，忘了就不戴”。公司也没有做到认真监督员工佩戴定位卡。事发时，下井121人，79人进行了登记，42人没有登记，仅有45人佩戴人员定位卡。

2.2.4　瞒报停产复工

2019年春节期间，银漫公司和其外包单位温建西乌分公司停产，员工也放假回家过年了，但是公司有意向上级部门隐瞒停产，谎称继续生产，以此来逃避安全检查。1月29日至2月12日，温建西乌分公司承包的井下外包工程除排水系统进行作业、风水管路除锈施工外，其他均停止生产作业，直到2月13日，员工陆续返回后，才继续组织生产。

2.3　深层次原因：多方主体“多”作为

经过自治区纪委监委责任追究组一个多月的介入、全程监督和依法调查，层层深入和不断分析，银漫公司“2·23”重大生产安全事故的根源逐渐浮出水面。有关部门单位、领导干部和公职人员不同程度地存在“形式主义、官僚主义”，不作为、慢作为、假作为、乱作为现象突出，部分人员甚至受利益驱动涉嫌违纪违法。

2.3.1　政府失职

政府作为监管部门，首先要对这起安全生产事故负主要责任。上级政府的监督检查工作没有认真执行，导致这次重大事故的发生。很多事故灾难并不是由一方力量引发，而是多方工作的失职导致的。

从整个矿难事故来看，涉及的政府主体有吉仁高勒镇党委、政府，西乌旗应急管理局，西乌旗党委、政府，锡盟应急管理局，锡盟盟委、行政公署等。各级政府本应该负起安全生产的监督责任，但是都没有尽到应尽的责任，上级政府的监督管理能力差、下级部门安全生产意识淡薄，才会导致这样严重的后果（见表10－1）。从这起重大安全生产事故来看，表面上是由通勤车刹车失灵这种低级错误导致的事故灾难，但是，背后的监管失职、利益寻租等深层次因素却是不容忽视的。

表10－1　监管部门及属地政府的事故责任

监管部门及属地政府	事故责任
吉仁高勒镇党委、政府	对属地企业安全生产状况监督检查不到位
西乌旗应急管理局	未有效履行安全监管职责，督促矿山企业淘汰落后设备力度不够
西乌旗党委、政府	未有效指导监督旗应急管理局、吉仁高勒镇政府履行安全生产监管职责
锡盟应急管理局	对重点企业监督检查不到位，对下级安全监管部门履行监管职责督促指导不力
锡盟盟委、行政公署	对锡盟安全监管部门责任落实情况监督指导不到位，对西乌旗安全生产工作存在的问题监督指导不力

资料来源：根据相关资料整理。

2.3.2　公司失责

涉事企业安全生产意识淡薄，安全责任落实不到位直接导致了事故的发生。此次事故的涉事企业不只是银漫公司，由于具体工作都是外包给温建西乌分公司的，因此，温建西乌分公司也有很大的责任。同时，两公司的上级公司也没有尽到监督指导的责任，同样要承担责任。作为第三方评估的安顺咨询公司，也没能按照协议尽责（见表10－2）。

表10－2　涉事企业的事故责任

涉事公司	事故责任
银漫	安全管理主体责任严重未落实
兴业矿业	对安全生产工作重视程度不够，不履行上级公司安全管理主体责任
温建西乌分公司	未正确履行承包工程现场安全管理责任、严重失职
温州建设集团矿山工程有限公司（以下简称“温建矿山公司”）	不履行上级公司安全管理主体责任，对温建西乌分公司以包代管、包而不管

续表

涉事公司	事故责任
安顺咨询公司	作为安全评价机构，履行第三方技术服务职责不到位，未按照《委托第三方技术服务机构进行企业安全检查的协议》要求，对银漫公司进行全面深入的安全检查

资料来源：根据相关资料整理。

银漫公司负责人刘晓明主动交代了该企业向有关监管职能部门领导、工作人员以及评审专家送钱送礼等问题。2016—2018 年，刘晓明安排其下属在端午节、中秋节、春节，按照局长（主任）每人每次 5000 元、副局长每人每次 3000 元、工作人员（科长、股长、科员）每人每次 2000 元或 1000 元标准，给西乌旗电业局、公安局、安监局等相关部门的负责人和工作人员送钱送礼。一辆失控的通勤车背后竟牵涉到政府部门的利益寻租。

“海恩法则”认为：每一起严重事故的背后，必然有 29 次轻微事故、300 起未遂先兆以及 1000 起事故隐患。银漫公司并不是第一次遇到安全生产事故。2016 年 6 月 22 日，银漫公司白音查干东山矿区发生一起冒顶事故，造成 1 人死亡，银漫公司在上缴 40 万元的行政罚款之后，事情才算平息下来。银漫公司在生产运营中还存在冒顶片帮、中毒窒息、物体打击、高处坠落、机械伤害、透水、爆破伤害等诸多安全风险。①

2.3.3　*矿工疏忽*

事故车辆严重超员，车辆驾驶人员、乘车矿工漠视车辆超员运输存在的潜在危险，未采取任何防护措施，同车 2 位安全员也未制止车辆超员运输，安全管理意识淡薄，违章作业。事故发生后的统计结果表明，入井矿工未全部签订劳动合同，大部分矿工仅由负责人雇用。银漫公司在 2019 年 2 月 11—23 日陆续招用 293 名工人入场，但截至事故当日，签订劳动合同的仅有 125 人，剩余 168 人均未签订劳动合同，未缴纳工伤医疗保险。

① 资料来源：https://news.sina.com.cn/c/2019-02-24/doc-ihrfqzka8739661.shtml。

3 事故救援及善后

事故发生后，政府启动应急预案，成立紧急救援应急指挥部，全力展开救援，力争将人员和经济损失降到最低。与此同时，企业配合政府做好救援和善后工作，许多爱心市民也积极参与到献血的行动中。

3.1 多方协调配合救援

3.1.1 企业迅速启动救援工作

事故发生后，银漫公司安环处六大系统值班员王志接到事故车辆乘车人员李彦龙拨打的“8036”内线求助电话，告知井下运送工人的车辆发生了事故。随后，银漫公司、温建西乌分公司立即组织员工、车辆及物资开展现场救援。参与救援的员工近200人，调动公司及员工私人车辆约40辆，从宿舍、仓库向事故井口运送被褥、担架等救援物资，将伤员救出后分别送往锡林郭勒盟医院和锡林郭勒盟蒙医医院进行救治。

2019年2月23日9时2分，距矿区约15公里的吉仁高勒镇巴彦高勒卫生院接到银漫公司事故报告，立即派出两名医护人员乘坐公共卫生流动服务车赶赴现场参与救援。

3.1.2 政府部门现场紧急救援

2019年2月23日10时30分，旗应急管理局接到银漫公司事故报告，立即组织人员、车辆赶赴现场组织救援。

11时40分，旗政府组织公安、医疗部门以及15名医护人员、3辆救护车赶赴现场组织救援。

12时11分，旗政府宣布启动应急预案并上报有关情况。公安部门到达现场后，立即封锁事故井口、保护事故现场并进行现场勘查。

13时20分，锡盟行署有关负责同志及盟应急管理局等部门赶到事故现场指挥救援。

3.1.3 医院组织专家会诊治疗

对于此次事故中受伤的人员，医院精心制定了专门治疗方案，采取一名伤员安排一医一护的精准治疗，在治疗身体伤痛的同时安排心理医生对其进行心理疏导。国家和自治区先后安排32名医疗专家通过远程会诊对伤员进行治疗指导。经专家会诊，13名重症患者分别于3月2日、4日、5日分批转入内蒙古人民医院、内蒙古医科大学附属医院及北京大学人民医院治疗（见图10－2）。

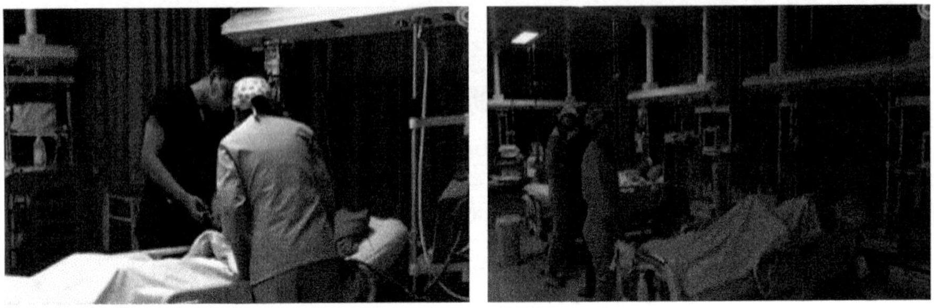

图10－2 事故后医生救援

资料来源：https：//news. sina. cn/gn/2019－02－24/detail－ihqfskcp8145128. d. html。

3.1.4 爱心民众献血救治

事故中大部分伤员伤势较重，需要大量输血，但是锡盟中心血站的库存严重不足，无法满足伤员用血所需。2月23日深夜，中心血站发布了号召市民献血的消息，第二日清晨，广大市民冒着零下10多摄氏度的严寒在献血站门前排起了长队。24日当天，经过13小时的连续采血，献血总量超过10万毫升，355人成功献血，满足了"2·23"重大事故伤者救治用血的需要。

3.2 事故善后处置

3.2.1 政企联手安抚

在事故救援结束后，锡盟迅速成立了由盟委书记为总指挥的事故应急管理指挥部。锡盟盟委、行署组织抽调了190名干部职工和40名律师及法律事务工作者，成立了"一对一"工作小组，对分住在27家宾馆的伤亡者家属进行思想安抚、心理疏导。银漫公司设立事故抚恤赔偿方案专户，筹措赔偿金2900万元，并详细制定遇难者抚恤赔偿方案，积极妥善做好善后处置工作。截至3月2日，22名遇难者家属全部签订抚恤赔偿协议。

3.2.2 保险公司赔偿

从内蒙古银保监局了解到，事故发生后，银保监局马上组织保险机构开展承保理赔排查工作，认真核对情况，开展绿色通道，经初步确认，9名受伤者在8家保险公司投保10笔保险，涉及意外伤害险、重疾险等险种。11名遇难者在5家保险公司投保14笔保险，涉及意外伤害险、终身寿险等险种。保险业预估赔款共计94.94万元。①

4 高度重视，严厉处罚

4.1 三级政府联动调查

4.1.1 中央高度重视

不同于以往矿难事故，此次矿难事故具有特殊性，是内蒙古自治区首例非煤矿山企业安全生产事故，受到了党中央、国务院的高度重视，李克强总理和国务委员王勇、郭声琨等领导同志第一时间作出重要批示，提出事故处理的明确要求。国家应急管理部也立即做出响应，派工作组赴现场指导应急救援和事故调查工作，并对事故查处挂牌督办，要求全力做好伤员救治和事故处置工作，尽快查明事故原因并严肃问责，进一步加强安全生产排查治理和监管，坚决防范遏制重特大事故。在中央高度重视下，2019年2月25日，自治区政府成立锡盟西乌旗银漫公司“2·23”安全事故调查组。

4.1.2 自治区立即行动

2019年2月26日，自治区纪委监委成立“2·23”事故调查责任追究组，依法依规组织开展事故调查处理及责任追究工作。内蒙古自治区党委书记李纪恒、自治区主席布小林、常务副主席马学军、副主席张韶春和欧

① 资料来源：https://news.sina.com.cn/c/2019-03-01/doc-ihrfqzkc0219455.shtml。

阳晓晖带领自治区有关部门人员先后赴现场指挥应急救援、看望慰问伤员、指导伤员救治和善后处理工作。调查工作结束后，4月25日，自治区十届纪委常委会152次会议暨自治区监委委员会第66次会议研究决定，对锡盟西乌旗银漫公司“2·23”重大安全生产事故立案。

4.1.3 锡盟全力配合

事故发生后，自治区纪委监委领导高度重视，第一时间指示锡盟纪委监委介入相关工作，并根据自治区党委、政府统一部署，指派负责联系锡盟的第六纪检监察室组织人员赶赴当地，参与事故调查及责任追究工作。在自治区党委、政府的领导下，锡盟盟委、行政公署和西乌旗党委、政府迅速成立了以盟委书记为总指挥的“2·23”事故应急处置指挥部，建立统一调度、分工负责的工作机制，下设医疗救治、善后处置、舆论宣传、安全保卫、综合协调等5个工作组开展救援工作。①

4.2 问责及处罚

责任追究组根据相关政策法规，对事故发生所涉及的党委、政府、相关部门单位以及各级领导干部和公职人员应承担或履行的安全生产工作职责和责任情况进行了一一梳理，分别建立台账、对应建立责任职责清单。

4.2.1 实事求是“追”单位

锡盟盟委、行政公署，西乌旗党委、政府，吉仁高勒镇党委、政府在锡盟西乌旗银漫公司“2·23”重大生产安全责任事故中负有责任，依据《中国共产党问责条例》第七条之规定，建议责成吉仁高勒镇党委、政府向西乌旗党委、政府做出深刻检查；责成西乌旗党委、政府向锡盟盟委、行政公署做出深刻检查；责成锡盟盟委、行政公署向自治区党委、政府做出深刻检查。锡盟应急管理局、西乌旗应急管理局在锡盟西乌旗银漫公司“2·23”重大生产安全责任事故中负有监管责任，建议对锡盟应急管理局、西乌旗应急管理局在全区范围内进行通报批评。

---

① 资料来源：https://www.xianjichina.com/news/details_100855.html。

对温建西乌分公司，根据其违法违规行为予以处罚，按照《中华人民共和国安全生产法》《生产安全事故报告和调查处理条例》（国务院令第493号）等法律法规，依法吊销其营业执照，由西乌旗政府依法予以关闭；对温建矿山公司，其除依法承担相应的赔偿等责任外，被处以499万元人民币罚款，通报浙江省有关部门依法暂扣其“建筑企业资质证书”“安全生产许可证”，并纳入“黑名单”管理；对银漫公司，其除依法承担相应的赔偿等责任外，被处以499万元人民币罚款，由自治区自然资源厅依法暂扣其“采矿许可证”，自治区应急管理厅依法暂扣其“安全生产许可证”，并纳入“黑名单”管理；对兴业矿业公司，其除依法承担相应的赔偿等责任外，被处以300万元人民币罚款；对安邦公司，给予其警告，其被处以1万元人民币罚款；对安顺咨询公司，将其纳入“黑名单”管理，并由西乌旗应急管理局依据《中华人民共和国合同法》有关规定，按照其与银漫公司签订的协议追究其相关责任。

4.2.2 精准问责“究”个人

锡盟西乌旗银漫公司“2·23”重大生产安全责任事故中，共有63人被追责。鉴于事故车辆驾驶人和温建西乌分公司安全员等3人已在事故中死亡，免予追究责任，但其他政府领导和企业相关责任人都受到了不同程度的处罚。其中，对锡盟盟委副书记、盟长霍照良等9人，给予党纪政务处分；对其余有关责任人也分别给出处理意见。对温建西乌分公司实际控制人接郑清等22人，司法机关拟追究其刑事责任。事故调查组还建议，给予温建矿山公司西乌珠穆沁旗分公司等6家事故责任单位行政处罚。①

5 结语

此次矿难事故作为内蒙古自治区首例非煤矿山企业安全生产事故，带给人们的警示作用很大。不同于以往井下瓦斯气爆炸或者是漏水、冒顶之

① 资料来源：http://www.xinhuanet.com/2019-10/24/c_1125143873.htm。

类的事故导致的重大人身伤亡和财产损失，此次通勤车刹车失灵带来的事故灾难更加令人难以接受，也因此引起了社会各界的高度关注和重视。从中央、自治区到锡盟再到西乌旗政府迅速启动应急救援行动，第一时间制定救援方案，开展善后工作。然而，对于矿山企业而言，更重要的是要在日常的生产中树立安全意识，将安全生产作为企业的重中之重，不疏忽每一个安全生产隐患，避免事故的发生。每一起矿难事故的发生，都会付出惨痛的代价。在吸取这次重大事故教训之后，内蒙古自治区在全区范围内展开安全生产排查，认真监督各地生产安全，整治重点领域问题，坚决防范重大安全事故。

[案例思考题]

（1）结合案例分析，锡盟“2・23”重大矿难事故发生的直接原因及深层次原因是什么？

（2）锡盟“2・23”重大矿难事故暴露出政府在安全生产监管中存在哪些不足，应该如何完善？

（3）在突发矿山企业安全事故中，政府应该采取哪些应急管理措施？

[案例评析]

矿难事故的发生从来都不是偶然。世界上80%的矿难都发生在中国，矿山企业一旦发生安全生产事故，轻则导致员工受伤，重则付出生命代价。近年来，社会各界对矿山企业的安全生产越来越重视。在政府、企业和社会的共同努力下，矿山企业安全生产事故发生次数有所下降，但是，轻微的矿山企业安全生产事故仍频繁发生，重特大安全生产事故也时有发生，造成了大量的人员伤亡和经济损失，影响了社会和谐稳定。

内蒙古西乌旗银漫公司“2・23”重大安全生产事故是内蒙古自治区首例非煤矿山企业安全生产事故。此次非煤矿山安全生产事故的因由之“轻”引发人们深刻反思。涉事企业违规使用报废车辆，车辆制动失灵是这次重大安全事故的直接原因，而深层次原因在于涉事企业安全管理责任落实不到位、相关监管部门安全监管流于形式、矿企工人安全意识淡薄。

（1）企业安全管理责任落实不到位。对于矿山企业来说，安全生产是重中之重，是不能有任何疏忽的。随着生产技术水平的提升，矿山企业具备一定的安全生产能力，在大多数情况下可以做到提前预防，避免矿难事故的发生。但是银漫公司一味追求经济利益的最大化，忽视企业生产安全，安全管理责任制度只停留在表面，落实不到位，最终导致矿难事故的发生。

（2）政府安全生产监管流于形式。地方政府失责，在受到利益蒙蔽的情况下，对当地矿山企业的生产安全监管不到位。西乌旗党委、政府及相关监管部门生产安全监管流于形式，安全监管责任履行不严格。银漫公司为了躲避政府的安全生产监管，向政府相关负责人输送利益，企业的寻租行为造成政府公职人员的不作为。

（3）矿企工人安全生产意识淡薄。大部分从事井下工作的矿企工人受教育程度相对较低，加之企业对安全生产教育的不重视，使得矿企工人在生产劳动中忽视安全生产，自我保护意识不强，在事故发生后往往成为直接的受害者。

要想从根本上避免矿难事故，关键是要提高全社会对安全生产的重视程度，必须把人们的生命健康放在第一位。全社会要从根本上认识到，忽视安全生产，一味追求经济利益最大化，最终要付出惨痛的代价。政府要严格落实安全生产监督责任，建立健全安全生产奖罚制度；企业守住安全生产红线，把员工的生命安全放在首位，定期检查维修生产设备，排除安全隐患，为员工创造安全的生产环境；员工要提升综合素质，接受安全教育培训，增强安全生产意识，维护自身权益。

应急管理是指政府及其他公共机构在突发事件的事前预防、事发应对、事中处置和善后恢复过程中，通过建立必要的应对机制，采取一系列必要措施，应用科学、技术、规划与管理等手段，保障公众生命、健康和财产安全，促进社会和谐健康发展的有关活动。当矿难事故发生以后，地方政府要及时行动，才能把损失降到最小，具体包括：

第一，建立统一的应急指挥机构。当面临突如其来的公共危机事件，尤其是矿难事故时，政府应将公众的生命安全放在第一位，在规定的范围内尽可能满足民众的诉求，遵循以人为本的处理原则。同时，地方政府要组成统一的应急指挥机构，相关工作人员应迅速到位，对矿难事故进行全方位调查。建立统一的应急指挥机构可以形成联动机制，提高不同职能部门之间的协调性，使政府在处理事故时能有统一的方向，集中调动应急资源，进而将危害程度与范围降到最低。

第二，保证信息的公开性。矿难事故发生后，地方政府应及时在政府网站上发布事故的最新动态，召开新闻发布会解答记者的提问，控制舆论导向。政府保证信息的及时公开，有利于利用新闻媒体为紧张的局势提供第一手报道，有效发挥信息沟通机制的作用，保证政府和民众之间信息的互通，缓解公共危机的紧张态势，提高民众对政府应急管理举措的认同度，从而增强政府处置危机的公信力。

第三，精心细致做好善后。在事故善后环节中，及时快速地救治伤员，对于减轻事故受伤人员伤痛、降低事故伤亡程度具有直接影响。安排专门工作人员耐心抚慰事故伤亡家属，及时通报救援进展的信息，可以有效减轻遇难者家属的心理压力，减轻矿难事故对他们造成的影响。遵循以人为本的处理原则，降低矛盾激化与事件扩大化的隐患，对遇难者及其家属进行合理赔偿。

第四，严厉问责，严肃查处。很多矿难事故的发生并非偶然，由于忽视安全生产造成的一起起矿难事故给经济社会带来了巨大的损失。要严查造成矿难事故的原因，依法严格追责、严厉问责，对于玩忽职守、失职渎职、违法违规的行为，要按照相关法律法规进行坚决处理。

[参考文献]

[1]周婷婷,方乐,马晓南,等. 地方政府与煤矿企业安全生产协作的互惠博弈模型[J]. 电子科技大学学报(社会科学版),2015(6):37-43.

[2]郎庆峰. 矿难事故背后的政府公信力研究——以山西王家岭矿难事件为例[J]. 企业改革与管理,2014(6):25,41.

[3]吴学安. 矿难事故为何频发[J]. 生命与灾害,2016(12):4,5-6.

[4]张乔伍. 矿山企业应当紧守安全生产管理的红线[J]. 管理观察,2015(6):61-62.

[5]高长征. 论煤矿采矿的事故成因与防范对策[J]. 能源与节能,2012(11):7-8.

[6]苏远忠. 论如何避免矿难事故的发生[J]. 工程技术研究,2017(1):141,145.

[7]聂辉华. 政企合谋:理解“中国之谜”的新视角[J]. 阅江学刊,2016(6):5-15,136.

[8]彭滥欣. 企业社会责任视角下的矿难家庭干预研究[D]. 南昌:江西财经大学,2017.

案例 11

特色小镇——拉动旅游经济发展新引擎

摘要：特色小镇作为助力产业转型发展、推进城乡统筹发展和传承独特地域文化的新引擎，对于地方经济社会发展具有重要意义。“忽如一夜政策来，千特万色小镇开”，2014 年，中央各部委和地方政府相继出台发展特色小镇相关政策，全国各地的特色小镇争相涌出，云南省也开始启动特色小镇的创建工作，在云南省政府的大力支持和社会各界的积极参与下，打造了一批具有国际水平、全国一流的特色小镇。云南省特色小镇在建设过程中紧扣民族风情、历史文化、古城古镇、自然景观，充分挖掘当地特色，将生态优势转换成产业优势，促进了旅游经济的高质量发展。但是特色小镇在建设发展过程中也出现了一些问题。云南省政府通过监督、整改、淘汰等一系列措施，精心打造特色小镇，向世界递交了“云南名片”。

关键词：特色小镇；旅游产业；旅游经济；云南省

[案例正文]

云南省位于中国西南边陲，以独特的高原风光，热带、亚热带的边疆风物和多姿多彩的民族风情而闻名于海内外。云南省旅游资源丰富，据统计，目前全省有景区、景点 200 余个，国家级 A 级以上景区 134 个。[①] 坐拥丰富

① 资料来源：http://www.yn.gov.cn/yngk/gk/201904/t20190403_96266.html。

旅游资源的云南省正借助“旅游+”穿针引线，融合文化、养老、娱乐、运动等相关产业，并积极将众多相关产业与旅游业相结合，进而发挥出旅游产业的带动作用。

随着经济社会的发展和生活水平的提高，人们的消费观念也悄然改变，消费水平不断升级，央视《中国经济生活大调查》数据显示，旅游已经连续5年位于居民消费意愿的榜首。2017年，随着国家各部委相继出台多项支持特色小镇发展的政策措施，云南省开启了特色小镇的建设之旅。借助得天独厚的自然资源、独具韵味的人文资源和充满魅力的生态资源，特色小镇成为云南省旅游经济发展的新引擎，吸引了国内外的大量游客前来观光。然而，云南特色小镇在发展中遇到了“同质化严重，房地产化倾向”等问题。特色小镇如何在建设中“以特立镇”？又如何将生态优势、特色文化优势转化为发展优势？

1 云南特色小镇的兴起

随着“忽如一夜政策来，千特万色小镇开”，特色小镇开始在全国范围内广泛兴起。浙江省是第一个在全国发展特色小镇的。2014年10月，时任浙江省长李强首次提出“特色小镇”概念之后，浙江省的特色小镇模式开始逐渐在全国推广。[①] 2015年12月，习近平总书记在《浙江特色小镇调研报告》上作重要批示。从2016年开始，从中央到地方各级政府都高度重视特色小镇的建设及发展。2016年7月，住房和城乡建设部、国家发展改革委、财政部三部委出台的《关于开展特色小镇培育工作的通知》指出，在全国范围开展特色小镇培育工作，到2020年，我国将培育1000个左右各具特色的特色小镇。

一股特色小镇热潮吹过神州大地，全国各地纷纷兴起建设浪潮，积极创建具有国际水平的特色城镇、全国一流及全省一流的特色小镇。特色小镇受

① 资料来源：https://f.qianzhan.com/tesexiaozhen/detail/181025-038a6c12.html。

到了人们的喜爱与追捧，尤其是在经济发达地区，人们觉得居住在特色小镇可以彰显个人的生活品质。据统计，全国共有10大特色小镇类型，分别是历史文化型小镇、城郊休闲型小镇、新兴产业型小镇、特色产业型小镇、交通区位型小镇、资源禀赋型小镇、生态旅游型小镇、高端制造型小镇、金融创新型小镇、时尚创意型小镇。

云南省被称为“彩云之南”，拥有着独具韵味的人文资源和充满魅力的生态资源。人文资源中的古城古镇、传统村落是极具特色的文化瑰宝，具有打造特色小镇的天然优势。2017年，云南省委、省政府研究决定，在全省范围内开展特色小镇创建工作，鼓励各地积极结合本地实际情况，在原有基础上进行提升改造来培育发展特色小镇。2018年，云南省人民政府印发的《关于加快推进全省特色小镇创建工作的指导意见》中明确提出，到2020年，全省建成一批具有鲜明的云南特色、达到世界一流水平的、宜居宜业宜游的精品特色小镇。努力走出一条特色鲜明、产城融合、惠及百姓的特色小镇建设新路子，为激发云南省经济活力注入新动能。

2 政企合作，共建特色小镇

2.1 规划引领，提防“千镇一面”

为防止“千镇一面”，云南省政府积极规划引领，主要体现在以下几个方面：首先，政府精准确定特色小镇的创建思路。特色小镇创建工作中要避免急于求成，不能为了达到投资规模而简单拼凑项目，要围绕该小镇内在自有的产业特色、基础形态、配套功能、本地文化等做好特色小镇建设规划。归根结底，建设特色小镇最重要的一点就是“因地制宜，就地取材”，只有植根于小镇自有的“原材料”去创造小镇的特色之处，才能使小镇具有灵魂，具有真正的特色。其次，科学规划土地。各地要结合实际情况，科学划定特色小镇的规划建设区域，尤其注意特色小镇决不能在农田上、耕地上大肆搞开发和建设，应优先使用城乡建设用地。政府要从特色小镇建设开始进行严格把关，对不符合规划的特色小镇要及时开展土地规划调整。最后，严格控制房地产化倾向。在特色小镇创建过程中，要避免开发商打着建设特色小镇的旗号，扩大建设区域用于盖楼房。政府要严格控制房地产开发规模，合理规划房地产的开发比例，确保每个特色小镇房地产开发的建筑面积不得超过特色小镇总建筑面积的30%，有效防范“假特色小镇、真房地产项目”。

2.2 财税支持，保障建设

云南省政府高度重视特色小镇的建设，在土地、财税、金融等方面出台了一系列优惠政策，并按照“大干大支持、不干不支持”的原则扶持全省范围内的特色小镇发展。首先，从2018年至2020年，云南省政府每年都会从特色小镇中择优评选出15个建设成效卓著的特色小镇。省级财政会给予这些优质特色小镇1.5亿元“奖代补”资金来支持这些创建成效显著的特色小镇，同时也要求财政奖补资金必须用于特色小镇规划范围内的相关项目建设，严禁用于房地产开发项目。据统计，2018年省财政奖补支持的15个特色小镇已累计完成投资236亿元。其次，政府在特色小镇建设过程中加大税收减免和支持力度。在政府财政政策的大力扶持下，云南省特色小镇建设初具规模并取得快速发展。最后，政府还帮助拓宽建设特色小镇的融资渠道。政府对那些想参与到特色小镇建设中的投资者放宽条件，敞开大门欢迎他们的积极参与。于是民间资本、股权投资基金、银行信贷资金、国家建设专项基金等纷纷注资到特色小镇建设中，大大拓宽了特色小镇建设资金的来源渠道。

2.3 政企携手，助推发展

云南省按照“政府引导、企业主体、群众参与、市场化运作”的思路开展特色小镇建设工作。特色小镇的建设者不仅包括政府，还包括企业、群众。这实际上改变了政府大包大揽搞投资、搞建设的方式，也充分调动了企业、当地群众等社会各界共同参与到特色小镇前期的投资建设和后期的运营管理中来。

PPP模式是政府和企业合作建设特色小镇的一种方式，采取PPP模式可以减轻政府资金投入的压力。云南省通过召开招商推介大会为特色小镇与企业之间搭建一个沟通交流和对接的平台，帮助每个特色小镇找到与小镇投资规模相匹配的、有实力的投资建设和运营主体并与其建立长期合作关系。同时也通过加大招商引资力度，积极引入有情怀、有实力的国内外一流投资主体，采用专业化的运营模式来推动特色小镇的高效运营和可持续发展。2017 年，云南省邀请了部分世界 500 强企业、中国 500 强企业、行业领军型企业等国内外近 100 家企业前来参加招商推介会，其中有北京汇源控股有限公司、中国房地产报社、中国旅游集团香港国际旅游投资公司、百悦投资集团等企业。①

3 挖掘特色，各具魅力

打造云南特色小镇就要突出“特”字，要有区别于其他地方小镇的独特之处，这样才能向全世界展示出云南的美丽和魅力。云南省政府通过实地考评、第三方评估、综合评估等一系列的严格评选及考核后，确立了 5 个国际水平的特色小镇、20 个全国一流的特色小镇、80 个全省一流的特色小镇。本案例中选择 3 个具有典型代表的特色小镇，介绍这 3 个特色小镇的独特之处、创建经历及成长故事。

3.1 非遗特色小镇——建水西庄紫陶小镇

紫陶是有着悠久历史的传统工艺品，其制作历史源远流长，史上流传着“宋有青瓷，元有青花，明有粗瓷，清有紫陶”的说法。紫陶还被誉为“中国四大名陶”之一。随着特色小镇项目在云南省各地的宣传和开展，建水县百姓抓住了难得的重大发展机遇，主动参与到建水县“千年紫陶”发展大局中。在政府的引导和百姓的共同努力下，建水县创建了以非物质文化遗产紫陶产业和西庄历史文化为核心的全国一流特色小镇——建水西庄紫陶小镇。

① 资料来源：https://fdc.fang.com/news/2017-07-17/25756305.htm。

建水县百姓还积极培育和传播紫陶文化，推动紫陶产业快速发展。一方面，通过开办与紫陶相关的专业和职业技术学校来培训与紫陶产业相关的从业者，为紫陶产业下一步的发展培养大批技术人才。另一方面，建水县还通过举办紫陶文化旅游节、紫陶世界艺术大赛等活动，让更多人了解到紫陶产业及紫陶文化。如今，在建水县，紫陶已经成为游客不可错过的“一景”，吸引了来自全国各地的观光旅游者。2018 年，中国特色小（城）镇指数研究课题组发布的《中国特色小（城）镇 2018 年发展指数报告》中，建水西庄紫陶小镇被评为“中国最美 50 个特色小镇”之一，同时建水县也被授予“中国紫陶之都”的荣誉称号。

3.2 民族特色小镇——屏边滴水苗城

位于屏边苗族自治县的滴水苗城，是全国 5 个苗族自治县之一，也是云南省内唯一的苗族自治县。这里拥有丰富的苗族风情和富饶广阔的绿水青山。屏边苗族自治县以山、水、林、苗、城为设计理念，以一心八寨、一河五景为总体规划。在大围山原始森林公园脚下、牧羊河畔，一座充满苗族文化气息的小镇正徐徐展现它的风采。在这个小镇的建筑物上随处可见芦笙、蝴蝶、牛头等苗族传统文化标识，每个建筑物都能淋漓尽致地体现当地的特色及苗文化，它们共同构成了这座美丽的小镇——屏边滴水苗城。

屏边滴水苗城因山水而灵，也因苗文化而兴。屏边滴水苗城建设规划就是突出苗文化、做足水文章、挖掘山潜力、发挥绿优势。要避免“千城一面”和同质化，就要寻找特色，一方面是要找到当地的生态基底、山水基因作为小城建设的最基本的基础。因山就势建起建筑群落，体现苗寨的独特风情。另一方面是要根植于它深厚的文化底蕴，创造性地提出建设屏边苗式建筑，将屏边苗族的特色凸显出来。屏边滴水苗城未来的发展方向就是全力打造以苗医苗药、生态休闲、康养旅游为主的 5A 级苗族文化风情旅游胜地，将具有特色的音乐、舞蹈、服饰与游客体验进行充分融合，进而传播少数民族特色文化。

3.3 文化特色小镇——弥勒可邑小镇

位于云南省红河州弥勒市的可邑特色小镇是彝族阿细支系的主要聚居地，聚居着187户689名彝族支系阿细人。这里更是彝族阿细文化的发源地，是彝族传统民居、民族文化和古朴的民风民俗保存比较完整的地方。在可邑特色小镇，列入国家非物质文化遗产名录的非物质文化遗产有两项：一项是《阿细先基》，另一项是《阿细跳月》。《阿细先基》是彝族阿细人口头流传的创世史诗。《阿细跳月》是阿细人最具代表性的民族民间音乐和舞蹈，据考证已有1200多年的历史。《阿细跳月》节奏欢快明亮、旋律优美，闻名国内外，在1986年被美国乐坛列为世界最受欢迎的十大乐曲之一。可邑小镇以阿细“原汁原味”民族风情特色村寨为依托，充分挖掘阿细民族文化资源，将独具特色的阿细文化作为小镇的灵魂，进而让古老文化焕发新的生机。2017年6月，弥勒可邑小镇荣列创建全省一流特色小镇名单。

可邑古村改造提升基本成形，已形成“一轴、一核、三片区”的发展格局，并以“一轴”为核心带动周边地区共同发展。“一轴”是指通过整合现在的交通体系专门打造一条旅游专线，以满足游客量增加的需求，提升游客体验感；“一核”是指可邑古村利用保存完好的彝族阿细古村落举办丰富多彩的民族民俗体验活动；“三片区”是指阿细部落片区，以彝族大型创世史诗《阿细先基》为核心、阿细历史文化发展进程为主线，营造阿细部落原始生活场景，提供深度体验，并建设有8个主题区。正是这些“原汁原味”的彝族生态文化吸引了全国各地的游客前来观赏精彩的《阿细跳月》歌舞表演、感悟阿细人古老淳朴的民族风情。

4 特色小镇的“生死劫”

4.1 特色小镇迎来强监管

自2016年以来，中央各部委相继出台了支持发展特色小镇的政策文件，全国各地拉开了一场轰轰烈烈的建设特色小镇的序幕。然而在特色小镇建设火热之时，各地特色小镇一哄而上、鱼龙混杂，在一些地方的部分特色小镇中出现了“千镇一面”、重点建设任务推进缓慢、房地产化倾向严重等问题，这与特色小镇最初的发展规划相违背，甚至影响到了“特色小镇”这个招牌。为解决这些问题，国家发展改革委会同有关部门于2017年12月联合印发《关于规范推进特色小镇和特色小城镇建设的若干意见》，提出了若干规范管理措施。在2018年8月出台的《关于建立特色小镇和特色小城镇高质量发展机制的通知》中明确指出，要逐年淘汰以下小镇：①住宅用地占比过高、有房地产化倾向的不实小镇；②政府综合债务率超过100%，市县通过国有融资平台公司变相举债建设的风险小镇；③特色不鲜明、产镇不融合、破坏生态环境的“问题小镇”。[①]

云南省委、省政府按照“宁缺毋滥、质量优先、严格把关”的原则进行“回头看”，淘汰那些低速、低效、低质发展的特色小镇。截至2019年，云南省政府共淘汰整改了427个“问题小镇”。如玉溪澄江广龙旅游小镇的问题为房地产建筑密度过高，而特色小镇内的绿化覆盖面积过少。此外，小镇主导的文化类型不清晰，没有核心旅游吸引物，存在地方文化拼盘现象。沙溪古镇的问题为宣传标识杂乱无序，与古镇风貌不协调，严重影响了沙溪古镇的整体风貌；而且该镇环境卫生管理质量较差，服务设施建设和管理不够精细，需要规范并进行提升改造。原始部落翁丁村内建设的临沧翁丁葫芦小镇存在着建设方向“跑偏”问题，小镇中的现代风格建筑过多，破坏了小镇的原始风貌。[②] 随着云南省相关整改政策的陆续出台和监管机制的建立，“问题特色小镇”将面临整改或关停的处境。对“问题小镇”的整改标志着云南省特色小镇的建设已由“追求数量”变成了“注重质量”。

4.2 特色小镇被问责

云南省特色小镇发展领导小组办公室研究决定，对玉溪澄江广龙旅游

---

① 资料来源：https://www.meipian.cn/1tns1hk0。

② 资料来源：http://www.e0734.com/html/2019/0822/897691.html。

小镇、沙溪古镇、临沧翁丁葫芦小镇给予“黄牌警告”，并责令尽快整改且整改限期为3个月。如果这些小镇未能在规定的时间内完成整改，那么政府有权将它们从特色小镇的名单中淘汰，并收回政府之前对这些小镇的扶持资金。但在后来出台的补充通知中，明确将上述3个小镇整改期限由原来的3个月延长至1年。3个特色小镇整改方案已上报领导小组办公室，领导小组办公室将采取定期和不定期方式对它们的整改情况进行督查。

政府对于触碰生态红线的鸡足山禅修小镇，主体未落实的八宝壮乡小镇，未开工建设的永胜清水古镇、陆良蚕桑小镇、罗平油菜花小镇以及将特色小镇与产业园区概念混淆的个旧大屯特色制造小镇6个特色小镇淘汰出创建名单，并收回1000万元的启动资金。① 鸡足山禅修小镇位于云南省大理宾川县西北处，因山势形似鸡足而得名（见图11－1）。鸡足山是国家4A级风景名胜区。按照鸡足山镇在2017年确定的发展规划，鸡足山镇明确提出将专门划定一块区域用于建设云南省特色小镇，但最后该特色小镇却没有建成，原因在于被划入鸡足山禅修小镇规划范围的区域基本上都是树木植被良好的地方，位于云南省生态保护红线内。如果按照小镇规划建

图11－1　鸡足山禅修小镇项目规划区域

资料来源：https：//www. sohu. com/a/326692053_ 642295。

① 资料来源：https://www. guancha. cn/economy/2019_07_11_509007. shtml。

设，这里将会出现建筑覆盖率远远超过绿化覆盖率的情况，预计在建设特色小镇过程中会砍掉大量树木，这必然会影响到当地的生态环境。由此，云南省政府因鸡足山禅修小镇触碰生态红线决定将其淘汰出特色小镇的创建名单。

5 特色小镇与旅游经济协同发展

截至2018年，云南省各地特色小镇创建工作紧张且有序地进行，并且已进入建设的高峰期。从云南省各特色小镇的旅游发展水平看，少数民族聚居区的旅游发展较好，这得益于当地的民族文化。在旅游业发展中融入一些当地的民族文化，给游客一种综合性的文化体验，并以此作为亮点来吸引游客，不仅提升了小镇的旅游品位，而且带动了小镇旅游经济的发展。在特色小镇的发展过程中，云南省委、省政府提出旅游业在发展过程中要尽快与第一、第二、第三产业实现融合的发展思路，大力支持将旅游业与其他特色小镇资源有效整合，以打造一条特色的旅游产业链，实现各种资源的融合发展。

自从我国居民消费水平逐渐提高，我国的旅游热潮也随之兴起，特色小镇旅游成为迎合人们回归田园生活、慢生活的新型旅游模式，特色小镇也成为人们争相去旅游打卡的“宝地”。近些年，云南省依托丰富的旅游资源、政府的政策支持，将省内的特色小镇大力推广出去，使得云南省内的特色小镇变得家喻户晓，进而带动了云南旅游业的快速发展。

如今云南旅游行业迅速发展并成为云南省重要的支柱产业，如图11－2所示，2017年云南省旅游收入达到近年来旅游收入的峰值。从发展趋势看，云南省旅游收入呈逐年增长趋势。据了解，每逢节假日，云南省各地的特色小镇可谓人山人海，周边的酒店、宾馆、客栈全部爆满。截至2018年11月，云南省特色小镇共接待游客人数达1.8亿人次，其中，过夜游客有 5832 万人，实现旅游收入 1052 亿元。[①] 可见云南省各地特色小镇创建工作总体进展情况顺利且成效显著，目前已经在全国范围内打造出云南省特色小镇的名片，有效带动了当地旅游经济的蓬勃发展。

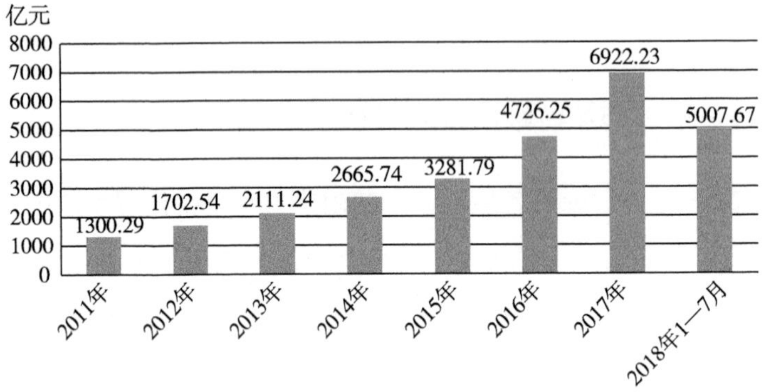

图 11－2　2011 年至 2018 年 7 月云南省旅游收入情况

资料来源：https：//f. qianzhan. com/tesexiaozhen/detail/190228－3b9db7f4. html。

［案例思考题］

（1）在特色小镇建设中，云南省政府和企业是如何协同合作的？

（2）云南特色小镇在建设过程中面临哪些问题？如何解决这些问题？

（3）云南特色小镇带动了旅游经济的发展，这对于其他地区特色小镇的建设有何借鉴之处？

［案例评析］

自 2014 年浙江省首次提出“特色小镇”概念后，特色小镇迅速在全国范围内兴起，成为拉动旅游经济增长的新引擎。2017 年起，云南省凭借丰富的文化资源、众多的古城古镇、良好的自然生态环境等优势打造特色小镇，并结合实际情况找到了一条真正适合发展特色小镇的道路。目前，云南省特色小镇已经成为宣传云南旅游特色的一张名片，吸引了国内外众

① 资料来源：https：//f. qianzhan. com/tesexiaozhen/detail/200319－cbc3cca3. html。

多游客，带动了云南省旅游经济的增长。

云南省地处西南边陲，经济发展落后，财政资金短缺，同时，特色小镇在建设过程中，面临着建设投入高、周期长、市场化运作难度大等问题。PPP模式作为政府与社会资本合作的一种模式，具有伙伴关系、利益共享和风险分担的特征。云南省采用PPP模式建设特色小镇，既能满足特色小镇建设需求，又能解决云南省财政资金短缺的问题，打通政府、企业、金融机构三方金融渠道，发挥各自优势。首先，政府部门作为特色小镇项目建设的主要发起者，通过给予某些特许经营权或采取一些政策扶持措施吸引社会资本并促进项目顺利进行；其次，社会资本也是主要发起者之一，可以是一家企业，也可以是多家企业组成的联合体，同政府指定机构合作成立PPP项目公司，投入资金形成公司的权益资本；最后，由于特色小镇项目的投资规模大，金融机构作为社会资本参与投资，主要提供资金支持和信用担保。

随着特色小镇项目建设日益增加，出现的问题也越来越多，怎样解决特色小镇目前发展面临的问题成为人们思考的关键。

（1）特色小镇缺乏特色。“特色”是特色小镇发展的核心，失去了特色就如同特色小镇失去了灵魂。许多小镇的建设是对经济发达地区模式、概念的套用，没有结合当地的特色文化和历史产业，对产业定位不准确。特色小镇出现旅游主题雷同、“千镇一面”的现象。

（2）特色小镇过度开发。云南省许多地方特色小镇在规划建设前期，为追求数量、速度、短期效益，盲目规划开发，而且在开发的过程中只注重景观开发，忽视了对历史文化资源的保护和挖掘，使得特色小镇逐渐失去了原有的历史文化特色。

（3）特色小镇打乱原有的生活秩序。在旅游旺季，特色小镇会迎来大量的外来游客，导致在旅游中产生的垃圾、噪声、汽车尾气等超出了小镇的承载能力，特色小镇的环境受到污染。同时，随着大量旅游者源源不断地到来，当地物资的供需比例被改变，造成特色小镇内的物价上涨。此外，许多开发商也钻空子，前来盖别墅、修度假区等，使外来购房者纷纷涌入，造成房价飞涨。

（4）特色小镇设施不完善。特色小镇是“生态、生活、生产”相融合的“产城人文”一体化小镇，不仅要满足周边居民的日常生活活动，还要有足够的能力去承载前来旅游的游客。而目前云南省特色小镇配套的公共服务设施、交通设施、旅游配套设施还不完善，不能有效满足日常生活活动及旅游的基本需要。

基于以上问题，为了使云南特色小镇得到更好的发展，提出以下几点发展建议：

（1）科学规划，不盲目跟从。特色小镇在建设前，首先，应深入了解当地现有资源，因地制宜地建设特色小镇，这样才能凸显特色，从而打造独具魅力的云南特色小镇。其次，并不是每个地方都适合发展特色小镇，不要盲目跟随建设热潮，要结合当地的资源情况、资金储备、市场前景等因素来决定是否走发展特色小镇的道路。最后，在建设中始终遵循最初的建设思路，避免在发展中出现迷失方向、开发变味等情况。

（2）保护性开发，挖掘特色。特色小镇的开发应立足自身的民族文化、自然生态、气候环境等独特优势，并将之转化为自己的发展优势，形成具有发展潜力的主导产业，赋予小镇良好的竞争力和生命力。在建设特色小镇时，要注重对小镇内的历史遗迹、历史文化的保护，尽量在保持小镇原有风貌的基础上传承好历史文脉。

（3）多方融合，全域发展。2018 年 3 月发布的《关于促进全域旅游发展的指导意见》中提出，从单一景点旅游模式过渡到全域旅游模式，建立由点到面的旅游联动机制，实现“旅游 +”融合发展，这样有利于区域资源的有效配置利用，实现旅游业的高质高效可持续发展；同时也强化了与周边地区的互联互通，进而带动周边地区产业、经济的发展，使当地经济得以繁荣，人们的收入得以增加、生活水平得以提高。

（4）完善基础设施，推动小镇发展。要保证特色小镇充满活力，在众多小镇中脱颖而出，最基本的就是要保障基础的公共服务设施到位，再完善和升级相关的旅游配套设施。云南特色小镇建设要依托基础设施建设，把发展旅游与发展小镇结合起来，这不仅大大改善了当地群众的生产条件、生活环境，还有力推进了特色小镇的建设及发展。

（5）宽进严出，去房地产化。充分利用传统媒体和新兴媒体两大媒介做好特色小镇的宣传推广，让越来越多的人了解特色小镇。同时，通过搭建合作平台，加大招商引资力度，促进以企业为主体来推进特色小镇的项目建设；拓宽融资渠道，吸引社会资金、民间资本的投入以保障特色小镇创建资金的来源。此外，政府要严格把控入选特色小镇的资格标准。对那些正在建设的旅游特色小镇项目需要时刻监控并定期进行检查，一旦发现有房地产化倾向，立马进行纠正。

[参考文献]

[1]杨艳．云南：特色小镇文化旅游开发策略[J]．区域治理，2019(50)：21－23.

[2]陈燕．简析旅游开发中的云南少数民族特色小镇[J]．小城镇建设，2017(8)：48－53.

[3]“云南省大健康产业发展战略研究”课题组．关于加快建设云南健康特色小镇的若干思考[N]．中国经济时报，2018－09－14(8).

[4]陈丹，李莉萍．对培育云南特色小镇之路的探讨与研究[J]．城市建筑，2018(20)：37－39.

[5]许丽兰．特色小镇PPP模式下的跟踪审计探讨[J]．城乡建设，2020(5)：68－71.

[6]吴访非，冀薇．PPP模式在特色小镇建设中的应用[J]．沈阳建筑大学学报(社会科学版)，2019(5)：502－508.

[7]刘相廷，何永华．旅游特色小镇发展存在的问题及解决措施[J]．智能建筑与智慧城市，2020(3)：113－114.

[8]谢珈,花晨. 特色小镇的文化旅游产业打造[J]. 江西社会科学,2019(11):222－227.

[9]谢宁光. 全域旅游视域下旅游特色小镇发展路径探析[J]. 太原城市职业技术学院学报,2019(8):29－30.

[附录]

云南特色小镇名单

国际水平的特色小镇	1. 元阳哈尼梯田小镇	2. 大理古城	3. 巍山古城	4. 建水临安古城	5. 丽江古城
全国一流的特色小镇	1. 沙溪古镇	2. 建水西庄紫陶小镇	3. 橄榄坝傣族水乡	4. 普者黑水乡	5. 和顺古镇
	6. 泸沽湖摩梭小镇	7. 红河水乡	8. 思茅普洱茶小镇	9. 瑞丽畹町小镇	10. 喜洲古镇
	11. 临沧翁丁葫芦小镇	12. 丙中洛小镇	13. 楚雄彝人小镇	14. 昭通大山包极限运动小镇	15. 香格里拉月光城
	16. 西双版纳勐仑镇	17. 昆明斗南花卉小镇	18. 玉溪澄江广龙旅游小镇	19. 昆明嘉丽泽高原体育运动小镇	20. 曲靖爨文化小镇
全省一流的特色小镇	1. “云上云”双剑小镇	2. 凤龙湾阿拉丁小镇	3. 麒麟爱情小镇	4. 陆良蚕桑小镇	5. 九乡旅游小镇
	6. 澄江寒武纪小镇	7. 腾冲玛御谷温泉小镇	8. 昌宁红茶小镇	9. 施甸摆榔金布朗风情小镇	10. 新平嘎洒花腰傣风情小镇
	11. 盐津豆沙关南丝路古镇	12. 水富大峡谷温泉小镇	13. 丽江黎明丹霞小镇	14. 锦绣丽江	15. 腾冲启迪冰雪双创小镇
	16. 西盟佤部落	17. 宁洱那勐勐小镇	18. 澜沧酒井老达保乡村音乐小镇	19. 临翔区昔归普洱茶小镇	20. 景迈普洱茶小镇
	21. 光禄古镇	22. 南华野生菌小镇	23. 红河哈尼土司文化小镇	24. 弥勒太平湖森林小镇	25. 南美拉祜风情小镇
	26. 官渡古镇	27. 罗平油菜花小镇	28. 鲁布革布依风情小镇	29. 嶍峨古镇	30. 轿子雪山小镇

续表

全省一流的特色小镇	31. 华宁盘溪橘香小镇	32. 腾冲银杏小镇	33. 普洲小镇	34. 保山永子围棋小镇	35. 通海杨广智慧农业小镇
	36. 彝良小草坝天麻小镇	37. 镇雄以勒小镇	38. 华坪芒果小镇	39. 永胜清水古镇	40. 高黎贡山摄影小镇
	41. 孟连勐阿小镇	42. 思茅洗马湖科学家小镇	43. 勐库冰岛茶小镇	44. 凤庆鲁史茶马古文化小镇	45. 普洱汇源小镇
	46. 侏罗纪小镇	47. "元谋人"远古小镇	48. 碧色寨滇越铁路小镇	49. 河口瑶族盘王小镇	50. 凤庆滇红小镇
	51. 个旧大屯特色制造小镇	52. 泸西城子古镇	53. 广南坝美世外桃源	54. 八宝壮乡小镇	55. 红河"东方韵"小镇
	56. 大理双廊小镇	57. 诺邓古镇	58. 剑川木雕艺术小镇	59. 大理龙尾关小镇	60. 勐巴拉雨林小镇
	61. 陇川民族风情小镇	62. 芒市航空小镇	63. 贡山独龙风情小镇	64. 梅里雪山小镇	65. 德宏大盈江万塔小镇
	66. 屏边滴水苗城	67. 金平蝴蝶谷小镇	68. 文山古木三七小镇	69. 易武古镇	70. 弥勒可邑小镇
	71. 鹤庆新华银器艺术小镇	72. 祥云云南驿小镇	73. 鸡足山禅修小镇	74. 芒市咖啡小镇	75. 基诺风情小镇
	76. 梁河南甸傣族水镇	77. 怒江傈僳风情小镇	78. 罗古箐普米风情小镇	79. 高原冰酒小镇	80. 姐告跨境电商小镇

资料来源：https：//f. qianzhan. com/tesexiaozhen/detail/190228 –3b9db7f4. html。

案例 12

合山巨变：老矿区的涅槃重生

摘要：资源枯竭是资源型城市不可避免的境遇。调整产业结构、转变经济发展方式是突破资源枯竭型城市发展困境的必由之路。合山市因丰富的煤炭资源而大力发展煤电产业，经济一度呈现繁荣之势。随着开采力度的不断加大，煤炭资源可用量日渐缩减。2009 年，合山市被国家列入第二批资源枯竭城市名单，亟待转型。本案例描述了自 2009 年起，合山市针对资源枯竭带来的“生态病”“经济病”“民生病”症结，秉承绿色发展理念，创新发展方式，调整产业类型及结构，着力改善生态环境、保障民生，成功实现了资源枯竭型城市的转型，也实现了老矿区的绿色新生。

关键词：资源枯竭；产业转型；生态恢复；保障民生；合山市

[案例正文]

合山市是广西壮族自治区的一座工矿城市，多年来将煤炭资源作为经济发展基石。伴随着开采量增加的是城市各种病症的并发：“生态病”给当地环境留下疮疤，煤矸石山绵亘不绝，大面积的地下采空导致房屋拉裂严重；“经济病”凸显，以煤、电产业为主体的单一产业结构需要转型；“民生病”亦是巨大考验，数以万计的煤炭工业从业者需重新选择就业岗位。合山市迫切需要走向转型之路，而转型是一场攻坚战、持久战，要敢于突破常规，实现跨越式发展，在结构调整中寻找新资源、打造新动力。经济发展方式需要由单一化向多元化转变，变“一煤独大”为“多点支撑”。在转型过程中，还要注重生态环境的恢复与治理，以及群众住房、就业、教育等民生的改善。面对重重困难与挑战，合山市应该怎样因地制宜设计发展蓝图，走好转型之路？

1 转型：资源型城市的必由之路

1.1 因煤而兴

合山市由广西壮族自治区来宾市管辖，于1981年6月经国务院批准立市。地处桂中腹地的红水河之滨，东、西、南与广西来宾市兴宾区接壤，北面毗邻忻城县。合山市总面积为350平方公里，总人口15万人，市辖岭南镇、河里镇、北泗镇3镇，其中岭南镇为合山市政府所在地。①

合山市有丰富的矿产资源，辖内主要有煤炭、铁、大理石等矿产。合山市煤田南北长30公里，东西宽10～12公里，面积为300多平方公里，占据市总面积的73%，地质储量7亿多吨，占据广西煤炭总储量的30%以上，煤炭储藏量和开采量位居广西之首，因此被称为“广西煤都”，此外，其作为广西最大的能源生产基地，素有“光热之城”的美誉。

合山市的煤炭资源开采历史可追溯到1905年，百年历史成就了广西的“三个第一”，成立广西壮族自治区第一家煤矿企业——合山市矿务局，第一座坑口电厂——合山电厂，第一条用于煤炭运输的窄轨铁路——来（宾）合（山）轻便窄轨铁路，“三个第一”奠定了合山煤炭在广西壮族自治区的地位。在几十年的发展中，合山市矿务局成为广西最大的煤炭生产企业，自2003年开始加快煤炭产业的结构性调整，以资源优化配置和战略性重组资产为手段，增强企业发展活力。全局产煤量不断增长，企业销售收入持续增加，2003年到2006年，合山矿务局连续4年跻身中国煤炭

① 资料来源：http://www.heshanshi.gov.cn/zjhs/hsgk/t5112908.shtml。

工业 100 强企业。①

煤和电加速了合山市经济发展的脚步。2001—2004 年，合山市煤炭产量进入高峰期，年平均产量达到 500 万吨。2003 年和 2005 年，合山市两度获得“广西经济发展十佳县（市）”称号，2004 年成为“中国县域经济基本竞争力提升速度最快的百佳县市”之一。截至 2007 年，合山市为其他地区贡献的原煤已经超过 1 亿吨，累计发送 800 多亿千瓦时电，提供 2.23 万个就业岗位，贡献财政收入超过 22 亿元人民币。

1.2 “煤竭城衰”

经过 100 多年的持续开发，合山市煤炭资源几近枯竭。自 20 世纪 90 年代开始，大批矿井因资源量无法满足生产需要而相继宣布倒闭和报废。21 世纪初，合山市委、市政府意识到未来发展将面临资源枯竭等问题，便着手整治矿山企业。2001 年底，合山市关停上百家乡镇煤矿小企业。2005 年起，煤炭产量开始下降。2007 年，为落实广西壮族自治区关于节能减排的要求，合山市关停了合山电厂的 4 台发电机组，煤炭产量直线下降，并由此造成各项经济指标的下滑。根据中国矿业网中国矿业联合会的评定，合山市煤炭开采已经进入衰退期。2007 年底，合山市境内煤田的浅部煤层已全部开采完毕，只剩下深部煤层可开采。面临着开采难度大、成本高等难题，工矿企业只能望而却步。2009 年 3 月，国家将合山市列入第二批资源枯竭城市名单。2010 年底，原柳花岭、里兰、溯源、河里等 8 个煤矿宣告关闭。导致合山市煤炭产量从 2005 年年产 300 万吨降低到 2010 年年产 70 多万吨。昔日承载着合山人光荣与梦想的“煤都”沦为了令人哀叹的没落都市，辉煌过后面临着“煤竭城衰”的阵痛。

1.3 决心转型

合山市产业结构单一，长期以煤炭开采业和火力发电业作为主导产

① 资料来源：http://hongdou.gxnews.com.cn/viewstaticpage-16169658.html。

业。煤炭资源为合山市发展的持续升温提供了“光”和“热”，然而资源枯竭之时，光热不再，黑暗和寒冬相继而来。2007年，合山市全年财政收入为27036万元，同比下降7.7%；2008年为23256万元，同比下降14%；2009年上半年，该市税收降幅近64%。财政收入出现断崖式下跌，经济社会可持续发展前路茫茫。①

工矿城市的弊端随着煤炭资源的枯竭日益凸显。生态方面，多年的煤炭开采严重破坏了生态环境，需要“医治”煤矸石山和大面积地下采空等生态创伤；经济方面，单一的以煤、电产业为主体的产业结构亟须转型；民生方面，数万煤炭从业者面临着重新择业、就业的难题。彼时的合山市“生态病”“经济病”“民生病”并存，合山人从阵痛中觉醒，痛定思痛，决心走转型之路，向辉煌再进发。

2009年11月，合山市出台经济发展与城市建设规划，合山市的转型发展蓝图被定义在具体的城市空间形态，即“一心一轴一园两带”，其中“一心”指以城区为核心，“一轴”指南柳高等级公路发展轴，“一园”为合山市产业转型工业园，“两带”指沿红水河两岸和沿322国道发展带。此外，合山市着力打造“两个重要基地”，分别为广西重要火电能源基地和冶炼工业基地，在发展循环经济理念的主导下，将火电主导产业做大做强。

2010年5月，国家发展改革委主持召开关于《广西壮族自治区合山资源枯竭型城市可持续发展规划》（以下简称《规划》）评审会。评审组经过认真评估审议后一致通过该项发展规划。《规划》已正式进入具体实施环节，助推合山市产业转型和经济发展。

2010年8月，广西壮族自治区人民政府正式出台《关于促进合山资源枯竭型城市可持续发展的实施意见》，指出转型工作的目标是恢复生态环境，调整经济结构，保障社会民生，建立资源开发补偿机制、衰退产业援助机制等资源型城市可持续发展的长效机制，并在实践中不断补充完善。

① 资料来源：http://district.ce.cn/newarea/roll/201002/01/t20100201_20899638.shtml。

同时着力解决就业、社会保障、棚户区改造等社会民生问题，加强环境整治、生态保护，完善基础设施建设。①

2 生态：转型之重

2.1 生态保护，规划先行

广西壮族自治区先后出台的《规划》《关于促进合山资源枯竭型城市可持续发展的实施意见》为修复矿区生态环境提供了政策指导，例如对矿山地质环境进行综合治理，将废弃矿坑、采煤地表塌陷区等区域的治理列为重点工作任务；针对煤炭开采导致的城乡饮用水水质恶化、对矿山水体污染问题展开治理，实施水资源保护和饮水安全工程；对矿区城区的基础设施进行改造和重建，修复矿区拉裂房屋、矿区城区道路和乡村道路、农田水利设施，建设城乡良好的自然环境和社会人居环境。对环境污染进行治理的同时，合山市也强调加大现阶段矿产资源、水资源等开发项目的环境影响评价执行力度，打击非法的生产经营活动。在全市发展循环经济并推进清洁生产，提高资源的利用效率，减少资源消耗量和污染物排放量。

2.2 矿难事故，生态警示

2011 年 7 月 2 日，广西壮族自治区来宾市合山煤业公司八矿樟村矿井发生了一起由地面塌陷引发的井下事故，深达 330 米至 390 米的井下埋困了 22 名矿工，22 人中仅有 2 人获救，20 人遇难。樟村矿井井下采空区较多，6 月 28 日以来，合山市持续暴雨，降雨量达 281.6 毫米，该矿井地面积水严重、泥土松动，引起该井巷道上部约 1 亩地面塌方，煤渣和泥沙随着大量的雨水从采空区冲进采掘工作面，直接导致了此次事故。在自然诱因的背后，人们更加关注矿难产生的深层次原因，长期开采煤炭资源，合山市境内 350 平方公里中有 100 多平方公里的土地属于地下采空区，采空

---

① 资料来源：http://www.9ask.cn/fagui/201008/116495_1.html。

区在外力的作用下易使矿井发生安全事故。

百年的采矿历史，给合山市留下太多的“后遗症”。此次矿难事故再次让人们认识到合山市生态恶化的严重性，引发人们对生态环境的担忧。矿区地表塌陷造成许多房屋开裂，此外矿井、运输道路、工地建筑等基础设施和矿井废渣存放占用了大量土地，致使地表植被被破坏。合山市政府先后投入4.2亿元修复矿山地质环境，但仍然难以克服深部采空区的地质环境治理难题。

2.3 环境修复，道阻且长

环境的修复是一项长期而艰巨的工程。合山市煤炭资源开采史长达上百年，对地质环境的破坏程度大，恢复治理矿山环境还不到20年，历史遗留问题较多，加之新开矿山投入使用后陆续产生新的环境问题，地质环境治理面临严峻考验。令合山人对治理前景有所期盼的是，合山市矿山地质环境治理工程于2010年由自治区政府立项，被列入全国矿山地质环境重点治理项目，分3期完成。2011年启动第一期治理工程，治理面积77平方公里，工程估算总投资为4.2亿元，申请中央资金3.5亿元，地方配套资金7000万元，包括封堵里兰等矿区380个废弃矿井，开展上塘、溯河东矿等矿区的矿山地质环境治理。2012年建成5处大型休闲场所，修复10万平方米采空区拉裂房屋，对50处沉降不稳定的采空塌陷处、15处地裂缝和8处水体严重污染区域进行监测，加大监管力度。2015年完成第二期工程，石村矿区、河里矿区矿山地质环境治理成为重点工作内容。2018年完成第三期工程，地质环境治理区域主要为马安矿区和其他区域。

矿区道路环境和生态环境经过两年的修复有所改善。例如，合山市江滨一带，过去常年煤灰滚滚、煤矸石散乱堆放、未及时封堵的废旧井筒存在安全隐患。2013年合山市开始将煤矸石进行清运回填、封堵废旧井筒，同时植树种草，使生态环境得到显著改善。

3　经济：强基之石

3.1　发展增值农业

3.1.1　蔗糖产业领航

农业是经济发展的基础，提升其生产效率对经济增长具有助推作用。转型之初，经过实地考察、科学评估后，合山市确立了用“工业增值”的理念发展农业，将增值农业作为转变经济结构的替代产业之一。通过深加工、产品多元化等方式延长农业产业链，提高农产品在生产、流通、消费等环节的附加值，增加收益。合山市从既有资源入手，以蔗糖产业作为发展基点，对种植甘蔗的农户给予每亩机耕补贴80元，同时对相关糖业公司给予甘蔗种植补贴、贴息贷款、技术指导等。2010年，合山糖厂进行了改扩建，日产能力由2000吨提升至4000吨。2011年，合山市甘蔗种植面积共达9万亩，上半年全市糖业税收共计1815万元，税收首次超越煤炭产业，在转型发展中率先实现破题。

3.1.2　特色农业齐发展

政府积极发挥引领作用，以政策、资金为手段支持特色农业产业发展。蔗糖产业取得了良好的生产效益，凸显出了增值农业的优势，合山市着手将增值农业的理念运用到其他农业产业，放大其优势效应。以桂中治旱工程和土地整治工程为契机，从2011年开始，合山市连续5年出台《合山市农业综合开发奖励办法》，利用政策引导群众种植特色农作物，吸引企业从事农业综合开发，重点扶持澳洲坚果、木瓜及“双高”糖料蔗等特色产业，并建立示范点。在政府带动和鼓励下，之前靠挖煤、装煤为生的群众转产种植瓜果蔬菜。2016年，全市种植1.5万多亩澳洲坚果和3600亩木瓜，完成800亩“双高”糖料蔗种植，特色作物的总产值超过4300万元，合山市共兑现农业开发奖金1820万元，基本形成了特色农业主导全市农业的局面。[1] 产量提高初显成效之后，为提高农产品的科技含量，推动农业进一步转型升级，合山市积极推广农村实用技术培训、果树栽培管理培训等项目。同时，积极培育新型农业经营主体，对当年建立并达到合格标准的专业合作社，政府一次性给予5000元奖励。2016年，全市共建立46家专业合作社，12家家庭农场，农业经营主体日益增加。

企业也积极投入特色产业发展项目中，助力城市转型。2014年，合山市润鸿农业技术有限公司、广西合山市达欣花果园艺发展有限公司、广西宏美农业科技有限公司进驻合山核心示范区，打造合山坚果庄园示范区，推行“企业+合作社+农户”的模式，提供产、供、销一体化服务。2018年完成了3100亩核心示范区、20亩合山坚果种苗繁育区的建设目标，种植了2300亩合山坚果、800亩红心蜜柚，先后套种1000多亩木瓜、1000亩美国红桃等。2018年，合山坚果庄园成功入选广西县级农业核心示范区。[2]

3.2 创新工业转型

3.2.1 建设产业转型工业园

自2009年起，合山市在招商引资时强调绿色、环保，吸引东部地区产业转移项目入驻，逐渐打破以高耗能、低环保的煤电产业为主体的单一经济结构。2009年9月，根据发展规划，合山市开始打造产业转型工业园。2010年5月，该工业园被自治区批准为广西A类产业园区，2012年完成11万平方米标准厂房的建设任务。碳酸钙精深加工、石材加工、生物制药等行业的16家企业进驻产业转型工业园，入驻率列来宾市首位，为合山市产业转型注入强大后劲。2013年，产业园产品年销售额达到4亿元，实现年利税近6000万元，产业园区内非煤接续替代产业初现雏形。

3.2.2 打造碳酸钙之都

合山市石灰石储量约15亿立方米，易于开采，资源品位高，碳酸钙含

① 资料来源：https://www.sohu.com/a/111477328_381577。

② 资料来源：http://www.cspress.com.cn/xinwenzhongxin/xingyedongtai/53225.html。

量大于90%，可作为生产水泥、石灰粉等建筑材料的重要原料。过去，合山人主要利用碳酸钙烧制石灰，简易的石灰窑烧制不仅生产技术落后，造成严重的资源浪费，还缺乏污染物过滤设施，产生了大量的废气，污染了环境。走上转型之路后，碳酸钙产业成为替代煤电的支柱产业。2015 年，碳酸钙产业被列为合山市重大项目，引进外地企业与扶持本地企业并进，多渠道挖掘工业转型的潜能。2015 年颁发的《合山市碳酸钙高新技术产业园区产业规划》中明确了政府责任和分解阶段性任务，帮助企业解决发展难题。合山市吸取过去依靠煤炭资源发展的教训，在新的产业体系初步形成的基础上，加快研发和生产高技术含量、高附加值的精细化碳酸钙产品和相关延伸产品，延长碳酸钙产业链，将资源优势转变为产业优势和经济优势。碳酸钙产业园区内部及外围集聚着山鑫钙业、东来化工科技、科悦钙化物等多家碳酸钙企业，通过政府的支持和引导，促进了企业自主创新与交流合作，碳酸钙产业蓬勃发展（见图 12－1）。2015 年，合山市钙系列产品有精制灰钙粉、轻质碳酸钙、纳米活性碳酸钙等，全年产量约 120

图 12－1　广西合山东来化工科技有限公司纳米活性碳酸钙生产车间

资料来源：http：//www. gxcounty. com/news/xyjjbd/20131209/87450. html。

万吨，碳酸钙产业形成集聚效应，为合山市工业经济转型发展增添活力。①

3.2.3　促进产业多样化发展

合山市充分利用资源优势，发展生物制药、冶金产业和新型建材产业，实现了产业的多样化发展。

生物制药产业。合山市以广西科莱药业有限公司、广西振邦药业有限公司、广西农大康园生物药品有限公司等生物制药生产企业为依托，以广西龙泉科技农业发展有限公司木瓜蛋白酶生物提取和20万亩优质木瓜种植项目产业转型工业园作为突破口，发展生物制药，以生物科技产业替代传统产业，构建特色转型经济体系。

冶金产业。合山市重点推进世昌锰业有限公司技术改扩建的矿热炉及精炼炉项目。该项目于2014年开工建设，投产后年产硅锰合金16万吨、中碳锰铁3万吨，工业总产值达15亿元，工业增加值近5亿元，上缴利税1.5亿元。②

新型建材产业。2015年，广西合山虎鹰建材公司入驻合山市，公司在生产中不断创新，二次加工利用石灰石、电厂废渣，提高建材产品的附加值，逐步转为循环经济企业，实现“高回收、高利用、高产值”。

3.3　打造特色旅游业

3.3.1　工业旅游

发展现代服务业特别是旅游业，是经济转型、城市竞争力提升的重要手段。为破解旅游资源短缺的难题，合山市从本市的矿山遗迹和独特的煤矿历史文化出发，发展工业旅游项目。针对核心工业旅游资源的开发，提出了“一城一轨一园”的建设规划，“一城”为记忆之城，是关于矿井生产用房、生产器具及矿工生活的棚户区等工业遗迹的怀旧游览；“一轨”即二八之轨，是28公里铁轨沿线游览体验；“一园”即体验之园，主要体

---

① 资料来源：https://www.sohu.com/a/32592372_229957c。

② 资料来源：http://www.gxcounty.com/news/xyjjbd/20131209/87450.html。

验采矿文化。

2010 年，广西首个国家矿山公园经国土资源部审批通过。2011 年，公园以“百年煤都，和乐之国”为主题正式启动建设，计划投资 1.2 亿元，总面积 18.3 平方公里。2012 年，合山市投资 240 万元开启工业旅游，在岭南镇里仰村塘山屯修建了一条直通老矿屯的水泥路，长 2600 米，宽 4.5 米，便于游客驱车前来参观广西第一口煤井遗址。2015 年 12 月，合山市成功举办了具有里程碑意义的首届广西（合山）工业旅游节，引起良好反响。2016 年，合山国家矿山公园改造工程里兰矿区基本完成，铁路自行车、十里花廊及文化创意等子项目建成，矿山公园成为工业文化精神传承的载体（见图 12－2）。同年共接待国内外游客 133 万人次，旅游收入达 11.1 亿元。2017 年，合山市成功获评“广西特色旅游名县创建县”，工业旅游发展迈向新台阶，合山市以此为契机，大力推进以工矿旅游为主导的第三产业。

图 12－2　游客体验：铁路自行车

资料来源：https：//mp. weixin. qq. com/s/－Bdtngt4DXEHG－WpHOR1VA。

3.3.2　奇石文化旅游

合山市奇石种类多样、质地细腻、水洗度高，一些奇石具有极高的艺术鉴赏和收藏价值，如绿宝石、彩陶石、葫芦石等。2008 年 7 月，合山市被中国观赏石协会授予“中国观赏石之乡”称号。2009 年，合山市委、市政府投资4077万元兴建“中国西南奇石文化村”，打造魅力宜居工业园林城市。文化村以“商、住、游”为定位，划分综合居住区、奇石文化广场、奇石展示区、滨水休闲景观和综合服务区5大功能区，为外地慕名而来的游客提供全方位的服务。

为弘扬奇石文化，合山市打造西南片区具有一定影响力的奇石文化园，并开展奇石文化周活动，活动涵盖文艺汇演、壮师剧汇演、书法摄影作品展、合山彩陶石精品交易会等，以弘扬赏石文化为重点，以彩陶石精品交易为主线，展示合山赏石文化成就（见图12－3）。

图12－3　合山奇石交易馆

资料来源：http：//blog. sina. com. cn/s/blog_ 5868baa901017hrq. html。

农业、工业和以旅游业为主的服务业在转型中突破资源困境，实现创新发展。转型改革阶段，合山市三大产业比例从2007年的13. 8∶48. 8∶37. 4，提高到2016年的14. 1∶38. 5∶47. 4。自2015年起，第三产业所占比重稳定超过第二产业并不断上升，产业结构趋向合理化。①

① 资料来源：http：//city. sina. com. cn/focus/t/2017－12－28/112382733. html。

4 民生：发展之源

合山市的转型设计与民生保障同步，以“补短板、兜底线”为重点，将改善民生作为攻坚根本。市委、市政府采用政策支持、资金补贴、干部进基层等方式支持居民住房改造、提供就业保障。

4.1 住房安居有保障

合山市首先破解城市转型中最大的民生难题——棚户区改造问题。合山市将“人人有房住，户户得安居”作为工作目标，2012 年启动了广西最大棚户区改造工程，截至 2015 年底，累计投入 7.3 亿元，建成保障性住房 6215 套，改造棚户区面积达到 22.1 万平方米，解决了近 8000 人的住房困难问题。①

4.2 “六通”提升基础设施水平

“六通”指通路、通水、通电、通信、通邮、通广播电视。“六通”使得基础设施显著改善，乡村面貌日益焕新。以合山市岭南镇里仰村为例，2008 年 4 月，随着第一辆汽车开进村里，里仰村不通公路的历史结束了；2009 年 7 月，村民们看上了有 45 套节目的高质量电视；2012 年 9 月，里仰村干部开始利用无线广播宣传“新农合”政策；2013 年 5 月，里仰村干部向岭南镇邮箱发送第一封“两创建”材料邮件，紧接着，自来水管接到每户门前，淌出干净卫生的饮用水，村民们从此不再“望天喝水”。圆“六通”梦、走“小康”路，合山乡村村民的生活质量越来越高。

4.3 社会保障实现全覆盖

合山市先后出台《合山市农村居民最低生活保障制度暂行办法》和《合山市城市居民最低生活保障制度实施细则》。2008—2015 年，保障城市

---

① 袁晗文．资源枯竭型城市转型发展中的政府作用研究——以广西合山市为例［D］．南宁：广西大学，2016.

低保对象1.6万人，累计发放城市低保金3365.1万元；保障农村低保对象2.5万人，累计发放农村低保金2068万元。“新农合”参合率由2010年的93%上升到2015年的99.35%。

4.4 就业收入双提升

合山市多措并举做好转型再就业服务。针对转型过程中工人大面积下岗的难题，政府开发公益性岗位，安置下岗失业人员再就业；积极与区内外就业服务机构进行劳务合作，通过输送、分流失业人员外出务工就业等多种措施解决转型企业失业人员的就业安置。随着就业水平的提高，城乡居民收入水平有了显著提升。2010—2015年，城镇居民人均可支配收入由15770元增加到25077元，年均增长9.7%；农民人均纯收入从4291元增加到8078元，年均增长13.5%。①

5 未来：任重道远

资源型城市转型是一场攻坚战、持久战，走出资源依赖型经济的困境需要科学规划以及持续创新。合山市作为资源枯竭型城市经历了转型、阵痛到崛起的艰难历程。在未来的发展中，合山市仍需要在经济、生态、民生等方面攻坚克难，坚持创新。

5.1 推动经济可持续发展

未来，合山市要将可持续发展作为经济发展要义。农业方面，在合理保护和开发自然资源的基础上，实施农业供给侧结构性改革，优化农业结构，积极采用先进的农业技术，发展优势特色农业，应对农产品市场的变化并满足农产品市场需求。工业方面，合理调整产业结构，壮大新兴产业，由资源依赖型工业转向技术依赖型和创新依赖型工业，不断增强工业产品的附加值，提升产业竞争力。旅游业方面，大力发展以旅游业为主的

① 袁晗文．资源枯竭型城市转型发展中的政府作用研究——以广西合山市为例[D]．南宁：广西大学,2016.

第三产业，重视分析旅游市场的需求，及时调整和更新旅游服务项目及内容，增强旅游业对地方经济的贡献。

5.2 加强环境治理能力

百年的煤炭开采造成合山市深度的环境污染与严重的生态破坏。生态环境的改善并非一朝一夕能完成，需要长期不懈地努力。在未来发展中，合山市应继续将生态恢复与环境保护作为工作的重中之重，树立“绿水青山就是金山银山”“绿色发展、生态优先”的生态环保理念，走可持续发展之路。将信息技术作为生态环境治理手段，以协调、整合、责任分配为治理机制，针对生态环境治理中的碎片化问题，促进政府内部各部门及政府间的合作，推动环境监管工作常态化，加大环境污染的处罚与整治力度，提升生态环境治理效率。

5.3 提升民生保障水平

在城市发展中，仍要将保障民生作为重要工作任务，杜绝完成棚户区安置和配备好基础设施民生工作即完成的思想，要深入群众，了解新发展条件下群众日益增长的生产生活需求，根据群众的不同需求，通过政策支持、资金保障补齐民生领域的短板，提升基本公共服务的数量和质量，增加民生福祉，增强群众的幸福感和获得感。

6 结语

合山市作为“广西煤都”，具有百年的煤炭开采历史，煤炭在城市发展中具有深厚的基础。被列入资源枯竭型城市以来，合山市吸取单一依靠煤炭资源发展的经验教训，推进产业向多元化发展。在转型工作规划及部署中，合山市政府深入基层调研，了解发展之痛、群众之需，深入研究问题，积极破解难题，采用政策、资金、技术手段引导农业、工业、旅游业实现创新发展，生态环境治理稳步推进，民生保障有序展开。这不仅对于促进合山市转型、提升城市可持续发展能力具有重要意义，而且为其他资源枯竭型城市转型提供了经验借鉴。转型过程中科学的发展规划、明确的工作目标、因地制宜的发展举措，形成了清晰的城市转型逻辑，体现了合山市委、市政府全心全意为人民服务的初心、实现城市成功转型的决心、全面促进城市可持续发展的信心。

[案例思考题]

（1）什么是资源枯竭型城市？资源枯竭型城市转型的必要性及途径有哪些？

（2）结合案例分析，合山市如何实现了资源枯竭型城市的转型？有哪些创新之处？

（3）结合公共管理相关理论，分析政府在资源枯竭型城市转型中发挥的作用。

[案例评析]

资源型城市是以本地区富集的自然资源为基础，主导产业为资源采集、加工的城市。作为中国重要的能源资源战略保障基地，资源型城市对于促进国民经济持续健康发展具有支撑作用。资源枯竭型城市是指其资源开采量已达到可开采储备总量的 70% 的城市。①

广西壮族自治区合山市被誉为“光热之城”，其利用丰富的煤炭资源发展煤电产业。资源开采量的不断增加衍生出一系列问题，日益恶化的生态环境、单一的产业发展结构以及被列入资源枯竭型城市的危机，促使合山市决心走上城市转型之路。

在合山市的转型历程中，科学的转型规划、创新的发展方式以及日益完善的项目建设都与政府强化经济社会服务的职能密切相关。作为地区发

① 张文忠，余建辉，李佳．资源枯竭城市转型的驱动因素和机理解析［J］．中国科学院院刊，2016（1）．

展的引领者和支持者，政府在资源型城市转型中应发挥以下作用：

第一，产业转型规划引领。资源型城市转型的实质是本地区产业政策的调整，政府在产业转型的规划与引领中发挥着重要作用。一是设计总体规划和出台具体政策措施。对产业转型发展实施土地、金融、财税等政策，加大对企业的扶持和优惠力度。二是优化产业转型的内外部环境。在政府内部成立专门机构负责产业转型的综合管理与服务工作，在政府外部通过宣传政策法规，形成重视产业转型、科技创新，尊重人才、尊重创造的社会氛围，通过技术创新更新传统生产方式，实现可持续发展。

第二，扶持培育优势替代产业。政府应着力培育新的经济增长点，扶持符合城市实际的优势替代产业，统筹推进城市自然资源的有序开发、技术资源与人才资源的综合利用，优化产业结构。鼓励企业、高等院校、研究所等主体协同合作，创新与产业相关的科学技术，鼓励研究成果的高效转化和利用，发展战略性新兴产业，增加产品的附加值。完善替代产业扶持的政策体系，对相关企业在土地规划利用、项目审批、贷款融资等方面加大支持力度，引导各类生产要素向替代产业集聚，增强经济效益。

第三，加强生态修复与治理。政府应以信息技术为治理手段，调动企业、公众、社会组织等主体对资源开采所造成的环境污染进行修复和治理。协调企业生产盈利的目标和环境保护的需求，加强日常监督管理，严惩不法排污行为。利用政策工具，如提高排污费收费标准、限制污染物的排放量，从源头上控制环境污染。完善预防和保护机制，如资源开采项目建立前的环境影响和评价机制、建设中的监督和管理机制、建设完成后的验收和评价机制等，通过全过程全方位的管理，保证项目建设符合绿色发展要求。

第四，保障和改善民生。政府完善公共就业服务体系，帮助煤、铁等行业的下岗工人实现再就业。成立培训中心，提升工人的专业技能。协调大中小企业，提供就业机会，拓宽民众的就业渠道。加快棚户区改造，以与城市建设相统一、合理规划布局为目标，保障交通、水电、商业服务等公共生活服务设施的正常运行，充分考虑居民就业、就学、就医等需要，提供高质量的公共服务。

合山市以解决生态之痛、经济之衰、民生之忧为转型方向。在生态领域，针对煤炭开采所引发的地质环境破坏、水环境恶化、大气环境污染等一系列具体问题，具体分析，分类进行综合治理和修复；在经济领域，发展以蔗糖产业为龙头的增值农业，创新打造碳酸钙之都，结合本地区特色发展工业旅游和奇石文化旅游等；在民生领域，着力实施“六通”工程，改造棚户区并完善基础设施建设，以资金、政策和人力支持等方式保障居民就业。合山市成功转型的经验主要表现在以下几个方面：

（1）未雨绸缪，预先整治。21 世纪初，合山市委、市政府意识到资源型城市发展将面临资源枯竭问题，开始着手整治矿山企业。陆续关停规模小、耗能大的乡镇煤矿数百家，关闭合山电厂的 4 台发电机组，促进节能减排。逐步实施的整治举措增强了工矿企业主体向低耗能、绿色环保产业转型的意识，缓解了正式转型后进行大范围整顿的经济压力和社会压力，为合山市成功转型奠定基础。

（2）因地制宜，突出特色。合山市注重利用本地区的自然条件和历史文化资源，产业发展凸显地方特色。依靠独特的气候条件种植“双高”糖料蔗、木瓜、澳洲坚果等农作物，进行综合开发；将储量大、品位高、碳酸钙含量大的石灰石作为基础发展碳酸钙产业；以“百年煤都”所积淀的工矿历史文化为契机推行工业旅游。合山市委、市政府坚持从本地区实际出发，选择发展进路，将城市规划与建设融入地方特色，增强对内和对外的吸引力。

（3）资源整合，扩大优势。合山市在转型中善于整合主体资源，积极调动政府、企业、公众多元主体发挥资金支持、技术创新和建言献策等方面的优势，提升其参与转型的积极性；注重集聚产业资源，以碳酸钙产业为中心，发挥各类产业资源的集聚优势，延长生产链，增强经济收益；创新利用废弃资源，将老旧矿山、矿区棚户区、老火车站、铁轨等一系列看似没有价值的“废品”加以利用，打造“一城一轨一园”三大工业旅游产品，节约投资成本，提高资源利用效率。

[参考文献]

[1]苏行．合山局变——一个广西县级资源城市的转型之路[J]．广西城镇建设,2014(1):42－47.

[2]王海波,朱萍,覃丽丽．凤凰涅槃获新生——合山市探寻城市发展转型升级[J]．当代广西,2017(7):18－19.

[3]柳群．穿越转型之困　合山逆风飞扬——资源枯竭型城市华丽转型的范本[J]．广西经济,2015(3):65－67.

[4]袁晗文．资源枯竭型城市转型发展中的政府作用研究[D]．南宁:广西大学,2016.

[5]曾贤刚,段存儒．煤炭资源枯竭型城市绿色转型绩效评价与区域差异研究[J]．中国人口·资源与环境,2018(7):127－135.

[6]肖枝,洪隆蓉．资源衰退型城市脆弱性及空间特征分析[J]．统计与信息论坛,2017(9):55－61.

[附录1]

三批国家资源枯竭城市名单

附表1－1　首批资源枯竭城市名单（2008年）

省份	城市
黑龙江	伊春市（森工）、大兴安岭地区（森工）
吉林	辽源市（煤）、白山市（煤）
辽宁	阜新市（煤）、盘锦市（石油）
河南	焦作市（煤）
江西	萍乡市（煤）
湖北	大冶市（铁）

续表

省份	城市
甘肃	白银市（银、铜）
云南	个旧市（锡）
宁夏	石嘴山市（煤）
总计（个）	12

附表 1－2　第二批资源枯竭城市名单（2009 年）

省份	城市
河北	张家口市下花园区（煤）、承德市鹰手营子矿区（煤）
山西	孝义市（煤）
内蒙古	阿尔山市（森工）
辽宁	抚顺市（煤）、北票市（煤）、辽阳市弓长岭区（铁）、葫芦岛市杨家杖子开发区（钼）、葫芦岛市南票区（煤）
吉林	舒兰市（森工）、九台市（煤）、敦化市（森工）
黑龙江	七台河市（煤）、五大连池市（森工）
安徽	淮北市（煤）、铜陵市（铜）
江西	景德镇市（瓷）
山东	枣庄市（煤）
河南	灵宝市（金）
湖北	黄石市（铁、铜、煤、硅灰石）、潜江市（石油）、钟祥市（磷）
湖南	资兴市（煤）、冷水江市（锑）、耒阳市（煤）
广西	合山市（煤）
重庆	重庆市万盛区（煤）
四川	华蓥市（煤）
贵州	铜仁地区万山特区（汞）
云南	昆明市东川区（铜）
陕西	铜川市（煤）
甘肃	玉门市（石油）
总计（个）	32

附表 1－3　第三批资源枯竭城市名单（2011 年）

省份	城市
河北	石家庄市井陉矿区（煤）
山西	霍州市（煤）
内蒙古	乌海市（煤）、包头市石拐区（煤）
吉林	通化市二道江区（煤）、延边市汪清县（森工）
黑龙江	鹤岗市（煤）、双鸭山市（煤）
江苏	徐州市贾汪区（煤）
江西	新余市（铁）、赣州市大余县（钨）
山东	新泰市（煤）、淄博市淄川区（煤）
河南	濮阳市（石油）
湖北	松滋市（煤）
湖南	涟源市（煤）、常宁市（铅、锌）
广东	韶关市（煤、铁）
广西	贺州市平桂管理区（锡）
海南	昌江县（铁）
重庆	重庆市南川区（煤）
四川	泸州市（天然气）
云南	玉溪市易门县（铜）
陕西	潼关县（金）
甘肃	兰州市红古区（煤）
总计（个）	25

资料来源：https：//www.sohu.com/a/274255437_809375。

[附录2]

广西壮族自治区人民政府关于促进合山资源枯竭型城市可持续发展的实施意见①

（桂政发〔2010〕35号）

各市人民政府，自治区农垦局，自治区人民政府各组成部门、各直属机构，合山市人民政府：

为贯彻落实《国务院关于促进资源型城市可持续发展的若干意见》（国发〔2007〕38号，以下简称《若干意见》），支持合山市经济转型，实现可持续发展，现提出以下实施意见。

一、充分认识合山市经济转型的重大意义

合山市是以煤炭资源开采为主业的资源枯竭型城市。长期以来，作为自治区重要的能源供应地，合山市为全区经济社会发展做出了重要贡献。但是，经过百年开采，煤炭资源逐渐枯竭，传统产业严重衰退；环境污染严重，生态恶化加剧；地方财政困难，公共服务滞后；职工大量下岗失业，社会维稳压力较大。国家确定合山市为全国第二批资源枯竭型城市之一，为解决合山市的突出困难和问题创造了历史机遇，为承接国内外产业转移创造了新的条件，为改善民生和发展社会事业增添了新的动力，为深化改革开放提供了新的手段。抓住这一难得机遇，支持合山市加快转型，改造提升传统产业，培育发展接替产业，对促进我区经济社会发展，探索一条符合区情的资源枯竭型城市转型新路子有着重要的意义。

二、指导思想、基本原则和工作目标

（一）指导思想

以邓小平理论和“三个代表”重要思想为指导，全面贯彻落实科学发

① 资料来源：http://www.gxzf.gov.cn/zwgk/zfwj/zzqrmzfwj/20101103-297822.shtml。

展观和构建社会主义和谐社会的战略思想，深入贯彻落实《若干意见》精神，以增加就业、消除贫困、改善人居条件、健全社会保障体系、维护社会稳定为基本目标，以深化改革、扩大开放和自主创新为根本动力，制定强有力的政策措施，不断完善体制机制，大力推进产业结构优化升级和转变经济发展方式，培育壮大接续替代产业，改善生态环境，促进合山市经济社会全面协调可持续发展。

（二）基本原则

一是坚持深化改革，扩大开放。建立健全资源开发补偿机制和衰退产业援助机制，积极引进外部资金、技术和人才，拓展资源型城市发展空间。二是坚持以人为本，统筹规划。努力解决关系人民群众切身利益的实际问题，实现资源产业与非资源产业、城区与矿区、农村与城市、经济与社会、人与自然的协调发展。三是坚持远近结合，标本兼治。着眼于解决资源型城市存在的共性问题和深层次矛盾，抓紧构建长效发展机制，加快资源枯竭城市经济转型，解决好民生问题。四是坚持政府调控，市场导向。充分发挥市场配置资源的基础性作用，激发各类市场主体的内在活力，制定并完善政策，积极进行引导和支持。

（三）工作目标

到 2012 年，合山市历史遗留问题、社会民生与环境生态等问题得到基本解决，基本建立资源开发补偿机制和衰退产业援助机制，经济结构调整取得成效，接续替代产业格局雏形形成；国民经济恢复快速发展，经济增长速度达到全区平均水平，财政状况得到基本好转；基础设施逐步完善，采煤沉陷区治理和棚户区改造基本完成，生态环境进一步改善；新农村建设稳步推进，农村经济结构进一步优化；建立起比较完善的社会保障体系，人民生活水平逐步提高，社会安定和谐。到 2015 年，主导和重点产业形成一定规模的产业链和产业集群，非煤产业工业增加值比重提高到 80% 以上，基本完成城市转型发展的各项任务，生产总值、财政收入、城乡居民收入和生态环境指标均达到全区平均水平以上，经济社会可持续发展能力明显增强，成为自治区乃至全国资源型城市转型和可持续发展的示范城市。

三、建立健全资源型城市可持续发展长效机制

（一）建立资源开发补偿机制

在资源开采过程中，遵循市场规律，采取法律、经济和必要的行政措施引导和规范各类市场主体合理开发资源，承担资源补偿、生态环境保护与修复等方面的责任和义务。要按照“谁开发、谁保护，谁受益、谁补偿，谁污染、谁治理，谁破坏、谁修复”的原则，明确企业是资源补偿、生态环境保护与修复的责任主体。对原区属企业合山矿务局，自治区给予必要的资金和政策支持，帮助解决历史遗留问题，补偿社会保障、生态和人居环境、基础设施建设等方面的欠账。

（二）建立衰退产业援助机制

自治区各部门要大力支持和帮助合山资源枯竭城市统筹规划，加快产业结构调整和优化升级，要施行有针对性的扶持政策，大力发展接续替代产业，有关部门在统筹规划布局自治区及来宾市重大产业项目时适当向合山市倾斜，帮助其因地制宜地培育发展成长性好、竞争力强的接续替代产业。积极协助资源型企业开发后备基地，妥善解决资源型企业历史遗留问题，帮助解决资源枯竭企业经济衰退引发的职工失业等突出矛盾和问题。

四、大力发展接续替代产业

（一）积极推进稳煤强电战略，整合现有火电，深化煤电改革，建设高效能源产业

一是支持合山煤业公司（原合山矿务局）采用先进技术改造现有矿井，同时支持其到区内外甚至国外开发后备基地，努力稳定煤炭产量。二是支持合山市充分利用百年煤炭开采遗留的6000多万吨煤矸石资源，建设2×20万千瓦煤矸石发电厂。三是支持合山市通过技术引进或合作开发低热值煤高关联度的煤化工、煤矸石煅烧高岭土等产业，提高合山低热值煤

炭综合利用率。

（二）积极推进产业转型工业园建设，加快培育建立“一个中心、两大基地、一个示范园”

引导和帮助合山市利用电力资源丰富的优势，延伸拓展“煤—电—冶炼”“煤—电—建材”等产业链，按照“大项目—产业链—产业集群—产业基地”模式，积极发展综合节能与废弃物利用循环生态工业。一是规划设立一个1000公顷以上的产业转型集中区，打造承接东部产业转移，培育新兴产业发展中心；二是打造广西重要的火力发电基地和广西重要的冶炼加工基地；三是加快推进特色农业产业化进程，建立特色农业产业示范园。同时，加快发展面向生产和面向民生的服务业，培育发展商贸物流、金融、信息服务等方便快捷的现代服务业。

（三）加强危机矿山接替资源找矿工作

组织开展政策性扶持的商业性地质工作，主要目标是在合山老矿山周边或深部开展矿区外围及深部找矿工作，建立危机矿山找矿技术创新体系，采用新理论、新技术、新方法，探查和发现新的矿床、矿体或矿段，提高新增资源储量，延长矿山服务年限，解决部分矿山企业职工就业，促进合山的经济发展和社会稳定，实现经济发展和社会稳定双重效益。

五、着力解决就业等社会问题

（一）解决就业和再就业问题

把再就业工作摆在经济社会发展的突出位置，积极开发适合困难群体的岗位，特别是公益性工作岗位，加大对“零就业家庭”等就业困难人员实施就业援助。开展初中、高中毕业“两后生”的就业技能培训，落实职业介绍、职业培训、社会保险补贴、小额担保贷款、财政贴息、税费减免等就业再就业扶持政策，积极解决下岗职工及社会就业问题。完善各项配套措施，加强就业服务体系建设，推动市场导向就业机制形成。

（二）解决社会保障问题

根据自治区人民政府对原合山矿务局改制方案的批复要求，合理解决原合山矿务局企业改制拖欠的职工社会保险费、职工工资及安置、离退休人员、职工伤病补助等支出，解决原矿务局离退休人员基本医疗保险费等问题，进一步完善基本养老、失业、基本医疗等社会保障制度，保证各项社会保险金按时足额支付。完善社会救助制度，对符合条件的贫困人群按规定及时给予救助。支持合山市完善养老设施和老年活动设施建设，解决原合山矿务局离退休职工12000多人的“老有所养、老有所乐”问题。

（三）实施棚户区改造工程

支持并争取将合山市列入国家棚户区改造试点城市，比照东北老工业基地棚户区改造相关政策给予配套支持，并结合廉租住房建设，分期分批搬迁或改造里兰矿、东矿、溯河矿、上塘矿、柳花岭矿和国营林场等矿区、林区棚户区4300多户低收入、住房困难职工的住房问题。加大新建小区内部和连接市政公共设施的供排水、供电及道路等基础设施建设力度，加快解决棚户区问题。

（四）实施教育、卫生设施改造工程

对原合山矿务局剥离出来的教育、卫生等社会公共服务设施进行整合与更新改造，在项目安排和资金投入上给予扶持。重点支持中小学校舍安全工程，完善公共卫生基础设施和县、乡、村三级卫生服务体系建设，重点扶持合山市人民医院标准化建设，使教育、卫生等社会公共服务适应人民群众生活和社会发展的需要。

六、加强环境整治和生态保护

研究制定城区矿区生态环境恢复与治理规划，实施矿山地质环境综合治理和生态植被恢复工程，着力做好采煤地表塌陷区、废弃矿坑及矸石山的综合治理；实施矿山水体污染治理、水资源保护、水源工程保护和饮水安全工程，着力解决因矿坑排水与煤矸石淋滤液污染造成的城乡饮用水水质恶化问题；实施矿区城区生态恢复与重建工程，着力开展废弃矿山土地复垦、矿山植被修复、农田水利设施修复、城区矿区道路修复、乡村交通道路修复、矿区拉裂房屋修复，尽快恢复和建立合山城乡正常良好的自然生态和社会人居环境。坚持生态保护与治理并重，加大对水资源、矿产资源、农业综合开发项目环境影响评价执行力度，严厉打击和控制非法采矿与不合理资源开发等生产经营活动。大力推行清洁生产和发展循环经济，提高开采、选矿和冶炼回收率，大力推进共伴生资源和工业废弃物综合利用，减少资源消耗和污染物排放，提高产业附加值。

七、加强基础设施建设

（一）完善交通基础设施，形成公路、水路、铁路立体交通网

加快推进柳州经合山至古宁高速公路、来宾—合山—田东和合山—忻城—宜州铁路等项目规划研究，并力争早日建设，进一步改善合山市的对外交通条件；根据国家和自治区相关规划及有关政策，优先支持合山市路网及农村公路建设；根据西江黄金水道建设规划，对合山市水运项目给予重点扶持。

（二）改善市政设施，提高城市承载能力

加快合山市城镇污水生活垃圾处理、城区（含矿区）供水管网改造、城区（含矿区）电网改造、城中供变电站搬迁、城区（含矿区）道路排水改造等市政工程建设和群众文化体育活动等公共服务设施建设，加强城市防洪能力，增强和完善城市功能。

（三）改善农村基础设施，提高农村经济可持续发展能力

加快建设合山市农村农业基础设施，重点实施病险中小型水库除险加固工程、灌区续建配套与节水改造工程、农村饮水安全、中小河流治理、水土保持生态建设，重点支持土地整理、农村专业市场、农村太阳能生态能源和农村公路特别是村屯道路等农村基础设施建设，推进特色农产品产业化基地、标准化（种）养殖小区、种养结合、农业设施、农畜产品深加工等项目建设。

八、加大政策支持力度，为合山市经济社会可持续发展提供保障

实现合山市经济社会可持续发展，必须加大政策支持力度，积极探索和建立资源开发补偿机制和衰退产业援助机制，积极争取国家、自治区矿

区生态环境整治和修复专项资金用于矿区复垦、环境整治、生态修复和改善矿区居民生活环境所需。区直各职能部门要以推进合山可持续发展为己任，加强领导，明确职责，积极参与，通力合作，保障合山市可持续发展各项工作顺利进行。

（一）进一步加大自治区级财政对资源枯竭城市的一般性和专项转移支付力度

1. 自治区对应中央财政给予合山市财力性转移支付资金，按一定比例配套自治区财政转移支付资金，重点用于完善社会保障、教育卫生、环境保护、棚户区改造、公共基础设施建设和专项贷款贴息等方面。

2. 根据实际情况对原合山矿务局社会职能移交地方管理后增加的财政支出给予适当补助，增强和提高合山社会公共服务保障能力。

3. 合山市得到国家专项补助的各类建设项目按要求需要省级财政配套资金的，自治区财政优先安排资金配套。

（二）实施财政信贷扶持政策

1. 对于符合产业政策的工业技改项目由自治区财政适当予以支持。

2. 支持各类金融机构在防范金融风险前提下，适当降低信贷准入条件，增加对合山农业、生态建设的信贷投入，优先满足主导及接续产业重点企业的信贷需求。

3. 建立健全中小企业信用担保体系和担保机构的风险补偿机制，争取金融部门安排一定规模信贷资金用于支持合山市中小企业的发展；支持合山市拓展使用国外贷款的领域和规模，适当利用世界银行和外国资金加快合山基础设施建设和产业发展。

（三）实施土地和矿产开发优惠政策

对合山市申报的符合新增建设用地有偿使用费、矿产资源补偿费、探（采）矿权使用费及价款、耕地开垦费等支出的项目，自治区予以重点支持，对合山市产业转型工业园用地指标给予优先支持。

（四）实施产业发展扶持政策

1. 支持合山市建设自治区A类产业园区，并按照自治区扶持园区发展政策规定给予政策倾斜，构筑接续替代产业发展和承接产业转移平台。

2. 自治区在重大项目布局上对合山市给予支持，对事关合山市经济转型的重点项目给予资金补助。重点支持合山市发展迁江铝业上下游产业和西江黄金水道红水河合山段配套设施建设。对国家安排的项目，自治区有关部门要帮助做好项目指导和配套资金等方面的争取工作。

3. 对合山市主导产业和支柱产业的技术研发，在项目和资金安排上给予倾斜；对合山市符合条件的企业申报省级企业技术专利给予重点支持；支持合山市发展循环经济，重点支持粉煤灰及煤矸石开发利用、废弃矿山土地复垦利用；在确定自治区级循环经济试点企业时，给予合山市倾斜支持。

4. 鉴于合山资源枯竭型城市经济社会发展的现状和存在的困难，在新的接续产业尚未形成之前，给予合山区域内电厂优先安排发电指标。

（五）实施合山社会事业发展的扶持政策

加大对合山市科技、教育、文化、卫生、体育、就业及劳动保障等社会事业的支持力度。

1. 自治区在安排社会事业项目和资金时，在政策范围内给予合山倾斜扶持，重点支持原合山矿务局办社会职能移交政府管理后教育、卫生基础设施建设。

2. 从矿产资源补偿费、探（采）矿权使用费、耕地开垦费、排污费、植被恢复费和育林基金中以项目形式重点支持合山市进行地质环境治理、土地开发整理、塌陷区民房改造、植被保护、生态恢复和环保治理工程等项目建设。

3. 加大民生项目扶持力度。重点支持合山市将廉租房建设和棚户区改造有机结合起来，按国家扶贫工作重点县有关政策支持合山市实施扶贫开发，支持合山市村屯道路、饮水工程等基础设施建设、产业开发、贫困劳动力转移就业培训，并在政策和资金上给予倾斜。

4. 自治区安排就业资金时，给予合山市倾斜扶持。对合山市职业培训、公益性岗位设置、职业技能鉴定、职业中介、劳动力市场建设等进行扶持。

5. 支持合山市旅游基础设施建设。争取国家支持、自治区补助，利用合山原有废弃矿山建设一个矿山公园。加大对合山市社会主义新农村建设的扶持力度。

6. 吸引合山市更多的下岗职工、城镇低保人员和农村贫困家庭子女接受职业教育和培训。帮助更多人群接受职业教育和培训是资源枯竭型城市可持续发展、实现劳动力资源有效转移的基础性工程，也是扩大就业、安民富民的有效途径。市政府应统筹利用下岗职工培训费和生活费，对有意愿接受中等职业学历教育的下岗职工、城镇低保人员和农村贫困家庭子女减免学费和实施生活资助，对40岁以上的失业人员、贫困人口广泛开展转岗再就业培训。

（六）加大对资源枯竭企业的扶持力度

支持合山资源枯竭城市重点企业——合山煤业公司做好危机矿山接替资源找矿工作；支持合山煤业公司对接替资源开展预查和普查；对于新发现煤矿区，在以市场竞价方式有偿取得探矿权、采矿权的原则下，优先支持合山煤业公司进行开发；支持合山煤业公司发展非煤产业，增强企业发展后劲。对合山煤业公司进行的符合国家产业政策的技改项目，适当予以支持。

九、明确任务，落实责任

合山资源枯竭城市可持续发展工作由自治区人民政府负总责，切实加强对资源型城市可持续发展工作的领导，加大对资源枯竭城市的支持力度。自治区发展改革委负责合山资源枯竭城市可持续发展工作的总协调，自治区发展改革委要指导合山资源枯竭城市编制好转型规划，并做好规划报批和组织实施工作。区直各职能部门要全力支持合山资源枯竭城市可持续发展工作。合山资源枯竭城市可持续发展工作由来宾市人民政府直接领导，合山市人民政府具体实施。要把资源型城市可持续发展工作作为今后一段时期来宾市、合山市人民政府主要领导干部综合考核评价的重要内容。区直有关部门和来宾市人民政府要抓紧研究落实配套政策措施，建立协调机制，建立合山市资源枯竭型城市可持续发展厅际联席会议制度，由自治区人民政府组织，自治区发展改革委牵头，工信、教育、科技、财政、劳动、国土、环保、建设、交通、林业、水利、农业、卫生、水产畜牧、银监、电网公司等部门组成，每年在合山市召开一次现场办公会暨厅际联席会，专题研究解决合山市在经济转型、社会事业发展、生态环境治理等方面问题，加快解决合山市经济社会转型和生态环境建设中的突出问题。合山市要深入贯彻落实科学发展观，进一步解放思想、改革创新，结合本地实际，制定周密细致、操作性强的可持续发展规划并组织实施。要在明确合山市可持续发展 2009 年至 2020 年中长期目标基础上，把发展接续替代产业、解决失业问题、消除贫困、健全社会保障体系、棚户区搬迁改造、采煤沉陷区治理、环境整治与生态保护等各项任务，分解落实到年度工作计划中，积极用好用足各项支持政策，全面推进合山市可持续发展工作。

各级各部门要充分认识促进资源型城市可持续发展工作的重要性、紧迫性和艰巨性，认真落实有关政策措施，务求实效，努力开创合山资源枯竭型城市全面、协调和可持续发展的新局面。

广西壮族自治区人民政府

2018 年 8 月 22 日

案例 13

精准脱劣，让星云湖重焕光彩

摘要： 随着城镇化进程的加快和工业经济的发展，星云湖的生态系统平衡被打破，污染情况极度恶化，对周边的环境产生了严重的影响。面对星云湖每况愈下的污染现状，云南省下定“力保一湖清水”的治理决心，拉开星云湖治理攻坚战的序幕。从 2015 年开始，星云湖脱劣治理工作进入快车道，通过采取内源治理、外源治理等一系列治理措施，遏制了水质恶化的势头。此外，还建立了河（湖）长制，提出了“退一进三”治理方针，创新探索“湿地 +”模式等多种综合治理手段，初步实现了星云湖脱劣的目标。虽然星云湖治理已取得了一定成效，但要巩固治理成果，使其重焕光彩，仍需要走长期、持久的治理之路。2020 年是星云湖脱劣攻坚战的决战之年，各级政府部门要各司其职，落实各项脱劣任务，加快推进综合整治进程，加强相关脱劣事项的监督和问责力度，进而实现“水清、河畅、岸绿、景美”的目标。

关键词： 星云湖脱劣；河（湖）长制；环境治理；云南省

[案例正文]

星云湖位于云南省江川区城北 1 公里处，与抚仙湖一山之隔，一河相连，俗称江川海。星云湖的湖水碧绿且清澈，月明之夜，月光映照在湖面上，好似繁星白云坠入湖中，故取名为星云湖。但随着经济的快速发展，星云湖的污染也日益严重。纵观星云湖的保护治理史，从 2000 年就开始治理，但规划项目实施进度一直较为滞后，治理成效并不明显，直到2015年，政府采取多种治理手段改善星云湖的生态环境，逐渐在水质脱劣、绿色发展等多方面取得了显著的效果。“绿水青山就是金山银山”，推动湖泊水生态绿色发展，是构成“中国梦”的重要部分。然而，湖泊污染治理一直是国际公认的难题，尚未形成系统的湖泊保护治理模式。在星云湖的污染治理中，云南省“一湖一策，分类施效”的精准治理模式能否对其他湖泊治理起到借鉴意义呢？

1　从“湖光辉映”到“海锈纵横”

1.1　记忆中的星云湖

在云南省九大高原湖泊中，抚仙湖、星云湖、杞麓湖“三湖”发挥着调蓄水资源、防洪防涝、农田灌溉和旅游观光等多种功能，不仅给云南省带来了生态效益，而且产生了一定的经济效益。星云湖是江川人民的母亲湖，属于营养性湖泊，具有放养鱼类的天然优势，湖内的鱼类不仅种类繁多，单位产量高，最重要的是鱼的品质非常好。众所周知的江川大头鱼就产自星云湖，是星云湖内的名贵鱼类，以其肉质肥美鲜香而驰名，成为江川的文化名片和代名词。

江川人在回忆时，首先映入脑海的是星云湖周边村庄肥沃的农田，夏、秋两季农民们在农田里或是种植水稻，或是种植青烟。每当插秧或浇灌青烟的时节，平日干涸的河道就恢复了生机。从星云湖里抽出的水流淌在阡陌交错的田间小沟中，令大片农田生机盎然。其次就是周围的人们有时会牵着马来到星云湖，一边给马喂水一边在湖边休息。小孩子们也会在湖水里游泳嬉戏。当一阵微风迎面吹来，人们顿感轻松凉爽。可星云湖被污染之后，湖边再也没有饮水的马儿，人们也不会来这里游泳了。

1.2 星云湖的污染过程

从江川区提供的材料中了解到，1993年前，星云湖水质为Ⅲ类。自2000年蓝藻暴发以来，星云湖表面漂浮着大面积的蓝藻，从远处看，仿佛湖表面漂浮着一层“绿油漆”，密集的蓝藻对湖水水质造成了严重影响。从20世纪90年代开始，随着城镇化进程不断加快和经济社会快速发展，星云湖流域周边的居住人口不断增加，不少企业也沿湖建厂。沿湖居民产生的生活污水、垃圾和企业排放的工业污染物直接流入星云湖，使得湖内的水污染加剧、水质恶化趋势超出预期。据了解，2001年星云湖水质为Ⅳ类，2002年为Ⅴ类，2003—2016年水质已为劣Ⅴ类，呈富营养状态。① 为了经济的发展，星云湖付出了沉重的代价，作为云南省九大高原湖泊之一的星云湖不再清澈，湖水已基本不能饮用，湖内的各类鱼种也销声匿迹。

1.3 星云湖的脱劣治理

星云湖从“湖光辉映”变成了“海锈纵横”，这不仅让傍水而居的居民感到惋惜与后悔，同时也引起了云南省相关政府部门的高度重视，拉开了治理星云湖污染的序幕。对于水质为劣Ⅴ类的湖泊脱劣治理，人们并没有找到成功的治理经验，况且与河流相比，湖泊治理难度巨大，而高原湖泊的保护治理更是世界级的难题。星云湖治理过程中，云南省相关政府部门一直在不断摸索，以寻找更好的治理方法，这是对云南省政府的一次考验和挑战。

“九五”期间，江川县（后改为江川区）建成污水处理厂，制定退塘退田还湖实施方案，从2000年起，按计划正式步入治理星云湖的轨道。然而，由于资金不到位等，规划项目实施进度一直较为滞后，治理成效并不明显。2015年云南省政府拨放1亿元的“一湖一策”专项资金，同时玉溪市政府还给予2000万元的配套资金来支持星云湖治理工作，这才使得星云

---

① 资料来源：http://www.yuxi.cn/xw/zwxx/styxtp/3802764.shtml。

湖保护治理工作进入快车道。近5年来，江川区围绕“2018年底消除星云湖劣Ⅴ类水质，2020年实现Ⅴ类偏好，力争达到Ⅳ类水质”这一目标并结合星云湖水质状况有序开展各项治理工作。江川区全面加大星云湖保护治理力度，全面提速星云湖保护治理工作，有序推进工程和非工程措施，努力让良好生态环境成为最普惠的民生福祉。

2 “外源+内源”治理工程

2.1 外源治理

2.1.1 寻找“罪魁祸首”

按照“问题导向、精准治污”的治理思路，首先要找到造成星云湖严重污染的直接成因，其中农村面源污染一直被认为是星云湖污染的“罪魁祸首”，也是治理的难点所在。所谓农村面源污染，指的是在农业生产及生活中产生的污染物，如农田中的氮元素、磷元素、农药与生活垃圾等污染物，而这些污染物会随着水流进入星云湖造成污染。相关测算数据显示，造成水质污染的原因是湖中的总磷、总氮污染因子浓度高，导致星云湖水质富营养化程度不断加剧。

过去在星云湖周边的村落过度发展农业，片面追求经济效益，导致农药、化肥过量使用，进而沉积在土壤中。由于农民对于农业面源污染的污染起因和严重的污染后果都没有清晰准确的认识，污染程度持续加深。此外，当时政府财力有限，且主要用于城市和工业的发展，对农村环保投入甚少。历史遗留问题、落后的基础设施、日益加重的污染等因素直接导致了农村面源污染引发的星云湖水质恶化的加剧，威胁到生态系统平衡和周边村民们的健康。

2.1.2 筑起“防护网”

星云湖截污由两污收集处理、截污沟、湖滨带三重屏障构成。

首先，江川区启动两污收集处理工作，同时还在星云湖南片区建成了日处理1万吨污水的污水处理厂，对于能进污水处理厂的污水，通过一体化污水处理系统进行统一收集后再经过厌氧、曝气等处理工艺，最后清澈地流入农田沟渠。对于不能进污水处理厂的污水采用氧化塘和湿地处理，经湿地沉淀、净化后再循环用于农田灌溉。这样的污水收集处理流程基本实现了大部分污水能就地处理并用于农田灌溉。

其次，在星云湖南岸建起第二道屏障，即一条长达8.4公里的截污沟。其主要功能是对将进入星云湖中的生活废水、农田灌溉回归水、区域初期雨水、生活污水等进行截流收集，然后再进行净化处理用于农田灌溉；或者经湿地、湖滨带、库塘进一步净化处理，达到环境标准及检测标准后才可以流向星云湖，确保不让一滴未经处理的污水进入星云湖。

最后，第三道屏障就是在星云湖边上栽种滇朴、中山杉等树种，构成5000余亩湖滨缓冲带。

由此便形成星云湖的三重防护网，使得星云湖水质恶化势头得到有效遏制。

2.1.3　调整农业结构

为进一步贯彻好习近平总书记提到的“绿水青山就是金山银山”的生态文明思想，江川区大规模地进行农业种植结构调整，转变传统的农业生产方式，创新探索更绿色、更高效、更环保的农业种植方式，并发展好沿湖绿色生态经济，实现经济发展与生态保护双赢，努力将该片区打造成为环湖绿色生态农业示范带。自2018年以来，江川区利用招商引资来引导企业和种植大户在星云湖畔种植荷藕，通过调整星云湖周边的农业结构来减少化肥的施用量，进而改善流域内的水生态环境。据了解，荷藕每年每亩施肥80公斤，与种植传统蔬菜相比，3000亩荷藕每年能减施化肥300多吨。此外，种植荷藕还能有效地减少星云湖水质中的氮元素和磷元素，每年能削减水质中56.69%的纯氮和7.31%的纯磷。可见，种植荷藕能够“一举多得”。随着荷藕种植规模的进一步扩大和生态环境的不断改善，星云湖畔渐渐成为一个绿色的大型“氧吧”。[①]

2.2 内源治理

2.2.1 清除底泥

据环保部门给出的数据，星云湖底泥量高达1541.98万立方米，底泥污染层中，总氮平均值1254毫克/公斤，最大值达2100毫克/公斤；总磷平均值1192毫克/公斤，最大值达3138毫克/公斤，均属于国内湖泊底泥中较高浓度值。[②] 清除星云湖内的底泥是星云湖脱劣工作的重中之重，被云南省政府视为重点工程。面对体积如此庞大的底泥，江川区最初提出的方案是将底泥全部挖出再进行自然风干处理，但如果将这么多的底泥全部挖出，会面临没有足够大的空地去堆放的难题，显然该方案是不可行的。于是江川区在此方案的基础上进行改进，通过引进高端技术来有效处理底泥。最终决定将底泥全部挖出后，对底泥进行一系列的机械化处理，再将其压干直至变成正常土壤，最终这些土壤还可以用于改田或种树等，取得既将星云湖内的底泥清除干净又将其变废为宝的双重效果。

2.2.2 水体置换

为有效控制夏季星云湖内蓝藻的大暴发，每年6月江川区环保局都会开展打捞蓝藻的工作，能消灭掉1700～1800立方米的蓝藻。江川区启用蓝藻打捞船来治理星云湖蓝藻暴发，在清理的同时能使蓝藻细胞失活，从而避免其向水体释放毒素（见图13－1）。江川区自2017年开始加大对星云湖的保护力度，引进更先进的日本NAC蓝藻清理技术对星云湖蓝藻进行打捞，日均打捞蓝藻藻浆45吨，星云湖的蓝藻清除能力大大增强，从而更高效地改善了湖泊水质，实现水体置换。

江川区还建设了一座日处理能力为1万立方米的藻水分离站。由于星云湖周边常年风向是西南风或南风，所以蓝藻会在风力的作用下汇集在北

---

① 资料来源：http://jc.yuxinews.com/jcxw/4677958.shtml。

② 资料来源：http://www.yuxi.cn/xw/zwxx/styxtp/3802764.shtml。

岸处，基于此，在星云湖的北岸建设了藻水分离站。一方面，这使得蓝藻集中聚集起来，大大提高了蓝藻的处理效率；另一方面，通过藻水分离站内一系列的工艺手段和流程将蓝藻与湖水进行分离，起到了净化湖水的作用。调查了解到，藻水分离站的进水是富含蓝藻的藻浆，水质是劣Ⅴ类，但经过藻水分离站的一系列工艺处理后，湖水的总氮能达到Ⅳ类水标准，总磷能达到Ⅲ类水标准。①

图 13－1　星云湖蓝藻暴发，船舶打捞蓝藻

资料来源：http：//jc. yuxinews. com/jcxw/4857870. shtml。

2.2.3　以“渔”净水

星云湖栽种的紫根水葫芦与普通水葫芦不同，可以有效吸附水体中的氮、磷及重金属物质，对湖水具有净化作用。但是如果紫根水葫芦不及时打捞的话，待其腐烂后会向水体中释放氮、磷及重金属物质，造成星云湖的二次污染。故在利用水葫芦净化水体的同时还要防止水葫芦腐烂对星云湖造成二次污染。为此江川区建立了打捞水生植物的长效机制，每年都会组织大量的人力、物力在星云湖的水葫芦枯萎前采用水上挖掘机、船只打捞及人工打捞等方式进行打捞和清运。

此外，还实施鲢鱼、鳙鱼投放治理星云湖工程。一方面，云南亚美湖

① 资料来源：http：//jc. yuxinews. com/jcxw/4736039. shtml。

泊水质治理有限公司连续7年开展“以渔净水”汇碳项目，通过有效利用生物间的食物链带走大量的湖泊污染物，针对星云湖的情况决定投放鲢鱼、鳙鱼来去除水体内的氮、磷等污染负荷，进而减轻湖水富营养化程度。另一方面，投放鲢鱼、鳙鱼治污还能提高鱼产量，增加渔民收入。未来计划每年投放鲢鱼、鳙鱼量从现在的150吨提高到450吨，预计每年鲢鱼、鳙鱼捕捞量可达到3000吨。

3 政府多策并举，巩固治理成效

3.1 制定保护条例

为了加大对星云湖的治理力度，确保将星云湖保护行动落到实处，云南省根据《中华人民共和国环境保护法》《中华人民共和国水法》《中华人民共和国水污染防治法》等法律法规，结合星云湖的实际情况，制定了《云南省星云湖保护条例》。这项保护条例的制定为江川区星云湖保护提供了法律保障，对湖水治理和保护具有里程碑意义，使得星云湖保护治理工作步入法制化轨道。

3.2 划分保护区范围

玉溪市人民政府严格落实《云南省星云湖保护条例》，并按照星云湖保护要求划分出一级保护区和二级保护区。其中一级保护区为星云湖水域及星云湖最高运行水位沿地表向外水平延伸100米以内的范围，并且明确规定一级保护区应当设置界桩和明显标识；二级保护区为一级保护区以外径流区的范围。[①] 此外，还明确了一级保护区内禁止的14项行为及相应违法行为的15种惩处方式，以及二级保护区内明确禁止的9项行为及相应违法行为的7种惩处方式。

江川区人民政府在星云湖一级保护区内有计划地开展还湖、还湿地、

① 资料来源：https://www.sohu.com/a/345383717_346681。

还林项目，通过种植树木、更换树种等方式建设生态缓冲带，达到净化湿地水质、修复生态、保护水生态的目的。在星云湖二级保护区范围内规范畜禽养殖，从源头上控制、减少畜禽养殖产生的污染物对环境造成的污染。同时在全区畜禽养殖企业中引进先进的畜禽养殖污染物综合利用技术，并在全区范围内通过指导培训的方式进行技术推广，进而打通污染物循环利用“最后一公里”，实现畜禽规模养殖场配套废弃物处理设施比例达100%，粪污资源化利用率达95.88%。

3.3 设立河（湖）长制

玉溪市加大对星云湖及其径流区河道的管护力度，瞄准目标狠抓星云湖水质脱劣工程。对12条流入星云湖的河流实行河（湖）长责任制管理，采取层层签订目标责任书、缴纳保证金、分段监控、分段管理、分段考核、分段问责等方式抓好星云湖的管护。[①] 星云湖各级河（湖）长要带头履职，管护好自己的“责任河（湖）”，充分了解所属的“责任河（湖）”的治理情况和治理进度，并严格按照时间表推进治理工作的开展。各级河（湖）长还要做到每月一巡湖，每月一督查，开展常态化巡湖活动，以保证星云湖上游水质的干净和星云湖湖道内无垃圾和杂草杂物。此外，还给每条河（湖）建立相应的“病历卡”，做到对症下药，确保“一河（湖）一策”。不仅确立了河（湖）长制，还对区域内的河段、河堤、河岸、水库等地的日常管理进行考核，并将考核结果纳入年度综合目标考核。

3.4 “环湖党建”

江川区区委组织部牵头成立了星云湖联合党委，实施“环湖党建”工程，促进基层党组织建设与星云湖保护治理深度融合，形成以党组织为龙头、党员作表率、部门联动、群众齐参与的工作格局。要让星云湖清澈起来，就要发挥党员的模范带头作用，引导基层党组织和广大党员积极参与

① 资料来源：https://www.sohu.com/a/345383717_346681；http://www.yuxi.cn/UCM/wwwroot/jcxww/jc/btxw/4077407.shtml。

到星云湖保护工作中。组织党员开展爱湖、护湖、治湖行动，发动基层党员自觉争当星云湖保护宣传员、环境卫生保洁员、星云湖治理工作监督员，让守护星云湖成为党员们的自觉行动。同时也依托“百名讲师上讲台”“千堂党课进基层”等渠道开展宣传教育，引导党员树立生态文明建设理念。此外，推行“1 + X”党员包户模式，党员入户宣传相关的星云湖治理政策及法律法规，让人们了解到保护星云湖的重要性，号召人们一同参与星云湖治理，切实营造出全民参与星云湖保护治理的良好氛围。

4 构建星云湖治理长效机制

4.1 “退一进三”战略方针

生活在星云湖流域的人们对星云湖有着强烈的保护和治理愿望，都希望能为星云湖脱劣贡献自己的绵薄之力，共同来营造良好的居住环境和生态环境。但在星云湖保护治理的过程中，人们又不禁会有顾虑，尤其是要考虑如何在保证星云湖治理工作的顺利开展的同时，江川地区百姓正常的生活和生产经营活动不受影响。对此，江川区在星云湖治理中既要注重星云湖的保护治理，又要考虑到老百姓的生存发展问题，变被动保护为主动保护，最有效的解决方法就是“退一进三”。何谓“退一进三”呢？“退一”是指退出部分粮食耕地，包括在生态脆弱区、经济发达地区和较发达地区内缺乏优势的部分土地退出粮食生产。“进三”分别是指：首先，通过退耕还林、还草、还湖、还湿地以改善生态环境；其次，通过退出部分耕地，种植一些经济作物，发展多种经营，以提高农民收入；最后，在粮食面积减少的情况下，通过推广粮食种植技术来提高粮食产量的增长率。“退一进三”战略方针既保证了星云湖流域周边的耕地不被过度开发利用，还保障了星云湖的生态环境，也利用新兴技术有效地提高了农民的种植产量和种植收入。

4.2 “湿地+”创新模式

星云湖作为江川区的母亲湖，是江川区赖以生存的宝贵资源。历届政府在生态环境保护上思想认识高度统一，不断强化“保护环境就是保护生产力”的理念。在治理星云湖的过程中，以星云湖国家湿地公园建设试点为载体，探索“湿地+”模式的道路，建设宜居、宜业、具有生态活力的江川区。建设星云湖“湿地+”模式，江川区具有一定的优势。一是体现在国家政策支持上。2016年12月31日，星云湖国家湿地公园获国家林业局批准开展试点工作，总面积达3752.6公顷，还获得了国家政策、资金支持，为江川推进星云湖保护治理提供了强有力支撑。① 二是体现在星云湖具有独一无二的自然人文优势，其高品质的自然、生态、人文等资源可挖掘潜力巨大。云南省委、省政府提出加快推进文化旅游产业经济带的建设，依托星云湖湖滨湿地来建设休闲旅游度假区，进而大力发展旅游业。

星云湖“湿地+”模式在不断发展创新。“湿地+旅游”模式以秀丽的湖岸湿地田园风光为基础，与周边的湖滨湿地景观带建设结合起来，吸引了各地的人们前来旅游；“湿地+交通”模式以星云湖沿线为重点，规划建设一批高品质、有特色的环星云湖的旅游道路，打造环星云湖自行车赛道、马拉松赛道，构建星云湖环湖交通网络；“湿地+文化”模式，主要利用星云湖内丰富的鱼类资源，通过举办开渔节、万人垂钓等活动让广大群众更好地感受江川渔文化、体验江川渔文化、知晓江川渔文化。其中，开渔节已在星云湖连续举办15年，每年的开渔节都是旅游高峰期，会引来众多游客与市民齐聚星云湖畔，拉动了当地餐馆、住宿等行业的发展。

5 结语

通过各部门的共同努力和持续治理，星云湖畔万亩湿地的垂柳、沿湖随风摇曳的荷花、四通八达的游路，以及长8.4公里的截污大沟构成错落

① 资料来源：https://www.sohu.com/a/199761599_99960343。

有致的“绿色生态屏障”，展现了美丽的景致，让人眼前一亮。同时星云湖水质与主要入湖河道水质治理取得阶段性成效，水质总体呈持续改善态势，基本实现了河道的生态化、清洁化、美观化，并为全国湖泊保护治理提供经验、贡献力量。尽管星云湖保护治理工作已经取得一定成效，但我们也必须要清楚地认识到总体形势仍然严峻，保护治理不可能一蹴而就，必然要经历一个持续治理的过程。

[案例思考题]

（1）结合星云湖污染治理措施，分析星云湖污染治理还存在哪些不足之处。

（2）结合案例，分析如何构建湖泊污染治理的长效机制。

[案例评析]

湖泊污染治理一直被公认为世界难题，目前尚未形成系统的湖泊保护治理模式。本案例通过对星云湖 20 年的污染治理历程进行回顾，展示了湖泊污染的原因、湖泊污染治理过程中面临的困境和挑战。

首先，案例分析了星云湖污染的主要原因，以及不同污染源的治理方式。星云湖污染主要来自两个方面，分别是内源污染和外源污染。其中，内源主要是指多年形成的底泥、蓝藻、水葫芦残体，外源主要是指农业生产中施用的化肥、畜禽养殖中产生的粪污以及日常生活中产生的垃圾等，流入湖中造成污染。星云湖每况愈下的污染对当地生态环境造成了严重的威胁，引起了各级政府的高度重视，积极开展星云湖污染治理攻坚战。在治理理念方面，政府积极响应习近平总书记提出的“绿水青山就是金山银山”的发展理念，有效落实“两山”理论，改变用绿水青山来换金山银山的传统发展观念，不断创新生产经营模式，努力实现经济发展与生态环境保护双赢。在治理方式方面，其通过投放鱼类、水葫芦来净化水体，通过挖除星云湖的底泥来改善内源，通过沿湖建立生态保护屏障阻止污染物流入来改善外源，并开展沿湖环境综合整治，健全沿湖污染物收集设施，提高污染物利用率。在治理制度方面，其通过确立河（湖）长责任制，让每条河流都有河（湖）长，推动了星云湖面貌不断改善，初步扭转了水质恶化趋势，星云湖管理和保护工作取得了显著成效。

星云湖的湖泊治理虽然取得了一定的成效，但在可持续治理的过程中仍然存在以下问题：第一，由于宣传不到位，不少群众不了解河（湖）长制的相关内容，片面地认为星云湖的保护治理仅与各级河（湖）长相关，造成社会公众对星云湖的保护治理工作参与度较低。此外，还存在社会公众参与星云湖保护治理的渠道有限且参与程序不规范等问题。第二，“一湖一档”等河湖基础信息数据库尚未全面建立，与星云湖的相关信息没有形成体系，使得星云湖的治理措施缺乏有效性，存在“一刀切”现象。第三，星云湖的监测体系和预警体系不健全，现代化的高科技手段应用还不广泛，仍需采用人工巡湖的方式发现星云湖中存在的问题，而由于人工巡查效率低，难以保证及时发现问题。

星云湖的治理需要逐步构建起污染治理的长效机制，早日实现星云湖脱劣目标，尽快让星云湖重焕光彩。

（1）探索污水缴费制度。星云湖周边的污水、垃圾等污染物不断增加，政府治理的财政负担也随之加重，故政府要探索建立污水缴费制度，减少星云湖环境污染的负面效应。一方面，政府要合理确定污水缴费水平和标准，提醒周边居民和企业注意污水排放量，利用制度来约束人们的行为，进而从源头减少入湖的污染量。另一方面，政府要加大处罚力度，提高违法成本，当超过规定的排污量时要依照标准严厉惩罚以起到警醒作用，逐步改变以牺牲环境为代价的经济发展模式。

（2）完善河（湖）长制。一方面，加强河（湖）长制的法规建设，将各级河（湖）长的任务细化进而明确各级河（湖）长的职责与义务，促进各级河（湖）长依法履职尽责。同时，也为星云湖管理保护增强法治保障，让河湖监管变得有法可依。另一方面，要加强对各级河（湖）长的常态化监管，督促各级河（湖）长定期巡湖，当发现问题时要及时上报以尽快解决问题。此外，还要不断完善各级河（湖）长的问责制度与激励制度，结合实际，依照确定的考核评价内容和指标进行考核，根据最终的考核结果进行奖惩。

（3）党员作表率，群众参与。随着星云湖治理工作的深入推进，广大党员要发挥带头作用，积极参与星云湖治理。与此同时，党政领导要协调整合各方力量，为星云湖管理保护提供坚强的制度保障。此外，还要畅通公众参与渠道，提高公众参与积极性，让群众成为星云湖治理的积极参与者，营造全社会爱湖护湖的良好氛围。

（4）提高智能治湖水平。智能治湖首先表现在数据收集方面，要不断推动“一湖一档”建设，做到全面掌握星云湖相关的基础信息，实现星云湖基础数据等信息的共享，为各级河（湖）长和相关部门科学有效决策提供有力的数据支撑。其次表现在动态监管方面，要不断加强星云湖环境监测体系和预警体系建设，增设自动监测星云湖的站点，逐步实现对星云湖的动态监控和智慧管控。这样有利于对星云湖流域水环境的实时精准管理，进而提高对星云湖流域水环境的治理能力和工作效率。

[参考文献]

[1]纪平. 压实河长湖长职责　建设幸福河湖[J]. 中国水利,2020(8):3.

[2]王冠军,郎劢贤,陈晓. 履职尽责是河长制湖长制落地见效的关键[J]. 中国水利,2020(8):4－6.

[3]刘琳. 全面推行河长制湖长制有关问题思考及建议[J]. 海河水利,2020(1):15－17,36.

[4]刘小勇,郎劢贤,陈健. 安徽省推进巢湖湖长制从“有名”到“有实”的经验启示[J]. 水利发展研究,2020(1):22－25.

[5]宋磊. 我国湖泊污染现状及治理模式的探讨[J]. 化工管理,2020(2):46－47.

[6]徐若冰．湖泊水体富营养化的来源、危害及治理研究[J]．环境与发展，2019(4):56,58.

[7]张建华．应加强城中湖泊综合治理与保护[N]．中国水利报,2018-04-05(5).

[8]张东培．湖泊综合治理的方法与路径[J]．科协论坛,2014(11):9-11.

[9]陈平芬．玉溪市江川区星云湖保护治理工作浅析[J]．环境科学导刊，2018 (S1):53-57.

案例 14

从“滞销”到“旺销”的新疆农产品

摘要：新疆维吾尔自治区具有发展农业的优越地理、气候条件和丰富的种植经验。但近几年，新疆维吾尔自治区多地出现农产品滞销现象，致使当地农民增收缓慢，同时也加深了当地的贫困程度。为破解农产品滞销的困局，新疆维吾尔自治区政府及社会各方积极行动、共同施策，从品牌建设、完善产业链、强化监管等多方面促进农产品销售，运用冷链运输技术、期货经营工具等破解技术难题，利用线上和线下销售打通“最后一公里”；此外，社会各方也积极开展援疆活动，通过消费扶贫、媒体宣传等多种形式助力新疆农产品的销售。通过社会各方的共同努力，新疆农产品品质不断提高，配套服务得到提升，销量大幅增加，从“滞销品”变成了“抢手货”，插上了腾飞的“翅膀”，走出新疆，走向全国。

关键词：农产品滞销；消费扶贫；线上销售；农产品品质

[案例正文]

新疆维吾尔自治区位于祖国的西北地区，得天独厚的自然条件，琳琅满目的各色品种，使新疆成为久负盛名的“瓜果之乡”。随着互联网的发展，新疆旅游业迎来了春天，“丝绸之路经济带”的建设也为新疆经济社会发展带来了新的机遇。在此背景下，新疆农业发展也面临着新机遇、新挑战。近年来，新疆多地出现了“丰产”难“丰收”的现象，农产品面临着滞销困局。优质农产品为何滞销？新疆维吾尔自治区各级政府和社会各方应该如何共同努力，破解农产品滞销的困局？

1 “酒香也怕巷子深”

1.1 得天独厚的好产品

新疆维吾尔自治区位于北纬37°，阳光充足、日照时间长、昼夜温差大、无霜期长，再加上天山雪水的灌溉，孕育了水果的黄金生长环境，成就了新疆“瓜果之乡”的美誉（见图14－1）。此外，新疆种植瓜果已有两千多年的历史，加之新疆人发明的独特晾房，为新疆农业的发展提供了坚实的基础。目前新疆已经开始注重农产品深加工，不断提高农产品的附加值。自2009年以来，新疆把农业发展的重点由基地建设转移到市场开拓上，到目前为止，新疆农产品已经在国内外市场上形成了一定的知名度，得到众多消费者的认可，闻名国内外的有喀纳斯蜜瓜、尉犁甜瓜、阿克苏苹果、和田大枣、精河枸杞等。例如，新疆阿克苏苹果甘甜味厚，营养丰富，其独有的“冰糖心”受到了国内外消费者的青睐，也得到了国家苹果产业技术体系首席专家、河北农业大学教授孙建设的大力推荐。

图14－1 新疆晾房内挂在铁架上的新鲜葡萄

资料来源：http：//www.xinhuanet.com/2019－10/02/c_ 1125068988.htm。

1.2 “丰产”却难“丰收”

近年来新疆多地出现农产品滞销的现象，农民们面对积压难销的农产品，丰收的喜悦也难抵滞销的惆怅。“瓜果之乡”的优质农产品为何“走”不出去而滞销呢?

首先，农产品缺乏特色品牌。随着消费的升级和人们喜爱口味的日益变化，人们不再满足于附加值较低的农产品，对于新疆农产品来说，如何满足消费者需求成为一大难题。目前新疆农产品种类非常多，但是同类农产品的品牌过多，使得消费者很难准确区分。例如，和田地区的“和田玉枣”，哈密地区的“哈密大枣”，阿克苏的“灰枣”，若羌的“对枣”，喀什地区的“大漠枣哥”。由于消费者认知的模糊性，很多批发商、零售商鱼目混珠，以低价农产品充当高价农产品，影响了新疆农产品的声誉。

其次，面临市场竞争者的挑战。随着新疆维吾尔自治区对外开放程度不断加强，新疆农产品在本土迎来新的竞争者，特别是从内地、国外“引进来”的高品质农产品对本地农产品造成竞争威胁。

最后，物流体系不完善。新疆作为我国农产品生产大省，由于地理位置偏远，冷链物流发挥着重要作用。但是物流技术落后、物流基础设施不完善、冷链物流资金不足等，制约着物流体系作用的发挥，也制约了农产品“走出去”的步伐。

2 社会各方援疆带货

2.1 开展消费扶贫活动

2020 年是我国全面打赢脱贫攻坚战收官之年，在党中央的领导下，新疆维吾尔自治区各级政府高度重视农产品滞销问题，制定切实有效的措施，调动社会各界积极开展消费扶贫，通过“以购代捐”“以买代帮”等方式有效解决农产品“难卖”的问题。新疆扶贫相关负责人称，开展援疆消费扶贫活动卖出新疆地区农产品合计 2941 万元，帮助销售贫困地区农产品超过1.76亿元。① 此外，还将贫困地区的农产品信息录入“扶贫832平台”，借此向人们展示新疆农产品并扩大宣传，以吸引社会各界采购。开展促销行动，加大活动促销力度，把新疆农产品推向全国，实现优势农产品与国内大市场的有效对接。同时，政府还出台多项农产品出口优惠政策，开拓农产品市场。近年来，新疆农产品出口量逐年扩大，出口货值也不断增长，据海关统计，2019年1—4月，新疆口岸出口农产品13.7万吨。

2.2 中央电视台开播公益广告

2016年9月，中央电视台贯彻落实党中央关于脱贫攻坚的决策部署，推出了具有帮扶性、公益性并具体针对贫困地区的“国家品牌计划—广告精准扶贫”项目（见图14-2）。该项目旨在通过国家级媒体平台，一边宣传贫困地区特色农产品，一边展示贫困地区人文地理条件、生产生活方式。这一项目对贫困地区的农民脱贫致富、促进贫困地区经济发展起到了很好的推动作用，是贫困地区脱贫攻坚的“助推器”。

图14-2 “国家品牌计划—广告精准扶贫”项目新疆推介产品签约仪式

资料来源：http：//1118.cctv.com/2018/05/31/ARTInzbPczAozyLpSYDarBZA180531.shtml。

2018年中央电视台广告精准扶贫项目规模不断扩大，免费推介的产品

① 资料来源：http://xj.sina.com.cn/news/m/2020-04-29/detail-iirczymi8988222.shtml。

扩大到46个，推介地区扩大到8个。其中，新疆的和田玫瑰、莎车巴旦木、南疆核桃、南疆红枣的公益广告通过中央电视台的8个频道向全国播出。同时，提高广告的播出频次，并在广告片尾设计二维码，方便电视观众直接通过二维码下单购买。①

3 改良滞销农产品

3.1 打造“疆字号”品牌

近年来，新疆维吾尔自治区高度重视农产品的产地保护，依托农产品地理标志为新疆农产品培育其独有的品牌，以提高新疆农产品在市场上的知名度和竞争力。其中，尤其加强贫困地区农产品的登记保护，帮助贫困地区打造优质农产品品牌，让贫困地区农民的“钱袋子”鼓起来。例如，新疆维吾尔自治区策勒县的策勒红枣，因其高品质在国内外市场上形成品牌，得到广大消费者的认可并占据一定的市场份额，同时也提高了策勒县上千名农民的年收入。目前，农业农村部登记的农产品地理标志已达2778个，已经在全国范围内打响了一批“疆字号”特色农产品品牌。今后，新疆维吾尔自治区农业农村部门将继续加强农产品地理标志登记保护工作，着力讲好“疆字号”农产品品牌故事。

3.2 升级农产品，完善产业链

长期以来，由于加工转化率低、保质时间短、运输困难等，新疆农产品不能发挥和利用好其资源优势和产品优势。于是，新疆维吾尔自治区将农产品产地初加工视为重点工作，提出要不断提高农产品附加值，延长农产品的产业链和价值链，推动实现农产品增值、农民增收。一方面，进一步完善地、县、乡、村四级农产品加工布局，逐步形成农产品加工业发展格局，促进农业产业化经营。另一方面，扶持发展农产品加工业，建设农产品初加工

① 资料来源：http://news.sina.com.cn/c/2018-05-31/doc-ihcffhsv9671301.shtml。

的生产基地，实行一定的补助政策，引进先进的加工技术，开展农产品初级加工产品项目，促进农产品顺利进入后续的加工环节和终端市场，推动优势特色农产品向规模化、产业化、品牌化的方向发展。

3.3 加强监管，保证质量

新疆维吾尔自治区各级市场监管部门和相关责任部门加强监管，组织抽检农产品，对抽检中发现的违规生产、质量不合格、价格不合理的农产品，立即查清其流向，采取下架或召回不合格农产品等措施，情节严重的要依法追究相关责任。同时，在全疆范围内推广应用农产品质量安全追溯管理平台。该平台主要包括种植业产品监管、畜产品监管、水产品监管、农业投入品监管、检验检测管理、合格证（追溯二维码）管理、“三品一标”管理、执法检查和投诉受理、黑红名单九大主体功能模块，层层把关农产品质量，实现与农产品相关的所有信息互联互通，推动形成农产品追溯“一张网”。此外，与农产品相关的生产者、经营者、单位机构等都要自觉接受相关部门监管和社会监督，实现疆内所有农产品全部被纳入追溯管理中，保证农产品“带证上网、带码上线、带标上市”。①

4 巧用技术破解困局

4.1 冷链技术保运输

近年来，新疆农产品种类丰富且产量较大，以瓜果产业为例，2018 年新疆园林瓜果产量达 1059 万吨，其中，大部分农产品销往疆外市场，可谓“产销两旺”。随着疆外市场需求的扩大，新疆农产品不断运至疆外，这对新疆农产品的物流运输要求无疑越来越高。为了保障农产品安全顺利地运输出新疆，新疆采用公路、铁路、航空等多元化的运输方式为农产品供应“保驾护航”。中国铁路乌鲁木齐局集团有限公司喀什货运中心开辟农资运输绿色

① 资料来源：http://www.moa.gov.cn/xw/qg/202003/t20200304_6338124.htm。

通道，实行即到即装、即装即运、送货上门等一系列物流服务举措。

新疆地理位置较偏远，造成农产品运输时间长、成本大。据了解，90%的新疆农产品都是在没有冷链保证的情况下用普通货车运输，农产品的损失较严重，仅满足了市场30%的需求量。① 为了降低新疆农产品运输成本，新疆在全疆收费公路上启动鲜活农产品“绿色通道”政策，2018年为鲜活农产品运输车辆共减免7.3亿元通行费，有效减轻了农民承担的农产品运输成本。此外，为了保证农产品在运输中保“鲜”，采用冷链运输、冷藏集装箱等方式，保证农产品品质，有效避免农产品在运输过程中出现变质、损耗等情况。然而，新疆具有保温功能与制冷技术的车辆仍然较少，且冷链运输在其他交通工具上的应用还不广泛，还需要不断引进其他新的制冷技术来完善冷链运输。

4.2 期货工具稳经营

现如今，新疆农产品的交易量越来越大，随着现货市场价格波动，市场风险也起伏波动。通过期货市场可以有效规避农产品市场价格波动带来的风险，为农业生产加一道“保险”。利用期货市场既可以拓宽企业的融资渠道，不会发生资金链断裂和周转风险，有利于企业规避风险、稳健经营，又可以提高农民的生产积极性，在可控的预期内实现收益，有利于服务“三农”和脱贫攻坚。所以期货市场正在被越来越多的新疆企业经营者接受，特别是生产农产品的企业经营者。新疆证监局的数据显示，在新疆辖区内期货品种、开户数、交易额等都在逐年增加，期货市场也越来越成熟，能有效规避现货市场价格波动风险。在下一步的发展中，还需要不断进行期货知识的宣传和普及，不断提升期货市场服务实体经济能力，以助力新疆农产品企业稳定经营。除了通过期货市场帮助农业稳定发展外，新疆维吾尔自治区还出台了农业保险政策，以此来保障农民收入，推动农业经济持续健康发展。

---

① 资料来源：https://www.xzbu.com/1/view-14967769.htm。

5 打通“最后一公里”，从“滞销”到“畅销”

5.1 电商助力线上销售

随着互联网的普及和农业的快速发展，如今许多农产品都借助互联网和各大社交平台开展线上销售。近年来，包括阿里巴巴在内的大型电商企业进驻新疆共谋发展，不断探索产地直供、订单式生产等新模式，对传统农业进行智能化、网络化改造，将农民培养成“新农商”。借助电子商务平台，农民能够收集到各地农产品市场的动态需求信息，在很大程度上解决了交易信息不对称的问题，降低了农产品库存。消费者也能通过该平台了解到更多的农产品，享受到物美价廉的优质农产品。

新疆发展农产品电商既有优势又有劣势，优势表现在新疆的农产品有着品质高等特点，劣势表现在物流设施不完善、农产品商品化程度低等方面，这也是当前新疆电商企业发展中的痛点。于是新疆力争织好农产品“两张网”，分别是“疆内收购网”和“疆外销售网”。一方面，新疆政府开展国家级电子商务进农村综合示范建设工作，培育一批本地电商主体，带动新疆农产品全面触网。另一方面，通过构建跨境电子商务平台，为新疆农产品提供更大的市场，进而带动新疆农业经济的整体发展。如今新疆已经有60余品类、250多种商品开展线上推介销售，并已在线上形成农产品收购、加工、销售等一体化经营和服务模式。据调查，2018年新疆农产品网络零售额实现71.91亿元，比上年增长44.51%，高出全国增速14.11个百分点。[①]

5.2 多渠道开展线下销售

5.2.1 农产品进景区

随着新疆旅游业的快速发展，新疆抓住旅游旺季客源优势，通过开展新疆农产品进景区活动，将景区打造成新疆农产品展示推销的大舞台，让

① 资料来源：http://news.ts.cn/system/2019/10/14/035925607.shtml。

优质农产品变身旅游伴手礼搭上旅游业发展快车。一方面，通过对景区消费者的消费结构、消费习惯等进行分析研究，推出一批富有地域特色、深受游客喜爱的农产品，带动新疆农产品销售。另一方面，对进入景区的农产品建立质量标准，严格质量管理，确保新疆农产品的品质，做好新疆农产品招牌并将其传播出去（见图 14 –3）。

图 14 –3　新疆名优特农产品进景区

资料来源：https：//www.sohu.com/a/328506539_ 100034331。

在《关于推动新疆农产品进景区的意见》中，明确提出在 2020 年 6 月 30 日前，实现在全区有条件的 3A 级（含）以上景区内，设立新疆农产品营销专区，不断推动“农业 + 旅游”发展模式，实现农业与第二产业、第三产业的融合发展。[①] 通过农产品进景区这一举措，不仅帮助农产品找到了新的销售渠道，提升了新疆农产品的知晓度，还切实补齐了新疆旅游“购”的短板，为游客购买地方特产、优质农产品提供了便利。

5.2.2　调动各方增销量

一方面，运用好各类农产品销售平台和展销活动，加大在农产品批发市场、连锁超市开展专项促销活动的力度。同时加强与农产品购销龙头企业合作，形成销售合力，不断扩大新疆滞销农产品销售渠道。利用援疆机

① 资料来源：http：//www.moa.gov.cn/xw/qg/202004/t20200428_6342593.htm。

制扩大促销范围，与各对口援疆省市指挥部协调，组织开展专项专场营销推广活动，实现农产品产销对接。另一方面，鼓励引导各级党政机关、企事业单位食堂积极采购滞销农产品，或在节日购买一些滞销农产品作为员工福利，通过“以购代捐”“以买代帮”等方式促进滞销农产品销售。此外，充分利用新闻网站、微博、微信公众号等媒体平台，创新宣传方式以吸引社会各界采购新疆农产品，参与到帮助滞销农产品销售行动中。

6 “滞销品”成了“抢手货”

6.1 包装创新博眼球

俗话说，人靠衣服马靠鞍，新疆农产品同样适用这个道理。随着消费者需求的不断变化和审美水平的提升，很多消费者在注重农产品质量安全的同时，也开始注意到农产品的包装、宣传广告语等。基于此，政府开始引导企业注重农产品包装、诠释好品牌故事，以此作为亮点吸引消费者购买。许多新疆农产品改良其原有包装，推出了印有小熊、松鼠等各种萌萌的动物形象的外包装；此外，“手撕小鲜肉”豆腐干、“枣想核你在一起”枣夹核桃等诸如此类的广告用语在市场上流行起来。如今新疆农产品正在向中高端市场靠拢，逐渐摘掉了“土特产”的帽子，以更新颖的颜值面向消费者，并很快赢得了广大消费者的追捧。

6.2 产品创新捕味蕾

新疆维吾尔自治区不缺好的农产品，缺的是如何通过创意碰撞出新的火花，让好产品变成畅销产品。一直以来，红枣、核桃、葡萄干被称为新疆干果中的“老三样”，如今，随着农产品的精深加工，“老三样”也打破了“原字号”的销售壁垒，突破原材料的特性，颠覆固有吃法，玩出了“新花样”，成为网红产品。过去，枣就是枣，核桃就是核桃，现在，无论是红枣、核桃还是其他特色农产品，都被赋予了新的内涵，制作出了多种多样的衍生品，成为新疆农民的“致富果”。

位于塔里木盆地西缘的英吉沙县，有着悠久的种植英吉沙杏的历史，被称为“中国英吉沙杏之乡”。但在2016年，虫灾造成当地90%的杏树绝收，英吉沙县的农民们差点把杏树都砍掉，[①]而且鲜杏储藏时间短，因运输路程较远，严重影响了鲜杏的产品质量和市场价格。为了破解英吉沙杏的销路难题，2017年当地政府决定一方面加强杏树管理，聘请农科院专家前来找“病因”，集中力量为农户解决病虫害问题。另一方面通过引入气调保鲜技术，解决了英吉沙杏在运输中的保鲜难题。此外，借助电商平台进行线上销售，让远在大漠的鲜果一跃成为新晋的网红水果。在各方的共同努力下，终于打造出了“幸福英吉沙”公共品牌，并取得了3天销售超过100万颗鲜杏的好成绩。

此外，为了让全国消费者在鲜杏季之外也能吃到英吉沙的杏产品，生产者们开创性地将英吉沙杏、和田核桃和伊犁蜂蜜三款新疆本土农产品融合起来。从外观来看，杏干包裹着核桃，很像法式甜点马卡龙，很快成为网红爆品，赢得了众多消费者的喜爱。对初级农产品的创新，不仅增加了鲜杏和核桃的附加值，延长了它们的生命周期，提升了农产品的品牌影响力，也给生产者带来了丰厚的利润，增强了他们的生产信心。

6.3 产品定位赢喜爱

当前消费者在选择农产品时，标准不仅仅停留在农产品好吃的基础属性上，也十分重视农产品是否具有健康属性。新疆农产品以有机绿色、原生态、高品质为亮点，树立起“绿色、营养、美味、健康”的农产品形象，打造出新疆农产品的“金字招牌”，获得了老百姓的喜爱。

富硒食品是一种健康的食品，得到了消费者的认可，拥有良好的市场基础。如今新疆维吾尔自治区充分利用富硒土壤资源，将富硒食品与新疆特色农产品进行融合，最为出名的是富硒红枣。虽然富硒红枣产量比普通红枣低，但是销售价格是普通红枣的几倍。一些生产富硒红枣的企业宁肯

① 资料来源：https://www.sohu.com/a/342397436_429516。

减少销量，也不愿以牺牲品质来换取短期的效益。

此外，当谈起乳酸菌，人们在脑海里最先想到的是酸奶。新疆南达新农业股份有限公司将酸奶生产工艺进行改良，将胡萝卜汁加入酸奶中，研发出全新的乳酸菌胡萝卜汁产品。新款乳酸菌胡萝卜汁的乳酸菌含量可以达到酸奶的4倍，既包含了胡萝卜汁和酸奶的营养成分，又为优质产品拓展出了新的空间。尝试将胡萝卜与酸奶结合并加工成饮料，使原本价值较低的胡萝卜变成了健康绿色、高品质的产品，产品形态发生了转变，成为农民增收致富的新产业。

7 结语

新疆农产品因种类丰富、品质优良，深受广大消费者的喜爱。但是近年来，由于农产品市场竞争激烈、顾客品质要求提升，加之新疆物流运输体系不健全等，新疆农产品面临滞销的困局，农民们面对积压难销的农产品倍感惆怅。为了让优质、绿色的农产品走出新疆，社会各界积极参与到援疆带货行动中，一方面，各大媒体广泛宣传新疆农产品；另一方面，众多企业通过“以买代帮”的形式采购新疆农产品。新疆政府也引进先进的制冷技术完善冷链运输，通过线上线下双渠道销售，有效打开了农产品销售市场。新疆农产品生产者也意识到自身的问题，从产品的原材料、口感、质量、包装等各方面入手，着力打造“疆字号”特色农产品品牌。在各方的共同努力下，新疆农产品破解滞销困局，实现了从“滞销品”到“畅销品”再到“抢手货”的逆袭。

[案例思考题]

（1）结合案例，分析造成新疆农产品滞销的原因有哪些。

（2）在互联网背景下，解决新疆农产品滞销的对策有哪些？

[案例评析]

新疆维吾尔自治区独特的自然生态环境孕育了多样性的农产品，并以其特有的品质享誉国内外。此外，新疆维吾尔自治区属于“丝绸之路经济带”沿线省份，目前已初步形成良好的运输网络，使疆内市场和国内、国际市场连接起来，为农产品的销售提供了良好的平台。但近些年农产品滞销现象较为严重，大量农产品积压，农民经济收入惨淡，资源严重浪费。从长远来看，农产品滞销对我国农业产业结构、农民生产的积极性等会产生负面影响，因此农产品滞销的社会危害不可小视。造成新疆农产品滞销的主要原因有如下几点：

（1）新疆农产品生产理念落后。农民们在生产时一般只追求数量不求质量，且农产品深加工明显不足，产品附加值偏低。如今随着收入水平的提升，消费者对于农产品的需求也由“量”逐步向“质”进行转变，消费者会倾向选择高品质农产品，低品质农产品在市场上少有人问津，造成农产品滞销。此外，农民们也不注重农产品品牌的培养，消费者对农产品的忠诚度不高，进而影响农产品的销量。

（2）新疆农产品生产模式传统。新疆农业生产仍以传统的小规模分散型为主，这种以家庭为单位的分散经营很难形成规模效应，相应的抗风险能力较差。即使有的已经形成规模化种植，但是大面积种植单一农产品造成品种更新速度慢，很难满足消费者的多样化的需求。

（3）新疆农产品销售渠道单一。农户的“小生产”与现代经济的“大市场”之间缺少产销对接，目前大多数农产品是经过收购商、运输商、批发商、销售商后再到消费者手里，销售渠道较为单一，流通环节较多。这造成了农产品从生产到食用之间的物流运输时间太长，物流成本太高。

（4）新疆农业信息化基础薄弱。新疆涉农网站数量较少，并且这些网站同质化严重、实用性差，大多数网站只是进行信息发布，没有提供全面的市场信息，农民不能对市场情况进行准确判断，从而导致了农民盲目跟风种植，造成农产品滞销。此外，多数农民对电子商务模式半信半疑，没有真正认识到电子商务蕴藏的巨大商机，阻碍了农产品电子商务的推广和应用。

（5）新疆农产品物流配送体系不完善。完善的物流配送体系是进行农产品电子商务交易的基础保障。据调查，新疆目前的物流配送主要还是依托传统的运输工具，耗时长，时效性差。此外，新疆在物流配送设备和技术方面水平落后，投入不足，尤其是对一些不宜存放的农产品在运输中的冷冻保鲜措施不到位。

针对新疆农产品滞销现状，并基于互联网背景及电子商务蓬勃发展的情况，提出如下建议以有效解决农产品滞销问题：

（1）升级农产品。一方面，提高农产品深加工水平，既能提高农产品的品质，又可以延长农产品的保质期，有效减少运输过程中的损耗。另一方面，创新农产品包装，经过精包装后的农产品既能赢得消费者的喜爱，又能增加农民所获利润。此外，应培育一些有影响力的地域品牌，以品牌和质量赢得市场，以此带动农产品销售。

（2）提高物流技术能力。新疆向外运输的路线较长，为保证将农产品高效地输送到消费者手中，要不断提高物流运输技术能力。尤其是对于易腐烂的农产品，可以采用冷链物流来保证农产品的完整与新鲜。此外，政府要加大对农产品流通设施建设的支持力度，改善农产品运输条件和运输工具，引进先进的冷链运输技术。

（3）建立农业合作社。通过农业合作社，可以在生产环节为农民提供种植建议，引导差异化农产品种植，从源头上有效避免供给过剩，同时，给予技术指导，推进农业专业化、规模化生产。在销售环节帮助农民提高其在市场中的地位，增强其与其他市场主体议价的能力和抵御市场风险的能力。

（4）加快平台建设。互联网和电子商务的发展，为农民、企业、市场、政府提供了一种新的合作渠道和机会，可以以最快的速度将农产品直接送到消费者手中。随着自媒体的兴起，可以运用各种直播平台推广农产品，为解决农产品滞销提供新途径。此外，还应完善农业信息网络平台，使农民对市场信息有所掌握，了解消费者的需求，以防止信息不对称导致的重复生产和盲目生产。

（5）推进产销对接。积极探索“农餐对接”模式，实现“菜园子”和“菜盘子”的无缝连接，实现餐饮企业与农产品生产者的双赢。这使农户既避免了盲目生产造成的巨大损失，又获得了稳定的销售渠道。对于餐饮企业来说，直接从农户手中获得农产品，新鲜度和价格都得到了保障。

［参考文献］

［1］岳燕云．守正创新打造名优特农产品［N］．新疆日报（汉），2020-04-19（2）．

［2］黄涛．新疆农产品第三方冷链物流模式的构建［J］．新疆财经大学学报，2016（4）：48-53．

［3］陈法杰，李志刚．新疆农产品电子商务发展对策初探［J］．中国管理信息化，2012（3）：73-74．

［4］侯国强，娄祥，朱丽娜．基于互联网背景下的农产品滞销原因及对策研究［J］．中外企业家，2020（4）：102．

［5］杨锓瑶．电商背景下农产品滞销破解之道［J］．山西农经，2019（17）：82-83．

［6］程海龙．互联网模式下的农产品滞销问题的研究［J］．现代经济信息，2017（24）：340，342．

［7］汤红元．从电子商务看农产品的销路［J］．湖南工业职业技术学院学报，2014（6）：31-33．

［8］车君明．关于“谷贱伤农”问题及其防范——以甘肃省天水市为例［J］．天水行政学院学报，2013（1）：106-109．

［9］施烨，王怀明，沈建新．基于农民专业合作社视角的农产品滞销原因分

析及其对策[J]. 江苏农业科学,2015(11):596-598.

[10]姜艳. 诸城市委党校. 农产品产销精准对接 如何“对症下药”[N]. 潍坊日报,2020-06-01(3).

[附录]

贫困地区农产品产销对接实施方案

为贯彻落实中央财经委员会第一次会议提出的“产业扶贫要在扶持贫困地区农产品产销对接上拿出管用措施”的部署要求，加强贫困地区特别是集中连片贫困地区、深度贫困地区特色优质农产品产销对接，促进贫困地区农产品销售，提升产业扶贫质量，加快贫困群众脱贫增收步伐，特制定本实施方案。

一、夯实产销对接基础

加快标准化生产基地建设。全面推进特色主导产业标准化建设，加快绿色高产高效基地创建和标准化养殖示范场建设。加快研发适宜贫困地区的特色品种和技术模式，支持贫困地区健全农产品标准体系，加快农业标准化实施。加强仓储冷链设施建设。加大对贫困地区农产品贮藏、保鲜等设施建设力度。支持贫困地区在特色优势农产品产区建设或改建一批气调库、冷藏冷冻保鲜库，缓解农产品集中上市压力。加快新型经营主体培育。加大对带动贫困户特色农产品销售的农业企业、农民合作社、专业大户等新型经营主体培育力度，重点发展壮大一批脱贫能力强的龙头企业。加强特色农业品牌建设。立足区域资源禀赋和产业基础，充分发挥传统媒体和新媒体优势，加强品牌农产品培育、塑造和宣传推介，打造一批竞争力较强、知名度较高的特色农业品牌。打通产销信息渠道。借助现代信息技术开展特色产业市场信息的监测与发布，及时为农户提供市场政策、价格、供需等信息服务，推动建立利益紧密联结、产销密切衔接的长期稳定的农产品流通渠道。

二、开展2018年贫困地区农产品产销对接行动

农业农村部2018年拟开展多种形式的“贫困地区农产品产销对接行动”，重点开展六大活动（工程），着重提升贫困地区特色农产品营销能力。

（一）贫困地区农产品出村活动。引导市场流通主体“走进去”，组织农业产业化龙头企业、大型农产品批发市场、大型商超物流企业、加工企业、食品企业、电商平台等市场流通主体“走进山村、走进市场”。举办“贫困地区农产品产销对接行动”启动仪式，分期分区域在全国农业展览馆、大兴安岭南麓片区（或武陵山区）、南疆四地州片区、西藏及四省藏区片区、燕山—太行山片区组织开展5场大规模特色农产品产销对接活动。支持集中连片贫困地区参加中国国际茶叶博览会、中国国际农产品交易会、部省共同主办的农业展会以及京津冀品牌农产品产销对接活动等，设置扶贫专区，开展专场推介活动，在展会费用上给予减免。

（二）农产品电商出村工程。组织十大电商在30个贫困县开展农产品电商出村工程试点，依托电商平台，开展特色优质农产品电商促销月行动。每个试点县选择1～3个特色优质农产品，由电商企业、地方政府、信息进村入户运营商、合作社等多种主体共同出资，整合利用益农信息社等现有渠道，构建适应电商发展的服务体系、新型农产品供应链体系、基础支撑体系，培育多元化市场主体，帮助小农户用信息化手段对接大市场。组织各大电商平台聚焦集中连片贫困地区农产品，根据贫困地区主导农产品集中上市时间，选取量大质优的品种开展特色优质农产品促销活动。建立电商产销联盟，发生较大规模农产品滞销困难时，及时组织电商开展农产品应急促销。加快推进贫困地区信息进村入户工程，建成5000个益农信息社。鼓励地方整合利用扶贫资金对销售集中连片贫困地区农产品的电商平台给予奖补。

（三）爱心扶贫销售公益活动。邀请中央宣传部、国务院扶贫办公室、教育部等部门联合发起扶贫销售公益活动倡议，通过广泛发动和宣传，倡

议全国各级党政机关、企事业单位、社会团体等社会各界人士主动、优先购买贫困地区特别是集中连片贫困地区、深度贫困地区特色优质农产品。充分利用市场化手段，以“农业农村部爱心扶贫销售公益网”等冠名方式，联合京东、苏宁等大型电商，直接采购贫困地区农产品，低价或免费提供给中小学、养老院等，开展“一天一个水果”“一天一杯果汁”等公益活动。

（四）特色农业品牌创建活动。研究制定农产品区域公用品牌奖补政策，指导支持贫困地区立足资源禀赋和产业基础，做好品牌规划，加强品牌宣传。支持三区三州贫困县开展“一县一品牌”建设，一个县重点培育和打造一个农产品区域公用品牌。加快推进贫困地区“三品一标”建设，引导和支持贫困地区开展绿色、有机、地理标志农产品认证，对集中连片贫困地区或深度贫困地区特色优质农产品“三品一标”认证在费用上给予一定减免。

（五）农产品产地市场建设工程。总结地方农产品产地市场建设经验，宣传推广先进典型案例。支持农产品产地市场体系建设，在集中连片贫困地区建设改造一批直接服务农户的区域性农产品产地市场和田头市场，提升农产品分等分级、预冷、初加工、冷藏保鲜、冷链物流等能力。

（六）贫困地区农产品产销对接宣传活动。邀请中央宣传部联合发力，推动新华社、人民日报、中央广播电视总台等主流媒体，开展贫困地区农产品专题宣传。农民日报、农村杂志社、信息中心、农影中心等部属媒体通过设立专栏、专刊、专题节目等，集中力量宣传贫困地区特色优质农产品。推动中央主流媒体为贫困地区播放特色优质农产品公益广告。

三、保障措施

（一）加强组织领导。各级农业农村部门要高度重视贫困地区农产品产销对接工作，将其作为推进产业扶贫工作的重要抓手。农业农村部牵头做好贫困地区农产品产销对接工作的统筹衔接和整体推进。集中连片贫困地区所在省级农业农村部门要根据本方案，制定省级农产品产销对接行动实施方案，形成部、省、市、县齐抓共管、共同推进的工作格局。

（二）加强指导调度。农业农村部有关司局、事业单位要加大产销对接工作力度，结合自身实际，加强调研与指导，及时提出存在的重大问题和推进建议。加强贫困地区调研数据汇总，摸清贫困地区特色优质农产品品种、种养规模、产量、价格、上市期、储运能力等产销信息，跟踪了解贫困地区农产品产销实际进展。开展产销对接活动前，充分调度产品和经销商信息，进行虚拟配对，确保产销活动精准对接、高效对接。

（三）加强财政保障。鼓励相关省份利用中央财政农业生产发展等资金支持集中连片贫困地区开展产销对接活动。引导各地将扶贫专项资金、涉农整合资金、对口帮扶资金支持产地市场体系建设、冷链物流体系建设、特色农业品牌建设等产销对接重点环节。加强资金使用监管，确保发挥实效。

（四）引导多元投入。积极推动金融机构创新金融工具，对从事贫困地区农产品生产、加工、流通领域的市场主体给予投融资支持，扩大农业保险覆盖面，提高保费赔付比例，推出价格保险、收益保险等有利于贫困地区产业发展的险种。充分发挥财政资金的杠杆作用，撬动社会资本向贫困地区农产品产销对接领域投入。

农业农村部办公厅

2018 年 6 月 4 日

案例 15

百万人圆安居梦
——贵州易地扶贫搬迁记

摘要： 贫困与落后是阻碍贵州省实现经济社会高质量发展的根本原因。作为全国脱贫攻坚的主战场，贵州省成为我国首批易地扶贫搬迁试点省份之一。易地扶贫搬迁首先着眼于帮助贫困群众“挪穷窝”，继而实现“换穷业”和“拔穷根”，最终彻底改善其生活环境和生产条件。本案例详细介绍了 2015—2019 年，贵州省实施易地扶贫搬迁工程的历程、取得的成果以及为 188 万名搬迁群众带来的巨大变化。贵州省各级政府将“守底线、走新路、奔小康”作为总体要求，明确分工、高效协作，统筹兼顾安居与乐业，同步推进搬迁及脱贫，最终实现了搬迁与减贫人数全国第一，为我国决胜脱贫攻坚战提供了“贵州经验”，在全球贫困治理中展现了“中国智慧”。

关键词： 易地扶贫搬迁；脱贫致富；城镇化安置；贵州省

[案例正文]

贵州省地处云贵高原，境内重峦叠嶂、山高谷深。贵州省有 100 多万名群众分散居住在乌蒙山区、武陵山区以及滇黔桂石漠化片区。重重大山阻挡了贫困群众脱贫致富的进度，更挡住了他们迈向小康生活的步伐。搬迁，是山区贫困群众的共同愿望和心声。

精准扶贫战略实施以来，贵州省在全国率先实施异地扶贫搬迁工程。

易地扶贫搬迁工程面临的挑战：首先，搬迁人口众多。贵州省计划搬迁188万人，搬迁人数位居全国之首。在188万搬迁人口中，有150万人为建档立卡贫困人口，搬迁贫困人口占全省贫困人口的1/3。其次，搬迁地域广。搬迁涉及89个县市区、开发区，10090个自然村寨，共规划集中建设946个安置点。最后，需要解决搬迁资金短缺问题。在计划启动搬迁工作的2015年，贵州省还只是一个地区生产总值刚突破万亿元、财政总收入2400多亿元的省份。① 面对巨大的搬迁费用，地方政府财政捉襟见肘。面对重重困难，省政府将如何规划，市、县两级政府该怎样配合，才能圆百万群众搬迁安居梦呢？

1 自然条件恶劣，贫困根深蒂固

1.1 山地丘陵，贫困之源

贵州省是中国省级行政区，地处中国西南腹地，北接四川和重庆，东毗湖南，南邻广西，西连云南，是长江经济带的重要组成部分。贵州省辖6个地级市、3个自治州，总面积为17.62万平方公里。境内92.5%的面积为山地和丘陵，73%的面积为喀斯特岩溶地貌，重峦叠嶂，山高谷深，素有"八山一水一分田"之说。

贵州省麻山地区流行的民谣——"土如珍珠，水贵如油，漫山遍野大石头"，反映出生活在深山地区的群众面临的恶劣生存环境。特殊的地貌导致耕地资源匮乏，人均耕地不足；崎岖的山路带来了交通的不便，制约着山里群众与外界之间的联系；赖以维持生计的农业自然生产力低下，面临着难以创收的困境。与此同时，下一代受到上一代的影响，既缺乏提升自我发展能力的动力和条件，又因生计需求而受教育时间较短，贫困"代际传递"的问题日益凸显。

---

① 资料来源：http://zwfw.guizhou.gov.cn/eptemp.aspx? t = Znzw.L_Fwqd.LContent&istest = 1&nid = 164307f10791444e9b13870ee03571b1&areacode = 522301。

1.2 拔“穷”根，迫在眉睫

贵州省是全国贫困人口最多、贫困程度最深的省份。2015 年，全省贫困人口数达 493 万人，排在全国第一位，占据全国贫困人口总数的 8.77%。全省共有 66 个贫困县、190 个贫困乡、9000 个贫困村。[①] 贫困人口主要分布在麻山、瑶山、雷公山、乌蒙山和武陵山等以山地和丘陵为主的地区。全省国家扶贫开发重点县有 50 个，其中包括 36 个民族自治贫困县。民族自治贫困县中有 27 个集中分布在黔南、黔西南、黔东南 3 个少数民族自治州，另外 9 个则分布在毕节、铜仁、遵义、安顺等地区。根据扶贫工作所划定的重点县及乡村分布情况，全省 88 个县（市、区）中 83 个有扶贫开发任务，占总县数的 94.3%。[②]

大山与贫困如影随形，对于生活在大山里的贫困人口而言，摆脱贫困，过上好日子是他们内心深处最大的梦想，也是最迫切的愿望（见图 15－1）。

图 15－1 贵州省山脚下的村落、山区农家小院

资料来源：https：//baijiahao. baidu. com。

① 资料来源：http://gz. people. com. cn/n2/2016/1012/c194827－29128380. html。

② 张玉玺，庄天慧．贵州省农村贫困人口分布特征及变动趋势分析[J]．四川经济管理学院学报，2010，21(3)：25－27.

2 易地扶贫搬迁，治本之策

2.1 国家引领推动

易地扶贫搬迁由政府主导推行、群众自愿选择参与，将居住在自然环境恶劣、资源短缺地区的农村贫困人口搬迁安置到生存与发展条件较好的地区，从根本上改善生产生活条件、调整经济发展结构，从而帮助贫困人口实现稳定脱贫。易地扶贫搬迁作为一种开发式扶贫，是我国最彻底、最高效的扶贫举措之一。我国易地扶贫搬迁在国家政策引领下，经历了地方探索、试点推广、计划实施三个重要阶段。

第一阶段，1949—2000 年，以各地自行探索为主。针对甘肃省河西地区、甘肃省定西地区和宁夏回族自治区西海固地区严重干旱缺水导致群众生存困难的问题，宁夏回族自治区探索实施“三西吊庄移民工程”，开易地扶贫搬迁之先河。

第二阶段，2001— 2015 年，以国家层面试点推广为主。2001 年，国务院将贵州、内蒙古、宁夏、云南 4 个省（自治区）列为易地扶贫搬迁试点，后来逐步扩大到全国 17 个省（自治区、直辖市）。国家发展改革委设立了中央预算内投资专项，为易地扶贫搬迁提供资金支持，并逐步加大资金总量和人均补助标准，确保搬迁拥有稳定的资金来源。2001—2015 年，国家发改委累计安排 363 亿元中央补助投资，支持 680 多万名贫困群众顺利完成搬迁。①

第三阶段，2015 年打响脱贫攻坚战以来，以大规模有计划推进为主。我国统筹考虑发展全局，以精准扶贫为基本方略，扶贫开发事业进入崭新的发展阶段。易地扶贫搬迁是党中央确定的“五个一批”精准脱贫工程之一，对助力贫困人口奔向小康生活具有重大意义。2015 年，国家计划用 5 年时间实施 1000 万名群众搬迁工作，为稳定脱贫创造有利条件。2015 年年底，国务院召开全国易地扶贫搬迁电视电话会议，对易地扶贫搬迁工作

① 资料来源：http://www.ceh.com.cn/epaper/uniflows/html。

进行动员部署，拉开了新时期易地扶贫搬迁工作的序幕。

2.2 贵州先行先试

2012年5月，贵州省委、省政府召开了全省扶贫生态移民工程启动大会。2013年4月，省政府印发《关于贵州省扶贫生态移民工程规划（2012—2020年）的批复》，明确了扶贫生态移民工程的总体工作思路、主要任务、搬迁安置对象及区域分布等政策。2015年6月，习近平总书记在贵州省考察调研时强调，要对“一方水土养不活一方人”地区实施贫困人口易地搬迁。2015年10月，贵州省委办公厅印发了《中共贵州省委贵州省人民政府关于坚决打赢扶贫攻坚战确保同步全面建成小康社会的决定》。

2015年12月，贵州省率先在全国打响了“第一炮”，启动规模空前的易地扶贫搬迁工作。“十三五”期间，贵州省计划完成188万人的易地扶贫搬迁，其中建档立卡贫困人口共150万人。为实现这一目标，贵州省政府先后出台了以《关于深入推进新时期易地扶贫搬迁工作的实施意见》为主、《关于精准实施易地扶贫搬迁的若干政策意见》《贵州省进一步加大深度贫困地区易地扶贫搬迁力度实施方案的通知》为补充的“1+6”系列政策文件，全面系统地提出了易地扶贫搬迁的指导原则、工作目标、重点政策、基本方法以及具体要求。

3 易地扶贫搬迁，蹄疾步稳

3.1 2016年，首战告捷

2016年1月，贵州省政府发布的《贵州省2016年易地扶贫搬迁工程实施方案》中规定了搬迁工程的总体要求、搬迁对象标准、搬迁范围等，强调了以自然村寨整体搬迁为主，还进一步明确了资金筹措方式及拨付、配套政策和相关保障措施。2016年全省计划实现易地扶贫搬迁45万人的工作目标，其中第一批实施7.26万户30万人，全部为户数在50户以下、贫困率在50%以上的自然村寨整体搬迁，涉及3200个自然村寨，其中建档立卡农村贫困人口为5.3万户22.3万人，农村贫困人口占七成以上。三大集中连片贫困地区共计67860户282364人（滇桂黔石漠化片区36450户154230人，乌蒙山区16859户68799人，武陵山区14551户59335人）。第二批计划搬迁15万人，在3月底前完成编制方案、核准对象、确定安置去向等前期准备工作，在第二季度全面开工建设。

在搬迁群众的安置方面，以保障就业和稳定增收作为核心目标，以城镇化安置为主，倡导采用多元化安置方式。根据搬迁群众的意愿及需求，分析现实条件，依托县城、小城镇、农民新村、旅游服务区、产业园区等进行集中安置。①

贵州全省共建设完成562个安置点，建成住房10.39万套。整体搬迁4188个自然村寨，实际搬迁入住43.16万人，其中建档立卡贫困人口为8.19万户35.23万人，超额完成中央下达的计划任务和省计划任务。贵州省因搬迁工作积极主动，工作成效明显，成为国务院办公厅表扬激励并给予资金倾斜支持的四省之一。在国家发展改革委、国务院扶贫办通报的2016年度全国易地扶贫搬迁工作考核结果中，贵州省综合评价考核位列全国第一，首战告捷。

3.2 2017年，稳步推进

贵州省山多地少，人均占有耕地不足，人地矛盾突出。一些地区的易地扶贫搬迁尝试将群众从山上搬至山下，从边远村寨搬至中心村，以改变居住地为主，但是缺乏就业保障和相关配套基础设施。实践结果证明，此类搬迁难以帮助贫困群众从根本上实现稳定脱贫。着眼于群众的长远利益和贵州省处于城镇化迅速发展时期的实际，贵州省委、省政府决定从2017年起全部实行城镇化集中安置。

2017年，中央下达贵州省建档立卡贫困人口搬迁任务65万人，全省计划搬迁76.2万人，其中68.6万人为建档立卡贫困人口，规划整体搬迁

① 资料来源：http://www.guizhou.gov.cn。

自然村寨3500个，建设251个安置点。

2017年6月30日，已有231个安置点实质性开工建设，占总计划的92.03%，实现安置点全部如期开工的有贵阳市、六盘水市、安顺市、铜仁市和黔西南州。各市、县已经将计划搬迁对象落实到户，并在国家扶贫系统内完成标识和补录。2017年263个项目实际搬迁入住17.29万户，共计76.19万人，完成搬迁15.94万户69.38万人建档立卡贫困人口，超额完成中央下达的搬迁任务，搬迁工作稳中向好。①

3.3 2018年，胜利在望

2018年计划建设的136个安置项目完成率为88.7%，共建成住房14.3万套。项目计划搬迁安置15.51万户66.98万人，其中建档立卡贫困人口9.66万户42.63万人，已提前搬迁入住11.03万人。截至2018年12月底，全省已完成搬迁入住123万人，188万名群众搬迁安置的目标即将完成。②《2019年贵州省政府工作报告》显示，2018年贵州在脱贫攻坚中连战连捷，共计减少148万贫困人口，全省贫困发生率下降到4.3%，14个贫困县成功脱贫，易地扶贫搬迁入住76.19万人，朝着按时打赢脱贫攻坚战的目标迈出了关键步伐。③

2018年，综合考虑中央脱贫攻坚专项巡视反馈的各省市易地扶贫搬迁日常工作调度及出现的各类问题，经过国务院扶贫办、人民银行和财政部等部门商议，决定将贵州省列为2018年易地扶贫搬迁拟督察激励的五省之一。

3.4 2019年，圆满落幕

2019年12月23日，贵州省宣布全面完成“十三五”时期易地扶贫搬迁任务，全省共建成946个安置点，累计建设45.39万套住房，整体搬迁

---

① 资料来源：http://gz.sina.com.cn/news/sh。

② 资料来源：http://www.ceh.com.cn/epaper/uniflows/html/2019/03/01/01/01_55.htm。

③ 资料来源：http://www.guizhou.gov.cn。

10090 个贫困自然村寨，累计实施 188 万人的搬迁安置，其中 154.33 万人为建档立卡贫困人口，任务完成率超过 100%，同步搬迁人口 33.67 万人。在 946 个安置项目中，354 个县城安置项目共安置 147.24 万人，占搬迁总人数的七成以上，百万群众脱离穷乡僻壤，实现了在城里生活的愿望。①

2019 年 7 月，贵州省各级易地扶贫搬迁指挥部联合相关部门，对全省已建成入住的 942 个安置点进行全面调查。按照每个安置点调查户数不低于 15 户的原则，随机入户调查了建档立卡贫困人口 20926 人，调查结果表明，搬迁群众对搬迁政策、干部服务、安置住房、配套基础设施及公共服务设施的满意度均在 98% 以上，贵州易地扶贫搬迁工作圆满落幕（见图 15－2）！

图 15－2　贵州省从江县贵运社区安置点

资料来源：http：//www.xinhuanet.com/politics。

4　搬迁安置，黔施妙法

4.1　明确分工，高速建设

贵州省实行城镇化集中安置，在资金投入、建设项目、就业保障、群众动员等方面面临着巨大的挑战。财力薄弱的贵州省为破解搬迁资金不足的难题，建立健全“省负总责、市州协调、县为主体”的工作运行机制，

① 资料来源：http：//gz.people.com.cn/n2/2019/1224/c385620－33657520.html。

实行省级“统贷统还”投融资机制，依托土地增减挂钩支持政策等渠道还贷。市、县两级无须承担筹资和还款责任，集中精力落实人口搬迁工作，监督项目高质量建设。易地扶贫搬迁项目选址、设计、建设、竣工、搬迁入住，建设周期为18个月，实现了高速度建设。①

贵州省各级政府成立平台公司，资金在各级内部封闭运行，采用独立核算的工作机制，确保管理专门化、专业化。针对资金拨付及使用出现政策盲点、办理手续繁杂、支付标准不统一等问题，贵州省扶贫开发投资公司与政府金融办、各银行等协作，为政府筹资提供有力支持。全省“十三五”时期易地扶贫搬迁188万人，按人均6万元投资测算，共需要投资1128亿元。截至2019年1月底，省扶贫投资开发公司共承接承贷省级统筹资金805.29亿元。

贵州省规定安置项目全部由县级政府作为组织主体统一规定、统一建设，严格施行项目法人责任制、建设监理制和合同管理制等，切实保障工程进度及质量。同时，做好群众搬迁入住工作，在保证住房质量的基础上，统筹推进安置区水、电、路、网络等基础设施建设，为搬迁群众提供良好的生活条件。对住房建成、基础设施建设齐全的安置点，根据规定的程序开展项目验收、资金结算工作，提高建成、验收、入住三个环节的连续性，提升搬迁速度。

4.2 “底线”“红线”，双线齐守

4.2.1 “底线”保效率

一是守住“不让贫困群众因搬迁负债”底线。贵州省在城镇化安置中严格执行人均住房面积20平方米的标准，同时要求安置房造价控制在1500元/平方米以内，简装成本控制在300元/平方米以内。建立成本控制联席会议制度，由政府牵头统一采购大宗建筑材料以节约建设成本。为减轻搬迁困难户的经济负担，贵州省还实行了建档立卡贫困户人均自筹资金

① 资料来源：http://www.guizhou.gov.cn/xwdt/gzyw。

不超过2000元、户均不超过1万元的政策。①

二是守住“一户一人以上就业”底线。贵州省在选择搬迁安置点区位与开展整体规划前，对市场需求与劳动力供给两方面进行调查，坚持落实以岗定搬、以产定搬，安置点的规模以该区域可提供的就业岗位和可脱贫产业的数量为依据进行建设。对于安置点内就业岗位和容量不足的，鼓励市、县政府实施跨区县搬迁。例如，铜仁市计划对12.5万人实施跨区县扶贫搬迁，占该省搬迁总人数的四成以上，经过合理规划和精细安排，城镇搬迁户户均就业达到1人以上，取得了良好的安置成效。②

4.2.2 “红线”严监管

守住“专款专用、资金安全”红线。贵州省将各市、县负责的易地扶贫搬迁项目纳入年度目标绩效考核，要求层层签订责任状，实行明察暗访、审计、督查、考核等多种监督举措，发现问题及时整改，确保各级人员认真履责，高效完成工作任务。

在实施搬迁工作过程中，个别干部就出现了渎职行为。例如，张某在某乡委员会担任书记期间，利用职务便利骗取扶贫生态移民资金，挪用扶贫款项，非法收受、索要他人财物等，构成贪污罪、受贿罪、滥用职权罪、挪用特定款物罪，法院依法对其数罪并罚，判处有期徒刑三年零六个月，并处罚金人民币20万元。③ 严厉惩治不法行为，树立广大干部牢牢坚守“红线”的意识，合理合法行政。

4.3 组织保障，增强归属感

4.3.1 科学设置基本管理单元

按照规划，贵州省需建设946个安置点，其中1000人以下的547个，1000~10000人的315个，10000~20000人的32个，20000人以上的4个。

① 资料来源：http://www.guizhou.gov.cn/xwdt/gzyw。

② 资料来源：http://www.guizhou.gov.cn/xwdt/gzyw。

③ 资料来源：https://baijiahao.baidu.com/s?id=1651792533606754264&wfr=spider&for=pc。

为科学设置基本管理单元，统筹考虑城市发展规划、保障城市建设规模和实现社会有效管理等各类因素，明确安置人口不足1000人的，成立新的居（村）民小组，将其纳入当地社区（村）管理；人口在1000～10000人的，根据实际情况设立社区居委会，由所在乡镇（街道）进行管理；人口在10000人及以上的安置点，可在适当调整周边区划的基础上设立街道办事处，履行社区治理职责。

4.3.2 完善基层组织体系

为使社区高效发挥服务群众的功能，贵州省实施一系列举措以完善组织体系。一是健全基层党组织与设置居民组织同步推进，设置街道办事处、党（工）委，实现党组织领导和党员全覆盖管理。二是及时启动街道办事处、社区居委会和楼组长的选举工作，搬迁群众可以凭借“易地扶贫搬迁市民证”参与竞选与投票，对搬迁移民中的优秀人才优先提名为社区居委会主任人选。贵州各地在安置点批复设置64个街道办事处、355个居委会、92个村委会，建立746个基层工会组织、777个共青团组织，安置点社会治理基本完善。三是加强社区社会组织建设。在安置点社区内部积极培育就业培训、健康养老、文体娱乐等方面的社会组织，并积极引入外部社会组织及志愿者为搬迁群众提供相关公益服务，增强安置群众的适应性和融入感。

5 安居乐业，多措并举

移民群众迁入新居后，易地扶贫搬迁工作由前期规划、实行搬迁走向后续扶持的阶段。依据实践经验，贵州省提出“五个体系”的制度安排。

5.1 基层党建保安心

贵州省坚持以党的建设为引领，健全组织机制、配备优秀干部、强化服务职能，不断提升基层党组织的“四力”，即政治领导力、思想引领力、群众组织力和社会号召力，确保易地扶贫搬迁后续工作坚持正确的政治方向。

铜仁市出台易地扶贫搬迁安置地党的建设工作指导意见，根据搬迁人口数量和安置规模设置街道，在具有一定规模的集中安置地设立党委，在搬迁群众较少的分散安置地设立社区党组织和居委会，设置合理的组织架构。截至2019年4月，该市已组建了12个易地扶贫搬迁安置地基层治理领导小组或联合党委，成立了72个党组织，共选派335名干部到安置地开展党建工作，既让搬迁群众有了核心领导，又增强了易地搬迁党员的组织归属感。

以万山区旺家花园安置点为例，其及时成立党支部，解决了搬迁党员离开原村党组织，组织生活难的问题。该安置点将党员推选为安置楼的楼长，搬迁群众生活中出现的问题都可以向楼长反映以寻求解决方法；还可以拨打党员服务热线，街道安排了专人负责接听热线并登记台账，做好问题的接收与上报工作，切实畅通了群众诉求渠道，“有困难找党组织”已成为共识。此外，铜仁市在安置点内建立党群活动室、多功能室、文化活动室等，为群众提供便利的服务，提升服务质量和效率。

5.2 社区治理稳安家

贵州省在建设社区治理体系中聚焦“四化”建设，即科学化的机构设置、网格化的社区管理形式、规范化的居民自治模式、立体化的治安防控体系，实现强基固本。通过设立党（工）委、党组织，加强党的领导作用，由政府主导，鼓励社会多元主体积极参与，实现社区精细化治理。

自2018年以来，黎平县积极探索易地扶贫搬迁社区治理新模式，实现了“三覆盖”。一是组织建设全覆盖，在安置点内同步规划和实施党建工作与其他工作，建成党支部、共青团、工会等组织。二是便民惠民服务全覆盖。召开专题会议研究部署搬迁社区基础设施标准化建设的工作任务，探索移民安置搬出地和搬入地“双向”管理模式，实现信息交流与共享，使社区党务、政务在接受两地监督的基础上实现高效发展。创新“一社区一就业扶贫车间”模式，实施“引岗入黎”“荐人入杭”等就业工程，结合城镇的岗位需求有针对性地开展烹饪、刺绣、家政等技能培训，截至2018年8月，共计推动2349名搬迁群众实现就业、58人创业。三是实现民主治理全覆盖。建立包干帮扶、双向交流和共商共治机制，干部与搬迁对象户进行“一对一”“一对多”结对帮扶。①

各项服务的落实，不仅需要组织和人员保障，还要辅之以先进的科学技术，从而提升管理效率。大数据成为助推后续工作顺利进行的重要手段，贵州省遵义市桐梓县蟠龙安置社区是运用大数据进行社区治理的典范。社区通过打造易地扶贫搬迁数据平台，分块建立工作库和数据台账，将其应用在公共服务、就业培训和社区治理中。例如，在管理系统中录入贫困户李女士的就业意向表后，求职信息自动推送到周边企业人力资源部门的界面上，通过精准匹配，李女士在完成缝纫技能培训后顺利进入一家服装厂工作，最低工资每月2500元。大数据的应用，提升了安置点社区治理的智能化、精细化水平，增强了群众的获得感、幸福感和安全感。②

5.3 公共服务助安居

贵州省注重强化安置点的公共服务功能，旨在推动搬迁群众在城镇获得均等的生存发展机会，公平享有公共资源和社会福利，增强获得感、幸福感。

健全安置点社区服务设施。通过建设综合性的社区服务中心提供“一站式服务”，形成以社区服务中心为主体，配套以各类专项设施，结合室内外设施的服务网络。一是规划建设社区“童伴之家”，完善留守儿童的服务场所，加强对留守儿童的关爱和帮助，使其拥有健康快乐的成长环境。二是强化对搬迁群众的兜底保障，为贫困移民每人发放1500元临时救助金，及时将符合相关条件的搬迁贫困移民纳入城市低保范围，以使其尽可能地得到保障和救助。

安顺市成为全省完善易地扶贫搬迁安置点基本公共服务体系的一个缩影。在教育方面，新建、扩建学校，2063人实现就近入学，采取引进、招考、专项招聘等方式统筹安排教师；在就医方面，提高乡镇卫生院、村卫

① 资料来源：http://www.lp2.cn/thread-213-1-1.html。

② 资料来源：https://news.sina.com.cn/c/2019-04-16/doc-ihvhiewr6270255.shtml。

生室的数量，配备合格医生提供医疗服务，经开区、黄果树安置点家庭医生签约服务率达到100%，其余县（区）安置点达到了80%以上，有效地满足了安置群众就医需求。①

5.4 文化服务享安乐

百万搬迁群众从农民到市民身份的转变，不仅是从深山迁至城镇，更是在心理上建立社区归属感，而归属感与认同感凝结在社区文化之中。因此，贵州省强调社区文化是搬迁群众后续发展的动力，构建移民社区文化服务体系既要尽可能保留搬迁群众的原生文化，又要因地制宜培育社区市民文化。把握社区文化主流发展方向，重点推进文明创建、公共文化、感恩教育、民族传承“四进社区”，增强文化影响力，促进群众友好交往和互助，形成和谐的生活氛围。

五福社区是贵州省黔西南州安龙县的一个安置点，截至2019年6月，该社区已有1770户8306人搬迁入住，其中多数为苗族、布依族同胞。少数民族能歌善舞，新社区为满足群众的文化交流与生活娱乐需求，为传统民族文化活动提供条件，建设了包括五福广场在内的多个居民广场；为方便开展各项文化活动，社区在各个广场上安装照明设施，组建山歌、舞狮、民族舞蹈等文艺队伍，并为其配备音响和演出道具。每当夜幕降临，忙碌了一天的新市民会聚集到一起，开始热闹的“广场夜生活”，五福广场上民族舞蹈队跳起布依族的传统舞蹈板凳舞，居民跳皮筋、唱山歌，欢声笑语不断。此外，社区还不定期地开展社区运动会、新春文艺演出等活动，丰富搬迁群众生活。黔西南州安排州文化馆和文广局等单位定期派人到五福社区等移民安置点指导和培训文艺活动，提升文艺活动的专业化水平。

从农村迁至城镇，不变的是群众对乡村的记忆和民族文化的依恋。为此，五福社区努力为群众保留家乡记忆，在社区内修建乡愁馆，将民族服饰、民族乐器、传统生产工具收藏入馆中。此外，五福社区还充分利用新

---

① 资料来源:http://www.gz.xinhuanet.com/2019-08/27/c_1124927345。

图 15－3　搬迁群众在五福社区广场演奏布依唢呐、舞狮

资料来源：http：//www. gz. xinhuanet. com。

时代文明实践中心、道德讲堂、移民夜校等载体，推行对搬迁群众的感恩教育、就业培训等工作（见图 15－3）。①

5.5　培训就业促乐业

推动搬迁群众创收方式向非农化转变，对搬迁劳动力实行全员培训，增强其职业技能，确保每户实现一人以上稳定就业。通过落实产业配套、提供资金支持、开发季节性务工岗位等举措促进劳动力就业创业，将公益性岗位作为就业保障，同时着眼于拓宽人们实现居家就业的渠道。

地处石漠化地区的黔西南布依族苗族自治州册亨县是贵州省的深度贫困县。由于自然环境恶劣，“十三五”期间，全县共对 8.75 万人实施易地扶贫搬迁，为解决广大搬迁妇女的就业问题，册亨县挖掘其独特劳动优势，发现全县 70% 以上的布依族妇女都掌握纺纱、纺布、染印、刺绣、制作手工民族服饰的技能，于是开展“锦绣计划”，发展扶贫产业。例如，在百口新市民居住区开设扶贫车间，工作范围涉及绣花、织布、纺线、缝纫等，提供超过 1000 个就业岗位。就业时间具有弹性、就业方式灵活，广

① 资料来源：http：//www. gz. xinhuanet/2019－06/24/c_1124661579. htm. com。

受搬迁群众欢迎。①

铜仁市生态移民局同市就业局、市场监管局组成“保就业”工作班组，调取各辖区内从业人数在5人以上的4174家市场经营主体花名册，通过电话和上门征集等方式，动员各市场主体在其经营能力范围内提供适合搬迁群众的工作岗位。截至2020年1月，铜仁市共征集到了628家市场经营主体提供的就业机会，可帮助11388人实现就业。铜仁市在促进群众就业时，既积极调动现有资源，又着力培育新资源，在旺家社区内建成了6000平方米的扶贫微工厂产业园，引入了科技公司、刺绣作坊、制衣厂等7家企业，力图提升群众的就业水平。②

6 结语

贵州是全国易地扶贫搬迁规模最大、人数最多的省份，圆满完成了188万名群众的搬迁安置工程。易地搬迁“六个坚持”和后续工作“五个体系”，构成了贵州省易地扶贫搬迁工作完整的制度设计，系统解决了搬迁主体、地区、方式、后续保障等各个环节的问题。在4年的搬迁安置工作中，贵州省各级政府坚持深入研究问题，积极破解难题，实现了搬迁硬仗的胜利，创造了贵州历史之最。这不仅对省内实现乡村振兴、区域经济高质量发展具有重要意义，而且为按时打赢脱贫攻坚战奠定了决定性的基础。同时，搬迁过程中鲜明的目标指向、清晰的推进逻辑、具体的政策支撑，形成了明确的实施路径和政策框架，体现了贵州省委、省政府全心全意为人民服务的初心、助力百万群众脱贫攻坚奔小康的决心和对自身科学务实工作作风的信心。相信贵州省政府在后续“稳得住”“能致富”工作中，能够让百万搬迁群众向更美好的幸福生活迈进。

① 资料来源：http://www.guizhou.gov.cn/xwdt/gzyw/201912/t20191224_36194319.html。
② 资料来源：http://www.trs.gov.cn/xxgk/xxgkml/zpfl/jdjc/ldjy/202003/t20200306_53660476.html。

[案例思考题]

(1)结合案例分析贵州省易地扶贫搬迁经历了哪几个阶段，贵州省如何实现了百万人的搬迁和脱贫。

(2)结合案例分析贵州省在易地扶贫搬迁中的成功经验有哪些。

(3)从政策过程视角分析政府在脱贫攻坚中应发挥哪些职能。

[案例评析]

贫困是与人类社会发展相伴而生的永恒问题。在很长一段时间内，贫困在不同国家或地区都会不同程度地存在，因此，消除贫困是世界各国共同努力的目标。世界银行发布的《2000—2001年世界发展报告》中将对贫困的理解从单一维度推向多维度："贫困除了物质上的匮乏、低水平的教育和健康外，还包括风险和面临的脆弱性，以及不能表达自身的需求和缺乏影响力。"一般而言，自然条件和人文条件较差且人均收入较低的地区，人们的受教育程度较低，健康保障缺失，发展机会较少，创造收入的能力不足，极容易陷入贫困。根据反贫困理论，自然地理条件和人文条件较差造成的贫困，需要通过改变贫困人口居住的自然环境、扩大经济机会、加大教育培训力度、提升自身发展能力、加强安全保障等措施缓解。

易地扶贫搬迁是我国决胜脱贫攻坚战的"头号工程"，也是"五个一批"精准扶贫工程中最难啃的"硬骨头"。对生活在自然条件差、人均资源不足地区的贫困群众实施易地扶贫搬迁，是帮助其实现稳定脱贫的有效途径，同时也是促进地区经济发展、保护生态环境的根本之策。贵州省地处云贵高原，境内大部分为典型的喀斯特岩溶地貌，石漠化严重，导致人地矛盾突出，贫困发生率高。2015年习近平总书记在贵州省视察时提出，要将生活在自然环境恶劣的贵州贫困群众搬迁至适宜生产生活的地方，从根本上解决其生计问题。贵州省随后成为我国首批易地扶贫搬迁试点省份之一，各级政府积极投身于易地扶贫搬迁工程的规划与实践中。

贵州省于2015年12月启动搬迁工作，2016—2019年4年间，贵州省委、省政府明确省、市、县各级政府的职责分工，严守“不让贫困群众因搬迁负债”底线、“一户一人以上就业”底线以及“专款专用、资金安全”红线，着力基层党建、社区治理、公共服务等后续扶持工作，圆满完成188万名群众搬迁安置的任务。贵州省成功实施易地扶贫搬迁的经验主要表现在以下几个方面：

(1) 科学的设计与规划。贵州省委、省政府进行科学的顶层设计，先后出台了关于实施易地扶贫搬迁“六个坚持”① “五个三”② “五个体系”③的制度设计，系统部署了搬迁对象、搬迁区域、安置方式、后续建设等各个环节的工作。此外，各国的实践经验表明，城镇化率为30%~70%时，城镇化处于快速发展阶段。2016年贵州省常住人口城镇化率达到44.15%，贵州省乘势而上，对搬迁人口选择城镇化集中安置的方式，分批次、分地域、分阶段，圆满完成了扶贫搬迁工程。

(2) 明确的分工与责任。贵州省在动员搬迁群众、建设项目、保障资金等方面明确省、市、县三级政府的分工与责任，省级政府总揽全局、系统调动各部门，市州政府统筹规划搬迁安置工作，县级政府深入基层动员群众，监督管理安置点的项目建设与验收，各级政府对其工作内容和成效负责，三级政府的纵向联动与配合提升了贫困群众搬迁和安置点建设的效率。

(3) 高质量的服务与融入。贵州省易地扶贫搬迁不仅重视群众居住地的迁移，而且关注群众的融入感和满意度。通过基层党建、社会治理、公

---

① “六个坚持”即坚持省级统贷统还、坚持以自然村寨整体搬迁为主、坚持城镇化集中安置、坚持以县为单位集中建设、坚持不让贫困户因搬迁而负债、坚持以产定搬和以岗定搬。

② “五个三”即盘活搬出地的承包地、山林地和宅基地“三块土地”；统筹就业、就学和就医“三大问题”；衔接低保、医保和养老保险“三类保障”；建设搬入地经营性公司、小型农场、公共服务站“三个场所”；探索搬入地集体经营运行、社区服务管理、群众动员组织“三种机制”。

③ “五个体系”即基本公共服务体系、培训和就业服务体系、文化服务体系、社会治理体系、基层党建体系。

共服务、培训和就业服务、文化服务“五个体系”的系统建设，充分考虑搬迁群众的生产生活问题，保障群众稳定的组织生活、丰富的精神文化体验、全面的公共服务，增强其幸福感和归属感。

贵州省集各方之力推行易地扶贫搬迁工作，政府以政策为手段在规划、建设、实施中协调和引导社会力量、市场力量，发挥其各自优势，确保高效推进搬迁安置各个环节。从政策过程视角来看，政府在政策制定、执行、评估、终结、监督等方面应充分履行其职能，决胜脱贫攻坚战。

首先是问题确认和议程设定。根据经济发展能力、居民生活水平等认知地区发展现状，将低于平均水平的地区确认为贫困地区。通过决策者调研分析、媒体报道、专家研究，使贫困问题为决策者所知，将问题提上政府议事日程，纳入决策领域。

其次是因地制宜地制定和执行政策。地方政府应以国家宏观政策为指导，结合本地方发展实际，制定符合本地区发展特色的政策法规，科学地编制发展规划，使住房政策、就业政策、产业政策、社会保障政策相协调，统筹考虑政策的整合叠加效应。同时在政策执行中将满足贫困群众的实际需求作为工作要求，注重深入基层，调动群众参与到扶贫开发过程中，具体分析不同扶贫对象的家庭结构、受教育程度、发展能力等方面的差异，灵活地采取技术培训、产业发展等扶持措施，提升贫困群众发展的内生动力。

最后是科学评估和经验总结。政府在阶段性地执行扶贫政策之后，应依据评估原则和评估标准对实施效果进行评估，对增进贫困群众福祉、扶贫效果显著的政策进行经验的总结与交流，选择性地终结已经完成预期目标的政策；在评估中及时发现政策执行偏差，分析政策实施背景、条件、主体、方法等因素，寻找偏差产生的原因并及时调整和完善。

[参考文献]

[1]孙蕙. 全力做好易地扶贫搬迁"后半篇文章"——访贵州省生态移民局相关负责人[J]. 当代贵州,2019(12):10-11.

[2]扎实抓好易地扶贫搬迁安置点社区治理 切实发挥民政部门脱贫攻坚职能作用[J]. 中国民政,2019(9):8-10.

[3]孙蕙. 搬后怎么办 贵州这么干[J]. 当代贵州,2019(12):8-9.

[4]顾海淞,刘悦,刘杨,等. 书写易地扶贫搬迁大文章[J]. 当代贵州,2019(18):6-8.

[5]张新民. 贵州省易地扶贫搬迁城镇化集中安置评价分析[J]. 中国经贸导刊,2019(17):44-47.

[6]叶青,苏海. 政策实践与资本重置:贵州易地扶贫搬迁的经验表达[J]. 中国农业大学学报(社会科学版),2016,33(5):64-70.

[附录]

贵州省人民政府关于深入推进新时期易地扶贫搬迁工作的意见

黔府发〔2016〕22号[①]

各市、自治州人民政府,贵安新区管委会,各县(市、区、特区)人民政府,省政府各部门、各直属机构:

为认真贯彻落实党中央、国务院开展脱贫攻坚的决策部署,扎实推进大扶贫战略行动深入实施,坚决打赢脱贫攻坚战的"当头炮"和关键一仗,全力以赴加快易地扶贫搬迁工程建设,现就做好我省"十三五"时期易地扶贫搬迁工作提出如下意见。

① 资料来源:http://www.guizhou.gov.cn/zwgk/zcfg/szfwj_8191/qff_8193/201709/t20170925_822055.html。

一、总体要求

认真贯彻落实中央精准扶贫精准脱贫基本方略和习近平总书记扶贫开发重要战略思想，按照省委、省政府的决策部署，坚持“政府主导、群众自愿，量力而行、保障基本，统筹规划、合理布局，自力更生、精准脱贫”的要求，对居住在“一方水土养不起一方人”地方的建档立卡贫困人口和确需同步搬迁农户实施易地搬迁，落实后续扶持政策措施，强化搬迁成效监督考核，确保贫困群众搬得出、稳得住、能就业、有保障，实现脱贫致富。

二、工作目标

“十三五”时期，对全省“一方水土养不起一方人”地方的130万人建档立卡贫困人口实施易地扶贫搬迁，其中2016年实施搬迁34.5万人，2017—2018年每年实施搬迁40万人，2019年实施搬迁15.5万人。对少数贫困发生率高，自然生产生活特别困难的自然村寨中的非建档立卡贫困人口，可以实施整村整寨同步搬迁，同步搬迁的非建档立卡人口总规模按32.5万人控制。到2020年，搬迁群众生产生活条件明显改善，享有便利可及的基本公共服务，收入水平明显提升，迁出区生态环境明显改善，与全国人民同步进入全面小康社会。

三、主要任务

（一）精心编制搬迁规划。坚持规划引领，突出精准扶贫、分类扶持要求，科学编制全省“十三五”易地扶贫搬迁专项规划；各地专项规划要与县域经济社会发展、城乡建设、土地利用、产业发展、环境保护等规划相衔接。依托县城、重点乡镇、中心村、产业园区、旅游景区及交通便利、水源安全的区域进行合理安置，选址应规避滑坡、泥石流等自然灾害隐患点。同步规划产业基地、产业园区、商贸物流、乡村旅游，充分考虑搬迁户的就业门路和产业发展。同步规划水、电、路、气、通信等基础设施和教育、医疗、文化等公共服务设施。将迁出地资源开发纳入整体规划。（省发展改革委、省水库和生态移民局、省扶贫办，市〔州〕人民政

府、贵安新区管委会，县〔市、区、特区〕人民政府。排名第一位的省直部门为牵头部门，下同）

（二）精准选定搬迁对象。搬迁对象主要是居住在自然条件差、贫困程度深、“一方水土养不起一方人”地方的建档立卡贫困人口和少量需整村整寨同步搬迁的非建档立卡贫困人口。搬迁对象选择应同时满足迁出地区域认定条件和搬迁家庭个体认定条件。迁出地区域认定条件：生存环境差、人地矛盾突出、不具备基本生产生活条件的地方；生态环境脆弱，限制或不宜开发的地方；距城镇和交通干道较远、基础设施和公共服务设施难以延伸的地方；贫困发生率高、扶贫成本高的地方；地质灾害多发、安全隐患较大的地方。搬迁家庭个体认定条件：住房条件相对较差，愿意参加易地扶贫搬迁的建档立卡贫困户；生产资源相对较少，靠就地就近从事劳动生产难以脱贫的建档立卡贫困户；生活在地质灾害多发区、隐患区，愿意通过易地扶贫搬迁避险和脱贫的建档立卡贫困户。

搬迁对象确定要按照识别的搬迁区域，依据公布搬迁条件、普查筛选搬迁对象、群众申请、入户核实、村民小组评议、村委复议公示、乡（镇）政府复核再公示、县初审、市（州）审批、省抽查确认等步骤进行，实行动态管理。（省发展改革委、省扶贫办、省水库和生态移民局，市〔州〕人民政府、贵安新区管委会，县〔市、区、特区〕人民政府）

（三）合理选择安置方式。坚持一切从实际出发，根据水土资源条件、就业吸纳能力、产业发展潜力和公共服务供给能力，结合搬迁群众自身条件和生活习惯，因地制宜选择确定安置方式和安置点。坚持以集中安置为主，允许部分有条件的搬迁对象分散插花安置。坚持以城镇安置为主、中心村安置为辅，尽可能引导群众到有就业条件的城镇、产业园区和旅游服务区集中安置。坚持以岗定迁、以产促搬，根据可就业岗位、可脱贫产业合理确定安置容量和安置点建设规模，确保群众搬迁后有业可就、有事可做，能够脱贫致富。

选择确定安置方式和安置点，要注意尊重搬迁群众意愿，让群众真实了解安置点的区位条件、公共服务水平、就业条件、发展前景，以及规划设计的住房条件和小区环境，增强搬迁的积极性和满意度。（县〔市、区、特区〕人民政府，省水库和生态移民局）

（四）精细落实脱贫措施。搬迁的目的是脱贫，要把脱贫目标作为易地扶贫搬迁的出发点和落脚点，在规划制定、工程实施、搬迁安置等各环节精准谋划贫困农户搬迁后的就业和后续发展，通过技能培训、转移就业、创业扶持、发展产业等措施，帮助搬迁群众就业增收，稳定脱贫。各县要以安置点为单元，精准落实脱贫措施，逐户对就业人数、就业类型、产业项目等进行落实登记，建档立卡。搬迁到城镇、产业园区和旅游服务区的，必须确保每户就业一人以上；搬迁到中心村继续从事农业的，必须逐户落实扶贫产业、扶贫项目和扶贫资金，确保搬迁一户脱贫一户。（县〔市、区、特区〕人民政府，省人力资源社会保障厅、省经济和信息化委、省农委、省教育厅、省旅发委、省扶贫办、省水库和生态移民局）

（五）积极推进拆旧复绿。搬迁农户在签订易地扶贫搬迁协议时同步签订旧房拆除协议，县级政府在核定搬迁安置方案时同步编制宅基地复垦复绿项目计划书，统筹组织旧房拆除和土地复垦复绿，按规定兑现奖励。旧房拆除可由农户按协议规定时限自行拆除，也可由政府组织拆除；宅基地复垦由县级人民政府统一组织实施，也可以由农户复垦政府给予适当补助。要注重迁出地土地开发和生态修复。对实施自然村寨整体搬迁的，引导和鼓励搬迁农户流转原有土地，流转收益归原承包者所有，原有各项支农惠农政策补贴不变；也可以结合农业开发、退耕还林和产业扶贫政策，通过合作社等组织方式，对原有承包地和复垦增加的土地进行集中开发，种植市场前景好、附加值高的经果林、茶叶、中药材等，实现农户增收与生态恢复双赢。2012 年至 2015 年实施扶贫生态移民搬迁的旧房拆除和宅基地复垦复绿、开发利用等一并纳入县级人民政府工作任务，搬迁户土地权益和奖励政策待遇参照易地扶贫搬迁执行。（县〔市、区、特区〕人民政府，省国土资源厅、省农委、省林业厅、省扶贫办）

四、政策支持

（一）搬迁补助标准。我省易地扶贫搬迁住房建设实行差别化补助和奖励政策：建档立卡贫困人口人均住房补助2万元，非贫困人口人均住房补助1.2万元；签订旧房拆除协议并按期拆除的，人均奖励1.5万元。鳏寡孤独残（无生活来源、无劳动能力、无法定抚养义务人的“三无人员”）等特困户先由民政供养服务机构进行安置，民政供养服务机构不能安置的，再由政府根据家庭实际人口统一提供相应的安置房，免费居住，产权归政府所有。

配套基础设施建设投资根据项目实际情况合理安排，投资概算按人均2万元控制。

2012年至2015年实施的扶贫生态移民搬迁户，完成旧房拆除，原有宅基地复垦复绿，并经验收合格的，按人均1.5万元奖励。（省发展改革委、省民政厅、省国土资源厅、省扶贫办、省水库和生态移民局）

（二）工程建设内容。围绕改善搬迁对象生产生活条件和发展环境，建设住房和必要的附属设施。安置小区内的水、电、路、气、网等基本生产生活设施与住房同步建设；安置小区外的教育、卫生、文化等公共服务设施和生活设施由地方政府配套建设，应充分利用现有资源。（县〔市、区、特区〕人民政府）

（三）住房建设标准。按照“保障基本”的原则，防止贫困农户因搬迁负债进而影响脱贫，城镇安置的人均住房面积不超过20平方米，农村安置的人均住房面积不超过25平方米，每户住房面积根据家庭实际人口合理确定。各地在实施中要强化工程建设管理，规范招投标程序，控制建房成本，保证工程质量，不得擅自提高住房面积和建设标准。住房建设以政府统建为主，在安置小区和住房建设上要道法自然，因地制宜，依山就势，避免大挖大填，建筑风格尽可能突出民族特色和地域文化。（县〔市、区、特区〕人民政府）

（四）资金筹措安排。“十三五”时期易地扶贫搬迁投资按照建档立卡贫困人口人均5.8万元、同步搬迁非建档立卡人口人均5万元进行计算，由省负总责、统贷统还进行筹措。省人民政府授权省财政厅与省扶贫开发投资有限责任公司签订政府购买服务协议，由省扶贫开发投资有限责任公司负责承接省级统筹的相关专项资金、国家专项建设基金、省级政府债券资金，承贷金融机构政策性长期低息贷款和其他贷款资金，统一用于易地扶贫搬迁，搬迁安置任务完成后，剩余资金可以用于对贫困户宅基地复垦开发利用、创业就业等后续扶持。省发展改革委要加强向国家汇报对接，尽量争取中央预算内投资支持，减轻省统借统还资金压力。县级人民政府按要求授权一户国有企业开设专户、设立专账，承接管理省扶贫开发投资有限责任公司下达的易地扶贫搬迁资金，确保资金从上到下全流程“专款专用、物理隔离、封闭运行”。对主动提前实施易地扶贫搬迁工程的项目，经省易地扶贫搬迁领导小组同意，可由省扶贫开发投资有限责任公司给予提前融资支持。（省发展改革委、省财政厅、省政府金融办、省扶贫开发投资有限责任公司、人民银行贵阳中心支行、国家开发银行贵州省分行、农发行贵州省分行，县〔市、区、特区〕人民政府）

（五）财税支持政策。鼓励地方政府预先调度本级财政资金和信贷资金用于工程建设，允许用当年易地扶贫搬迁中央预算内投资弥补上年度工程垫款。支持县级政府统筹整合财政专项扶贫资金和相关涉农资金，扶持搬迁群众后续产业发展。用好用足国家各项税收优惠政策，税务部门对易地扶贫搬迁住房及配套设施建设、移民产业发展和创业就业等，以及对吸纳一定比例易地扶贫搬迁对象就业的企业，依法给予最大限度的税收优惠；有关部门对工程涉及的相关行政事业性收费，按有关规定予以减免。（省发展改革委、省财政厅、省地税局，县〔市、区、特区〕人民政府）

（六）土地支持政策。易地扶贫搬迁工程用地指标单列管理，建立用地手续审批绿色通道，简化用地审批流程，特事特办快办。新增建设用地计划指标优先保障易地扶贫搬迁工程用地需要。对使用国有土地建设的安置房，地方政府要及时办理产权手续，对使用农村集体建设用地的搬迁房，及时办理确权登记，安置房5年内不得上市交易。迁出地原有宅基地复垦复绿的，全部优先纳入城乡建设用地增减挂钩安排，增减挂钩节余指标由省统筹在全省范围内流转交易，所获收益用于易地扶贫搬迁资金还贷。农户搬迁后原有土地承包关系、承包权益、政府各项惠农补贴和政策待遇保持不变。（省国土资源厅、省住房城乡建设厅、省农委、省林业厅，县〔市、区、特区〕人民政府）

（七）金融支持政策。脱贫攻坚“特惠贷”等金融优惠产品对易地扶贫搬迁对象予以重点支持。金融机构要进一步加快金融产品创新，进一步提高金融服务水平，对搬迁对象创业和吸纳搬迁对象就业的小微企业给予信贷倾斜支持；积极支持易地扶贫搬迁户安置房产权、林权和土地承包经营权等“三权”抵押贷款。（人民银行贵阳中心支行、省政府金融办、省财政厅、省扶贫办）

（八）社会保障政策。落实搬迁对象社会保障政策，搬迁群众与安置地居民享有同等的教育、医疗卫生、社会保险、社会救助、社会福利等社会保障政策，及时将收入水平低于低保标准的搬迁对象纳入低保范围。（县〔市、区、特区〕人民政府，省人力资源社会保障厅、省教育厅、省公安厅、省民政厅、省卫生计生委）

建档立卡贫困户搬迁后，脱贫攻坚的其他政策措施继续适用搬迁贫困户，直至其稳定脱贫。（县〔市、区、特区〕人民政府）

五、保障措施

按照“省负总责、市州协调、县为主体”的管理体制，整合资源、各负其责、齐抓共管、合力攻坚，共同做好易地扶贫搬迁各项工作。

（一）强化各级政府职责。省人民政府负责易地扶贫搬迁工作的统筹领导，组织制定重大政策，协调解决重大事项。市（州）人民政府负责本行政区域内易地扶贫搬迁工作的统筹协调和组织领导，加强督促检查、监督考核。县级人民政府要切实承担易地扶贫搬迁实施主体，负责易地扶贫搬迁的具体实施，做好与省级投融资主体的项目资金衔接，抓好搬迁对象宣传动员与审查确定、安置点选址、安置用地落实、安置工程建设、资金使用监管、搬迁组织、就业脱贫、户籍迁移、子女入学、社会保障、社会管理、迁出区生态修复和土地开发利用等相关工作，确保搬迁一户脱贫一户。（市〔州〕人民政府、贵安新区管委会，县〔市、区、特区〕人民政府）

（二）强化指挥协调调度。省易地扶贫搬迁工程建设指挥部负责全省易地扶贫搬迁工程实施的具体指挥和统筹协调，审议全省易地扶贫搬迁的重大政策措施、重点实施规划，审定全省易地搬迁工程建设目标任务，组织研究完善易地扶贫搬迁户后续落户、就业、就学、社会保障等发展扶持政策，统筹协调解决工程实施中的重大问题，组织对各地各有关部门目标完成情况进行考核。（省易地扶贫搬迁工程建设指挥部）

（三）强化部门协同推进。省易地扶贫搬迁工程建设指挥部各成员单位要服从指挥部指挥，制定落实相应的支持政策和工作措施，推进易地扶贫搬迁工程顺利实施。其中，省水库和生态移民局承担省指挥部办公室工作职责，负责易地扶贫搬迁工程的组织实施和管理，指导县级移民部门会同扶贫部门核准搬迁对象、会同发展改革部门审批实施方案。省发展改革委负责争取易地扶贫搬迁中央预算内投资资金，落实和管理国家专项建设基金，编制上报和分解下达中央预算内年度投资计划，指导县级发展改革部门会同移民部门依据规划按基本建设程序审批项目实施方案。省财政厅按照省负总责、统贷统还的要求，向省扶贫开发投资有限责任公司采购融资服务、注入易地扶贫搬迁项目资金，按规定统筹安排有关专项资金支付易地扶贫搬迁融资成本，加强资金监管。省国土资源厅负责保障易地扶贫搬迁工程项目建设用地计划，将搬迁对象宅基地复垦复绿优先列入城乡建设用地增减挂钩范围，组织落实节余指标流转交易。省扶贫办负责按照精准扶贫要求审核、提供建档立卡贫困对象，确保当年贫困人口搬迁任务的完成，并指导做好易地扶贫搬迁工程后续脱贫帮扶工作。省扶贫开发投资有限责任公司负责承接、承贷、管理易地扶贫搬迁资金，并根据年度实施方案及时拨付到位，参与制定易地扶贫搬迁规划和年度实施计划，参与项目监管。公安部门负责及时迁转搬迁户户籍。社保部门负责将安置到城镇的搬迁人口纳入城镇低保覆盖范围。其他成员单位按照《贵州省易地扶贫搬迁工程建设指挥部工作规则》履行相应职责，合力做好易地扶贫搬迁工作。（省易地扶贫搬迁工程建设指挥部成员单位）

（四）强化工作落实责任。省、市、县、乡、村要层层签订责任状，把责任部门、责任人、搬迁措施、搬迁时限、技能培训、转移就业、后续扶持等内容纳入责任管理范围，层层细化分解工作任务，建立搬迁帮扶责任机制，确保每个安置点、每个迁出村寨、每个搬迁户都有县级领导、乡镇领导、村干部负责到底，群众不脱贫、干部不脱钩。统筹“扶贫云”和“国土资源云”资源，实行挂图作战、挂牌督办，逐一销号。同时，为了推进易地扶贫搬迁工作落实，省易地扶贫搬迁工程建设指挥部组织研究制定了《贵州省易地扶贫搬迁对象识别登记办法》等六项政策措施，请结合实际认真贯彻执行。（省国土资源厅、省扶贫办、省水库和生态移民局，市〔州〕人民政府、贵安新区管委会，县〔市、区、特区〕人民政府）

（五）强化督促检查考核。加大督导检查和明察暗访力度，省易地扶贫搬迁工程建设指挥部办公室每月对全省工程实施情况进行调度排名。建立和完善易地扶贫搬迁工程考核机制，实行“月调度，季点评，半年督查，年终考核”，考核结果作为市（州）、县（市、区、特区）领导班子和主要领导工作实绩的重要内容，作为干部选拔任用、年度考核等次确定和奖惩的重要依据。各级监察、审计、财政等部门要对专项资金的使用、管理进行严格监督。

贵州省人民政府

2016 年 8 月 1 日

案例 16

云南核桃产业的“暖春”与“寒冬”

摘要：云南核桃种植面积和产量均位居全国第一，市场地位举足轻重。云南省是核桃的优质产区，种植历史悠久，核桃产业不仅发展前景好，而且经济效益及生态效益都比较高。因此，核桃产业是云南省打赢脱贫攻坚战、推进乡村振兴的主力军。在政府政策扶持以及龙头企业的带动下，云南省核桃产业发展迎来了“暖春”。但 2019 年 10 月，云南省核桃产业经历了从未有过的“寒冬”，核桃价格大幅下跌，上万吨核桃积压无人收购，甚至连农业合作社和电商平台都没能拯救滞销的核桃，核桃从“致富果”变成了农民沉重的负担。本案例通过介绍云南省核桃产业从发展壮大到面临滞销的全过程，分析核桃优质低价却滞销的原因，引发人们思考贫困地区如何因地制宜地开展产业扶贫、市场失灵时政府应该如何更好地发挥作用以及农产品如何更好地实现供给侧结构性改革等问题。

关键词：核桃滞销；市场失灵；供给侧结构性改革；云南省

[案例正文]

核桃是世界“四大干果”① 之一，长期以来因口感好、营养高受到很多消费者的喜爱。核桃有降血糖、抗衰老、美容养颜、预防心脑血管疾病

① 世界“四大干果”指核桃、腰果、榛子、杏仁。

等功效。因此，核桃又被称为“益智果”或“长寿果”。

核桃产业是云南省发展高原特色现代农业和打造世界一流“绿色食品牌”的重要产业。截至2019年，云南核桃栽种面积达4300万亩，产量116万吨，综合产值318亿元，不论是种植面积还是产量、产值，均居全国首位。① 核桃已成为当地贫困户脱贫增收的一个重要产业，兼具经济效益、社会效益和生态效益。

近年来，经过云南省政府的大力推广，核桃成了助力当地农民脱贫增收的“幸福果”。但2019年云南省部分地区的核桃产业却经历了“寒冬”，核桃丰收之后陆续有媒体爆出云南省多地核桃由于市场价格大幅下跌而销路不畅，曾经每斤20元的核桃跌至每斤2.5元，创下历史价格新低。价格下降得如此之多让农户们措手不及。云南核桃为什么丰收却滞销？这么多核桃该怎么处理？在农业供给侧结构性改革的背景下，云南省核桃产业又该如何实现高质量发展？

1 核桃发展迎来“暖春”

云南省是核桃的优质产区，核桃种植历史悠久，核桃产业不仅发展前景好，而且经济效益及生态效益都比较高。在政府政策扶持以及龙头企业的带动下，云南核桃产业发展迎来了“暖春”。

1.1 小核桃、大产业

核桃喜光、喜湿、喜肥，对土壤的适应性强，无论是在山地还是在平原都能生长，对地理环境要求较低。因此，核桃产业具有门槛低、投入少、易操作、收益高等优势。在云南，“小”核桃能发挥“大”作用。

首先，核桃产业市场需求量大。核桃是世界“四大干果”之一，是重要的木本油料和用材树种，市场需求量大。核桃浑身都是宝，核桃仁可直接食用，枝、果皮能入药，青皮、叶子可作为家畜饲料，利用价值高。此

① 资料来源：https://m.sohu.com/a/363018549_160427/。

外，核桃可以加工成核桃油、罐头、高级饮料、粉剂和蜜饯等食品。核桃油因营养价值高、耐储藏、易保鲜等特点受到大众喜爱。核桃市场需求稳定，每年以10%的速度递增。

其次，核桃产业经济效益高。从近几年云南核桃产业发展情况看，核桃平均亩产量为150公斤，收入在6000元左右。核桃产业单产效益虽不及茶叶产业或柑橘产业，但其综合效益高。核桃种植覆盖面大，在山地、丘陵、平原等地都可以栽种，不受区域条件限制。核桃园内可以发展林下经济，依托核桃良种园，可通过发展林下养鸡，套种与之相适应的天麻、苦参等中药材的方式，实现每亩增收2000~3000元。因此，核桃产业成本较低、收益较高，其综合经济效益并不比其他产业低。

最后，核桃产业生态效益强。云南生态资源富足而又脆弱，水土流失严重。核桃树除了具有较高的经济价值外，还具有防风固沙、涵养水源、保持水土等功能。有数据显示，云南核桃防护林区建成后，当地风速降低32%、水蒸发量减少13%、土壤含水率提高5.5%。因此，发展核桃产业具有很高的生态效益。

1.2 政府政策促发展

核桃产业投入少、收益高，是云南高原特色农业优势产业，也是传统产业、大众产业，云南90%以上的县都在种植核桃。为了促进核桃产业发展，让核桃产业成为精准扶贫主力军和中坚力量，带动贫困群众脱贫致富，云南省政府于2017年9月出台了《云南核桃产业发展行动方案》（以下简称《行动方案》）。

《行动方案》指出，到2020年，云南核桃产业化水平显著提升，农民收入持续增加，实现产业发展由传统数量增长型向现代质量效益型转变。为了实现这一目标，需要坚持创新驱动，推动核桃产业转型升级，延伸产业链，使核桃第一、第二、第三产业深度融合发展。在《行动方案》的指导下，云南核桃的品牌效应凸显，价格不断上涨，最高的时候达到了收购价每斤 20 元。

下麦庄村是瓦窑镇最偏远、最贫穷的一个山区村，坐落在半山腰，与大理市云龙县交界，全村 2/3 以上人口收入都在国家规定的贫困线以下。国家退耕还林政策实施以后，下麦庄村开始种核桃树。为了拓宽核桃的销售渠道，下麦庄村党支部于 2013 年牵头成立了核桃种植专业合作社，建起了扶贫车间，形成了“党支部 + 合作社 + 贫困户”的发展模式。

扶贫车间直接收购贫困户的核桃，每年收购核桃鲜果 150 多吨，农户们再也不用为核桃销售问题发愁，户均增收 2000 多元。下麦庄村每年也会安排贫困户到扶贫车间务工，一年可提供 7000 多个工日的劳动就业机会，村民们实现在家门口就业。同时，贫困户可以入股合作社，每年都有固定股金分红。如此一来，村民们就成了既有薪金又有股金的“双金”农民，极大地激发了贫困户脱贫致富的内在动力。①

1.3 龙头企业保提质

凭借得天独厚的自然条件优势和政府的扶持政策措施，种核桃成了许多农户脱贫增收的渠道。在云南投资控股集团支持下，民营企业摩尔农庄生物科技开发有限公司成了云南核桃产业的龙头企业，致力于推动云南核桃产业转型升级、提质增速。

2018 年，摩尔农庄组建新主体、搭建新平台、延伸核桃产业链、提高核桃产品的科技含量，从而增强核桃产品的竞争力，推动了云南核桃产业的发展。例如，完成了世界首例核桃基因和基因转录组破译、核桃太空育种，组建云南核桃产业技术创新战略联盟等。经过多年发展，摩尔农庄成为中国核桃产业十佳企业之一，为云南省壮大核桃产业、促进核桃产业提质增效做出了贡献。

云南楚雄彝族自治州是核桃的优质产区。近年来，楚雄彝族自治州加

---

① 资料来源：http://yn.sina.com.cn/ypin/productnews/2019-10-23/detail-iicezuev4385268.shtml?from=yn_cnxh。

快培育专业合作组织和龙头企业，带动核桃产业发展。摩尔农庄在楚雄州建立了生产车间，装备了现代化生产设施，对核桃进行精深加工，生产核桃奶等产品。经过几年的发展，核桃产业成为楚雄彝族自治州发展最快、最有潜力的特色产业。截至2018年，楚雄彝族自治州核桃产业总产值54.4亿元，实现工业产值34.6亿元。①

2 核桃销售遭遇“寒冬”

金秋十月是核桃丰收的季节，核桃成熟之后就进入了销售的黄金时节。然而意想不到的是，2019年，云南省很多地区核桃价格大幅下跌，上万吨核桃积压无人收购，甚至连农业合作社和电商平台都没能拯救滞销的核桃，云南省的核桃产业迎来了从未有过的“寒冬”。

2.1 上万吨核桃积压无人收购

云龙县有着适合核桃生长的自然地理环境，早在一千多年前就开始种核桃。云龙县本是一个贫困县，经济社会发展落后。精准扶贫战略实施以来，云龙县在各项扶贫政策措施的指导下逐渐脱贫，摘掉了“贫困县”的帽子，核桃产业成为当地的支柱产业，核桃的种植面积高达130万亩。市场行情好的时候，核桃的价格能达到每斤20～30元。当地80%的农户都在种植核桃，并且靠着种核桃住上了新房子、买了小汽车，实现了脱贫增收。

2019年是核桃多年不遇的丰收年，云龙县平均每户人家生产了上千斤的核桃。然而这一年核桃价格却创下历史新低，经销商上门收购时硬是把价格压低到每斤2.5元，云龙县800万斤核桃积压，无人收购。②

云龙县村民尹逵种了30年核桃，他家果园中有200多棵核桃树，每年产量大约是1000斤，卖得最好的一年赚到了2万多元。2019年核桃丰收，

① 资料来源：http://yn.people.com.cn/n2/2019/0529/c378439-32988295.html。

② 资料来源：https://finance.ifeng.com/c/7shcP3xJF3I。

尹逵盼着能卖个好价格，给家中置办新的家具，但核桃成熟之后几个月内村子里也没有收购商来收购。

云南核桃滞销危机不仅发生在云龙县，据媒体报道，由于核桃的价格大幅下跌、销路不畅，洱源县生产的2万多吨优质核桃只卖出了1万多吨，昌宁县也有大量核桃滞销（见图16－1）。

图16－1　云南核桃滞销

资料来源：https：//www.360kuai.com/pc/94f26f506cf817bc4？cota＝4&kuai_ so＝1&tj_ url＝so_ rec&sign。

2.2　合作社及电商有心无力

云南核桃滞销的情况发生后，社会各界都在想办法解决这一问题，但是核桃专业合作社以及电商直播平台有心无力，都没能拯救滞销的核桃。

2012年，云龙县成立了核桃专业合作社，主要对核桃进行分拣、包装等，每年可以加工700多吨核桃。而2019年，核桃的销售价格越来越低，资金无法运转，加之用人成本较高，合作社不敢大量收购核桃。

面对大量滞销的核桃，云龙县扶贫办、县团委等部门积极行动起来，与电商平台联系对接，希望发挥云南核桃的品牌优势，在线上销售核桃。电商平台被寄予厚望，但是直播后才发现收效甚微。

李建荣是一名“90后”，他很看好云龙县核桃在电商平台上的销售前景，于是大学毕业后就留在了云龙县，在县城发起成立了农产品销售电商协会。近几年，核桃成熟后李建荣就会上门收购村民的核桃，然后利用电商平台在线上销售。做电商的前几年，电商平台上每斤核桃可以卖到15元，实现了一箭三雕——农户的核桃以高价被收购，电商平台上的核桃销售一空，消费者可以买到低于市场价格的优质核桃。李建荣成立的电商协会拓宽了云龙县核桃的销售渠道，带动当地农户增收脱贫。

这一年，核桃价格达到了近十年的最低价，眼看着乡亲们的核桃卖不上价格、面临滞销的危机，李建荣带着电商团队进入农村，希望通过直播把核桃卖出去。往年核桃卖得很好，他的电商团队能赚得盆满钵满，但是这一次尽管直播核桃卖出了每斤6元的“高价”，但电商几乎没有赚到钱。这是因为农村基础设施不完善，核桃的包装、快递、人工以及平台等费用都相对较高。

云龙县电商平台和网络直播虽然带动了一部分销量，但是都没有从根本上解决滞销问题。面对上万吨滞销的核桃，当地农户迫切希望能有一些大客商来收购，这样才能彻底解决核桃滞销的难题。

3 核桃为何低价却滞销？

往年云南核桃高价不愁卖，现在价格大幅下降却滞销。云南核桃为何出现丰收却滞销的情形？这与农户无序种植，核桃产品单一、质量下降，以及核桃产业扶贫缺乏持续性、销售渠道不畅通等原因密切相关。

3.1 农户盲目跟风、无序种植

造成云南核桃丰收却滞销的一个重要原因就是部分农户盲目跟风、无序种植。农户无序种植表现在随意扩大核桃的栽种面积。往年的核桃收购价格高，农户们种核桃的利润高，而且销路好，不愁卖不出去，很多农户因为种核桃发家致富。其他农民看到了商机，在不了解市场行情的情况下纷纷砍掉别的树种改种核桃树，从而造成核桃的总产量翻了几番。但是核桃的市场需求量变化不大，市场上供过于求，核桃价格下跌也就在情理之中了。

近几年，云南核桃种植面积、产量以及产值都在上涨。据统计，截至2017年底，云南核桃种植面积达到了4280万亩，产量102万吨，产值305亿元，核桃的种植面积、产量、产值均位居全国第一。截至2019年5月，云南核桃种植面积达4300万亩，产量116万吨，综合产值318亿元。一年半的时间内，云南核桃栽种面积增加了20万亩。此时，云南核桃种植面积占全球核桃种植面积的34.52%，占全国种植面积的40%，云南省已经成为全球最大的核桃种植和生产地区。①

尽管云南省的核桃面积、产量仍居世界和全国第一，但是核桃产业仍处于“数量扩张型”阶段，农户无序种植、盲目扩大种植面积使核桃市场供过于求，核桃出现了低价却滞销的情况。

3.2 核桃产品单一、质量下降

核桃产品单一、质量下降是云南核桃丰收却滞销的又一大原因。

第一，云南核桃产品单一。总体来说，云南核桃产业只停留在分拣、包装等简单的粗加工阶段，核桃乳、核桃油等深加工的产品比较少，核桃产品的附加值较低。而且云南核桃的研发主要针对的是品种、栽种等前期发展阶段，而在产业链的延伸、后续的产品研发、一二三产融合等方面相对滞后，这是云南核桃产业发展中存在的不可回避的问题。

第二，云南核桃产业缺乏严格的生产与质量管理体系。随着核桃种植面积的扩大，对核桃的管理、养护难度也逐渐加大，从而导致核桃的质量下降，部分核桃出现个头小、生虫、口感差等情况。此外，云南省缺乏统一的生产与质量管理标准，不同县区的生产标准各不相同，这样就会给核桃的销售带来负面影响。之前就发生过这样的情况，有些地区为了提前抢占市场，核桃还未完全成熟就采摘上市，从而影响了核桃的品质，出现缩

---

① 资料来源：http://news.sina.com.cn/o/2018-10-12/doc-ihmhafir1767970.shtml。

仁、不饱满等问题。有些地区核桃质量下降导致核桃的稳定性、均一性变差，最终影响了市场的接受度。

在2018云南·昆明坚果产业发展高峰论坛上，云南核桃加工流通行业协会秘书长蒋兵先指出云南核桃缺乏统一的行业标准，不利于云南核桃“走出去”，核桃的标准化建设对提高核桃的品质和加工工艺十分重要。

3.3 产业扶贫缺乏持续性、销售渠道不畅通

云南产业扶贫缺乏持续性、销售渠道不畅通也是当地核桃低价却滞销的主要原因之一。

产业扶贫的持续性不仅包括生产端，还包括流通端，二者是农业全产业链有效运转的保障。云南省大力推广发展核桃产业，在政策和资金上给予农户扶持，而且云南省栽种核桃历史悠久，栽种管护以及种植经验都比较丰富，但是在销售、推广等产品流通方面有所欠缺，市场销售是云南核桃产业面临的主要问题。目前，云南很多地区的农民只有依靠经销商上门收购才能将大量的核桃卖出去，销售渠道单一，很难将核桃卖出一个好的价格。只有健全核桃的销售网络和体系，才能稳定云南核桃的价格，解决核桃滞销难题。蒋兵先也认为，市场销售是云南核桃产业的核心问题，对此他提出要打通核桃的进出口通道，在北京、上海、广州等大城市设立销售网点，在东南亚等地建立相应的销售体系，以此来畅通核桃的销售渠道。

此外，农村基础设施和公共服务存在短板也导致了云南核桃产业扶贫缺乏持续性、销售渠道不畅。从云龙县直播销售核桃没有解决核桃滞销的情况来看，农村基础设施建设存在短板，物流、仓储、加工等基础设施和服务不完善，因此合作社和电商平台都未能充分发挥作用。

4 “政府+市场”共解难题

云南出现核桃滞销的情况后，省政府、各县政府、一些大型国企、龙头企业都积极行动起来，共同破解核桃滞销难题。

为了突破核桃产业发展困局，加快推动核桃全产业链关键技术创新与应用，2019 年 12 月 23 日，云南林草局举办了 2019 年云南核桃全产业链关键技术创新与应用研讨会。这次会议讨论了怎样实现种好、加工好、销售好核桃等核桃产业发展中的关键问题。云南省林草局党组成员、副局长李文才在会议上强调，核桃产业竞争体现在核桃质量、品牌以及营销等方面，但核心竞争力仍是果品质量，质量好的核桃依然畅销，因此要下功夫破解云南核桃产业提质增效的堵点、难点和痛点。这是云南省第一次举办有关核桃全产业链的研讨会，体现了云南省以点带面推进核桃产业高质量发展的决心和信心。

武定县是优质野生老树核桃的主产区。核桃滞销以来，武定县充分发挥招商银行定点扶贫带来的资源优势，积极对接拼多多等电商公司，为合作社的核桃打开了销路。此外，为进一步提升“武定核桃”品牌知名度，推动当地旅游业发展，吸引更多的消费者，武定县以核桃美食为抓手，与一些电商平台合作举办“原产地直播采摘核桃”等现场直播活动。这次活动中，网红主播在直播中实地走访核桃园，体现当地的风土民情，与粉丝直播互动自己的亲身感受，引导网友购买品尝武定核桃。这一活动引起了很多人关注，成效显著，提高了武定核桃的知名度，同时也拓宽了武定核桃的销售渠道。

大理市海开委积极推进农业供给侧结构性改革，按照“政府引导、企业主导、社会参与”的原则，引入云南鑫业农业科技有限公司。该公司不仅高价收购贫困户的核桃，为贫困群众脱贫致富出力，而且致力于提高当地核桃的品质，侧重于核桃的品牌发展，按照“做大做强核桃产业、绿色扶贫助群众长受益”的理念，通过新研发的技术对核桃进行冷藏、脱水等处理，再通过物流让核桃“走出去”，让鲜核桃能够“走”到世界各地，让更多的人一年四季都能吃到新鲜核桃。

5 结语

核桃不仅是“益智果”“长寿果”，也是带动农民脱贫致富的“幸福果”。然而2019年冬天，云南省核桃价格一落千丈，上万吨核桃积压无人收购，核桃成了农民沉重的负担。农户盲目跟风、无序种植，核桃产品单一、质量下降，以及产业扶贫缺乏持续性、销售渠道不畅通等是云南核桃低价却滞销的主要原因。为了解决核桃滞销难题，云南省各级政府、龙头企业、电商平台等都积极行动起来，共同推动核桃产业提质增速。

云南核桃滞销是我国农产品滞销的一个缩影。近几年，与云南核桃滞销情况相似的农产品还有很多，例如甘肃苹果、池上仙桃等。综合来看，造成农产品滞销的因素包括农产品品种相对单一、质量不高、市场竞争力弱，季节性较强、大批量上市后容易供过于求，科学保鲜成本高，等等。在供给侧结构性改革的背景下，农产品提质增速、实现高质量发展需要多方的共同努力。

[案例思考题]

（1）云南核桃产业是怎样发展壮大的？核桃产业发展对打赢脱贫攻坚战和乡村振兴有何意义？

（2）云南核桃为何高价不愁卖、低价却滞销？

（3）结合农业供给侧结构性改革，谈谈云南核桃产业今后应该如何发展。

[案例评析]

经济发展进入新常态，我国经济运行发生了一系列新变化。习近平总书记曾多次强调经济体制改革的核心问题仍然是处理好政府和市场关系，必须抓住这个核心问题，切实把市场和政府的优势都充分发挥出来。

党的十八届三中全会发布的《中共中央关于全面深化改革若干重大问

题的决定》中明确提出，要“使市场在资源配置中起决定性作用和更好发挥政府作用”。处理好市场和政府的关系应从两个方面入手。一方面，使市场在资源配置中起决定性作用。市场是配置资源最有效率的形式，应正确认识和把握市场规律，使市场通过价值规律、竞争规律、供求规律等在资源配置中起决定性作用。另一方面，要更好地发挥政府作用。更好地发挥政府作用，不是要更多发挥政府作用，而是要在保证市场发挥决定性作用的前提下，管好那些市场管不了或管不好的事情。

在经济发展新常态下，应进一步厘清市场和政府的边界。对于市场能解决的，政府不能过度干预，要减少政府对资源的直接配置，简政放权，解决政府职能越位、缺位、错位问题。对于市场不能有效解决的，政府应当主动补位，该管的要管到底、管到位、管出水平。市场和政府是社会主义市场经济中相互配合、有机统一的“两只手”，二者应优势互补、协同发力，不能把二者割裂开来。

核桃产业是云南推进高原特色现代农业和打造世界一流“绿色食品牌”的重点项目。在各类政策扶持下，核桃产业逐渐成为云南省的支柱产业。2019 年金秋十月，云南省多地核桃丰收，但是却陷入价格大幅下降、无人收购的困境。云南核桃低价却滞销的现象反映出当地没有处理好市场与政府的关系。由于信息不对称等，果农们盲目跟风、无序种植，随意扩大核桃园的种植面积，而且进入市场的核桃产品单一、质量下降，与其他主产区的核桃相比市场竞争力较弱。这些因素最终导致“谷贱伤农”，云南核桃市场供需关系失衡。这是市场调节的自发性和盲目性造成的，是市场失灵的表现。

处理好市场和政府的关系，关键在政府。2020 年是决胜全面建成小康社会和脱贫攻坚的收官之年，为了提高核桃产业发展质量、确保农民增收致富，云南核桃产业亟须转型升级、提质增速。具体包括以下几点：

（1）增强产业扶贫政策的持续性，加大政策扶持力度。云南核桃产业扶贫政策只注重生产端，忽略了流通端，多地核桃销售渠道不畅，因此要加大政策扶持力度。要整合各级产业扶贫、高原特色农业建设、退耕还林等各个渠道的资金，形成云南核桃产业发展资金支持合力。此外，扶持和培育核桃专业合作社和龙头企业，可以利用财政专项资金形成激励机制，对在核桃产业发展和品牌建设中做出重大贡献的农业合作社、龙头企业以及个人进行奖励。

（2）制定和完善核桃质量标准体系。云南省林业科学院经济林研究所所长宁德鲁认为标准化建设的好处是，可以细化核桃脱皮、清洗、烘干等程序，从而提高核桃品质，逐渐推动核桃市场健康发展。建立核桃行业标准需要政府、企业、行业协会、科研院所等各方形成合力，要在通力合作的情况下建立科学可行的涵盖产前、产中、产后全过程的核桃质量标准体系和产品质量监测体系，从而获得更高的市场认可度，加快云南核桃“走出去”的步伐。

（3）加强核桃精深加工，延伸核桃产业链。当前云南核桃产业存在科技投入与产业规模不匹配、科技成果转化率低、科技与产业融合度不够等问题。一些科研院所对核桃产业进行了多年研究，在育种、种植技术和病虫害防治等方面获得了多项科研成果，但对核桃产业的后期产品开发以及产业融合等方面的研究并不充分。要加强对核桃的精深加工，研发高质量的核桃油、核桃乳等休闲食品。此外，要加大对云南核桃品牌的宣传力度，以新媒体营销模式吸引更多游客来云南核桃产区休闲度假，做“优”第一产业，做“强”第二产业，做“精”第三产业，促进第一、第二、第三产深度融合。

（4）加强对农民的培训，提高农民素质，实现核桃园现代化管理。农民的文化素质和技术水平直接影响着核桃的产量和质量，农民素质的高低是制约云南核桃产业现代化的主要因素。因此，要建立农民培训的长效机制，把提升农民技术水平作为促进核桃产业转型升级的着力点。同时要加强技术协作，聘请专家指导核桃园建设和种植技术，提高核桃园标准化管理水平。

[参考文献]

[1]刘凤义. 论社会主义市场经济中政府和市场的关系[J]. 马克思主义研究,2020(2):5-15,163.

[2]苏敬勤,刘畅. 政府驱动逻辑与市场逻辑的关系[J]. 科学学研究,2019(11):1579-1989.

[3]陈文胜. 乡村振兴战略目标下农业供给侧结构性改革研究[J]. 江西社会科学,2019(12):208-215.

[4]余红红,李娅,廖灵芝. 云南核桃产业发展策略研究[J]. 林业经济问题,2019(4):427-434.

[5]宁德鲁,王卫斌,贺熙勇,等. 云南坚果产业发展状况及SWOT分析[J]. 西部林业科学,2019(2):8-13.

[6]吕瑾. 核桃产业:高质量发展正当时[N]. 云南日报,2019-05-29(7).

[7]马蕊,普鑫. 云南摩尔农庄用小核桃撬动大产业[N]. 中华工商时报,2018-12-12(8).

[8]王晓阳. 舞好龙头带动核桃产业发展[N]. 云南政协报,2020-05-11(13).

[9]《经济半小时》20191225 核桃的"寒冬"[EB/OL]. (2019-12-26)[2020-12-01]. http://tv.cctv.com/2019/12/26/VIDEikjcoRkbZFgapXtnO62p191226.shtml.